स्वामी दयानन्द सरस्वती

स्वामी दयानन्द सरस्वती

उदेश्वर सिंह साही

First published in India in 2020 by
Krishna Publishers

ISBN: 978-93-874851-0-5

Krishna Publishers
RTB 157, Royal Tower Shipra Sun City,
Indirapuram, Ghaziabad 201014

E-mail: Krishnapublisher@gmail.com

Printed and Bound in
Delhi

₹ 590/-

प्रस्तावना

सत्यार्थ प्रकाश की रचना आर्य समाज के संस्थापक महर्षि दयानन्द सरस्वती ने की। यद्यपि उनकी मातृभाषा गुजराती थी और संस्कृत का इतना ज्ञान था कि संस्कृत में धाराप्रवाह बोल लेते थे, तथापि इस ग्रन्थ को उन्होंने हिन्दी में रचा। कहते हैं कि जब स्वामी जी 1872 में कलकत्ता में केशवचन्द्र सेन से मिले तो उन्होने स्वामी जी को यह सलाह दी कि आप संस्कृत छोड़कर हिन्दी बोलना आरम्भ कर दें तो भारत का असीम कल्याण हो। तभी से स्वामी जी के व्याख्यानों की भाषा हिन्दी हो गयी और शायद इसी कारण स्वामी जी ने सत्यार्थ प्रकाश की भाषा भी हिन्दी ही रखी।

स्वामी दयानन्द सरस्वती के अनुसार, पाँच वर्ष की आयु होने पर देवनागरी अक्षरों का अभ्यास कराया जाये तथा अन्य देशीय भाषाओं के अक्षरों का भी ज्ञान कराया जाये। उसके पश्चात् उसे ऐसी अच्छी शिक्षा, विद्या, धर्म, परमेश्वर, माता-पिता, आचार्य, विद्वान, अतिथि, राजा, प्रजा, परिवार, बंधु, भगिनी, भृत्य आदि से कैसे-कैसे बरतना है। इनसे सम्बन्धित मंत्र, श्लोक, सूत्र, गद्य-पद्य भी अर्थ सहित कण्ठस्थ कराये जाने चाहिए। बालक के जन्म के 5वें वर्ष तक बालक को माता, 6 वर्ष से 8 वर्ष तक पिता शिक्षित करें। 9 वें वर्ष के आरम्भ में पिता अपने बालक/बालिकाओं को विद्याभ्यास के लिए विद्वान आचार्य के पास गुरुकुल (विद्यालय) में भेज दें। आपने बालकों को ताड़ने ;फटकारने आदि को अमृत पिलाने की संज्ञा दी। दयानन्द सरस्वती ने छात्र के लिए माता-पिता को आचार्य की तरह, तन, मन, धन से सेवा करने को कहा है।

भारतीय समाज में ऐसे कई समाज सुधारक हुए जिन्होंने समाज के ढाँचे को पूरी तरह बदल कर रख दिया। ऐसे ही समाज सुधारकों में से एक हैं आर्य समाज के संस्थापक और महान समाज सुधारक स्वामी दयानंद सरस्वती महर्षि स्वामी दयानन्द सरस्वती आर्य समाज के प्रवर्तक और प्रखर सुधारवादी सन्यासी थे। दयानंद सरस्वती ने भारतीय समाज को पिछड़ेपन से दूर करने के लिए पुराने रीति रिवाजों को बंद करने का आह्वान तो किया ही साथ ही उन्होंने ज्ञान से

लिए संस्कृत भाषा का भी प्रयोग किया, जो यह दिखाता है कि वह नए और पुराने में सामंजस्य बना कर रखते थे।

—लेखक

अनुक्रम

1

स्वामी दयानन्द सरस्वती

विवेकानंद को युवा सोच का संन्यासी माना जाता है। अमेरिका के शिकागो शहर में सन् 1893 में आयोजित विश्व धर्म महासम्मेलन में सनातन धर्म पर उनके द्वारा दिए गए भाषण और वेदांत के प्रचार-प्रसार के कारण उन्हें विशेष रूप से जाना जाता है। उन्होंने ही रामकृष्ण मिशन की स्थापना की थी। नरेन्द्रनाथ दत्त अर्थात विवेकानंद का जन्म कोलकाता में 12 जनवरी 1863 को हुआ। 4 जुलाई 1902 को कोलकाता में ही उन्होंने देह त्याग दी।

आधुनिक भारत के महान चिन्तक, समाज-सुधारक, व देशभक्त महर्षि स्वामी दयानन्द सरस्वती का जन्म भारत के गुजरात प्रांत के काठियावाड़ क्षेत्र में स्थित टंकारा ग्राम के समीप मौर्वी नामक स्थान पर सन् 1824 में हुआ। इन्होंने आर्य समाज नामक महान हिन्दू सुधारक संगठन की स्थापना सन् 1875 में की। स्वामी जी ने वेदों की सत्ता को हमेशा उच्च स्थान दिया। इन्होंने विभिन्न प्रचलित धार्मिक बुराइयों की कटु आलोचना की।

अपने प्रसिद्ध ग्रंथ 'सत्यार्थ प्रकाश' में स्वामीजी ने सभी मतों में व्याप्त बुराइयों का खण्डन किया है। अपने समकालीन सुधारकों से अलग, स्वामीजी का मत शिक्षित वर्ग तक ही सीमित नहीं था अपितु आर्य समाज ने भारत के साधारण जन मानस को भी अपनी ओर आकर्षित किया।

जीवन वृत्त

स्वामी दयानन्द सरस्वती का बचपन का नाम मूलशंकर था और इनका बचपन काफी सुखमय व्यतीत हुआ था। आगे चलकर एक पण्डित बनने के लिए वे संस्कृत, वेद शास्त्रों व अन्य धार्मिक पुस्तकों के अध्ययन में लग गए। उनके जीवन में ऐसी बहुत-सी घटनाएँ हुईं, जिन्होंने उन्हें हिन्दू धर्म की पारम्परिक मान्यताओं और ईश्वर के बारे में पूछने के लिए विवश कर दिया। एक बार शिव-रात्रि की घटना है। तब वे बालक ही थे। शिव-रात्रि के उस दिन उनका पूरा परिवार रात्रि पूजा के लिए एक मन्दिर में ही रुका हुआ था। सारे परिवार के सो जाने के पश्चात् भी वे जागते रहे कि भगवान शिव आयेंगे और प्रसाद ग्रहण करेंगे। उन्होंने देखा कि शिवजी के लिए रखे भोग को चूहे खा रहे हैं। यह देखकर वे बहुत आश्चर्यचकित हुए और सोचने लगे की जो ईश्वर स्वयं को चढ़ाये गये प्रसाद की रक्षा नहीं कर सकता वह मानवता की क्या रक्षा करेगा? इस बात पर उन्होंने अपने पिता से बहस की और तर्क दिया कि हमें ऐसे असहाय ईश्वर को पूजना व उपासना करना हमारी एक बहुत बड़ी भूल है।

अपनी छोटी बहन और चाचा की हैजे के कारण हुई मृत्यु से वे जीवन-मरण के अर्थ पर गहराई से सोचने लगे और ऐसे प्रश्न करने लगे जिससे उनके माता पिता चिन्तित रहने लगे। तब उनके माता-पिता ने उनका विवाह किशोरावस्था के प्रारम्भ में ही करने का निर्णय किया (19 वीं सदी के भारत में यह आम प्रथा थी)। लेकिन बालक मूलशंकर ने निश्चय किया कि विवाह उनके लिए नहीं बना है और वे 1846 में गृह त्याग दिया। गृहत्याग के बाद वे मथुरा में स्वामी विरजानन्द के शिष्य बने।

महर्षि दयानन्द के हृदय में आदर्शवाद की उच्च भावना, यथार्थवादी मार्ग अपनाने की सहज प्रवृत्ति, मातृभूमि की नियति को नई दिशा देने का अदम्य उत्साह, धार्मिक-सामाजिक-आर्थिक व राजनैतिक दृष्टि से युगानुकूल चिन्तन करने की तीव्र इच्छा तथा भारतीय जनता में गौरवमय अतीत के प्रति निष्ठा जगाने की भावना थी। उन्होंने किसी के विरोध तथा निन्दा करने की परवाह किये बिना भारत के हिन्दू समाज का कायाकल्प करना अपना ध्येय बना लिया था।

वास्तव में तो कुछ ऐसा हुआ कि दयानन्द जी कुरान और भगवद्गीता दोनों पढ़कर तल्लीन और नास्तिक हो गये। जब उन्हें इन दोनों ग्रन्थों में कहीं भी भगवान नहीं मिले तो चिन्तित होकर बोले कि भगवान है ही नहीं। उन्हें अपने ही विचारों के एक और मनुष्य मिल गये जिनको उन्होंने अपना गुरु बना लिया। उनकी सोच बहुत छोटे स्तर की थी। वो पश्चिमी विज्ञान की तरक्की से भी प्रभावित थे। उन्होंने सिर्फ एक अच्छा कम किया कि सामाजिक कुरीतियाँ बन्द कर दीं। उन्हें इतना भी समझ में नहीं आया कि शिव के विग्रह के रूप में भक्त ही उनकी सेवा करते हैं, शिव नहीं। अगर वो सच्चे मन से भगवान की भक्ति करते तो शायद भगवान को समझ सकते। उन्हें ईश्वर या भगवान की उपासना व पूजा-पाठ करने में कोई रुचि नहीं थी। इसी कारण ईश्वर के भजन-कीर्तन का उन पर कोई असर नहीं पड़ता था।

अपने वचपन के बारे में दयानन्द सरस्वती ने अपनी आत्मकथा में लिखा है कि–संवत 1881 के वर्ष में मेरा जन्म दक्षिण गुजरात प्रान्त देश काठियावाड़ का मजोकठा देश मोर्वी का राज्य में औदीच्य ब्राह्मण के घर में हुआ था, यहां अपना पिता का और निज निवास स्थान के प्रसिद्ध नाम इसलिये मैं नहीं लिखता, कि जो माता पिता आदि जीते हों, मेरे पास आवें तो इस सुधार के कार्य में विघ्न हो क्योंकि मुझको उनकी सेवा करना उनके साथ घूमने में श्रम और धन आदि का व्यय कराना नहीं चाहता।

मैंने पांचवे वर्ष में देवनागरी अक्षर पड़ने का आरम्भ किया था और मुझको कुल की रीति की शिक्षा भी माता पिता आदि किया करते थे, बहुत से धर्मशास्त्रादि के लोक और सूत्रादिक कण्ठस्थ कराया करते थे। फिर आठवें वर्ष में मेरा यज्ञोपवीत कराके गायत्री संध्या और उसकी क्रिया भी सिखा दी गयी थी। और मुझको यजुर्वेद की संहिता का आरम्भ कराके उसमें से प्रथम रुद्राध्याय पढ़ाया गया था, और मेरे कुल में शैव मत था उसी की शिक्षा भी किया करते थे। और पिता आदि लोग यह भी कहा करते थे कि पार्थिवपूजन अर्थात मट्टी का लिङ्ग बना के तूँ पूजा कर। और माता मना किया करती थी कि यह प्रातःकाल भोजन कर लेता है इससे पूजा नहीं हो सकेगी पिताजी हठ किया करते थे कि पूजा अवश्य करनी चाहिये क्योंकि कुल की रीति है। तथा कुछ कुछ व्याकरण का विषय और वेदों का पाठमात्र भी मुझको पड़ाया करते थे। पिताजी अपने साथ मुझको जहां तहां मंदिर और मेल मिलापों में ले जाया करते और यह भी कहा करते थे कि शिव की उपासना सबसे श्रेष्ठ है।

इस प्रकार 14 वर्ष की अवस्था के आरम्भ तक यजुर्वेद की संपूर्ण और कुछ अन्य वेदों का भी पाठ पूर्ण हो गया था, और शब्दरूपावली आदि व्याकरण के ग्रन्थ भी पूरे हो गये थे। पिता जी जहाँ जहाँ शिवपुराण की कथा होती थी, वहां वहां मुझको बैठाकर सुनाया करते थे। और घर में भिक्षा की जीविका नहीं थी किन्तु जमींदारी और लेनदेन से जीविका के प्रबन्ध करके सब काम चलाते थे। और मेरे पिता ने माता के मने करने पर भी पार्थिव पूजन का आरम्भ करा दिया था।

गुरु की खोज में

स्वामी दयानन्द सरस्वती जी सत्य को जानने की अभिलाषा से घर परिवार त्यागकर सच्चे गुरू की खोज में निकल पड़े। इस दोरान 1857 के अंग्रजों के विरुद्ध क्रांति के सूत्र धार बने। 1857 की क्रान्ति के लगभग दो वर्ष बाद भारत के अनेक स्थानों का भ्रमण करते हुए वे सन् 1860 में गुरूवर स्वामी विरजानन्द के आश्रम में पहुंचे। जहां उन्हें नई दृष्टि, सद्प्रेरणा और आत्मबल मिला। वर्षो तक भ्रमण करने के बाद जब वे भगवान श्रीकृष्ण की जन्मस्थली मथुरा में गुरू विरजानन्द जी की कुटिया पर पहुंचे तो गुरू विरजानन्द ने उनसे पूछा कि वे कौन हैं। तब स्वामी दयानन्द ने कहा, गुरुवर यही तो जानना चाहता हूं कि वास्तव में, मैं कौन हूं? प्रश्न के उत्तर से संतुष्ट होकर गुरूवर ने दयानन्द को अपना शिष्य बनाया।

स्वामी विरजानन्द उच्च कोटि के विद्वान थे, उन्होंने वेद मंत्रों को नई दृष्टि से देखा था, और वेदों को एक नवीन व्यवस्था प्रदान की थी। उन्होंने दयानन्द जी को

वेद शास्त्रों का अभ्यास कराया। अध्ययन पूरा होने के बाद जब दयानन्द जी गुरू विरजानन्द जी को गुरू दक्षिणा के रूप में थोडी से लौंग, जो गुरू जी को बहुत पसन्द थी लेकर गये तो गुरू जी ने ऐसी दक्षिणा लेने से मना कर दिया। उन्होंने दयानन्द से कहा कि गुरू दक्षिणा के रूप में, मैं यह चाहता हूं कि समाज में फैले अन्ध विश्वास और कुरीतियों को समाप्त करो। गुरू जी के आदेश के अनुसार स्वामी दयानन्द सरस्वती जी ने भारत के सामाजिक, सांस्कृतिक और राजनैतिक उत्थान में अपना महत्वपूर्ण योगदान दिया। महर्षि दयानन्द 1863 में शिक्षा प्राप्त कर गुरु की आज्ञा से धर्म-सुधार हेतु ने अनेक स्थानों की यात्रा की। उन्होंने हरिद्वार में कुंभ के अवसर पर पाखण्ड खण्डिनी पताका फहराई। उन्होंने अनेक शास्त्रार्थ किए। वे कलकत्ता में बाबू केशवचन्द्र सेन तथा देवेन्द्र नाथ ठाकुर के संपर्क में आए। यहीं से उन्होंने पूरे वस्त्र पहनना तथा आर्यभाषा (हिन्दी) में बोलना व लिखना प्रारंभ किया।

यहीं उन्होंने तत्कालीन वाइसराय को कहा था, मैं चाहता हूं विदेशियों का राज्य भी पूर्ण सुखदायक नहीं है। परंतु भिन्न-भिन्न भाषा, पृथक-पृथक शिक्षा, अलग-अलग व्यवहार का छूटना अति दुष्कर है। बिना इसके छूटे परस्पर का व्यवहार पूरा उपकार और अभिप्राय सिद्ध होना कठिन है।

महर्षि दयानन्द के हृदय में आदर्शवाद की उच्च भावना, यथार्थवादी मार्ग अपनाने की सहज प्रवृत्ति, मातृभूमि की नियति को नई दिशा देने का अदम्य उत्साह, धार्मिक-सामाजिक-आर्थिक व राजनैतिक दृष्टि से युगानुकूल चिन्तन करने की तीव्र इच्छा तथा आर्यावर्तीय (भारतीय) जनता में गौरवमय अतीत के प्रति निष्ठा जगाने की भावना थी। उन्होंने किसी के विरोध तथा निन्दा करने की परवाह किये बिना आर्यावर्त (भारत) के हिन्दू समाज का कायाकल्प करना अपना ध्येय बना लिया था।

शिवरात्रि की घटना ने बदल दिया था स्वामी दयानंद सरस्वती को

मूर्ति पूजा और आडंबर का पुरजोर विरोध करने वाले आर्य समाज के संस्थापक स्वामी दयानंद सरस्वती की जीवनधारा शिवरात्रि की एक घटना ने बदल कर रख दी थी। शिव भक्त पिता के कहने पर उन्होंने शिवरात्रि का उपवास रखा था, लेकिन मध्य रात्रि में शिवलिंग पर एक चुहिया को नैवेद्य खाते देख उनका मूर्ति पूजा पर से भरोसा जाता रहा। भारतीय नवजागरण के अग्रदूत माने जाने वाले स्वामी दयानंद सरस्वती असाधारण प्रतिभा के धनी और ऐसे तपस्वी थे जिन्होंने मिथ्याडंबर का खुलकर विरोध किया था।

वे आर्य समाज के प्रवर्तक और सुधारवादी संन्यासी थे। स्वामी दयानन्द सरस्वती का जन्म गुजरात की छोटी सी रियासत मोरवी के टंकारा नामक गांव में 12 फरवरी 1824 को हुआ था। मूल नक्षत्र में पैदा होने के कारण उनका नाम मूलशंकर रखा गया। प्रखर बुद्धि के धनी मूलशंकर को 14 वर्ष की उम्र तक उन्हें रुद्री आदि के साथ-साथ यजुर्वेद तथा अन्य वेदों के भी कुछ अंश कंठस्थ हो गए थे। वे व्याकरण के भी अच्छे ज्ञाता थे। इनके पिता का नाम 'अंबाशंकर' था। स्वामी दयानन्द बाल्यकाल में शंकर के भक्त थे। वह बड़े मेधावी और होनहार थे।

शिवभक्त पिता के कहने पर मूलशंकर ने भी एक बार शिवरात्रि का व्रत रखा था। लेकिन जब उन्होंने देखा कि एक चुहिया शिवलिंग पर चढ़कर नैवेद्य खा रही है, तो उन्हें आश्चर्य हुआ और धक्का भी लगा। उसी क्षण से उनका मूर्तिपूजा पर से विश्वास उठ गया। पुत्र के विचारों में परिवर्तन होता देखकर पिता उनके विवाह की तैयारी करने लगे। ज्यों ही मूलशंकर को इसकी भनक लगी, वे घर से भाग निकले। उन्होंने सिर मुंडा लिया और गेरुए वस्त्र धारण कर लिए। बहुत से स्थानों में भ्रमण करते हुए इन्होंने कतिपय आचार्यों से शिक्षा प्राप्त की।

प्रथमतः वेदान्त के प्रभाव में आए तथा आत्मा एवं ब्रह्म की एकता को स्वीकार किया। ये अद्वैत मत में दीक्षित हुए एवं इनका नाम 'शुद्ध चौतन्य' पड़ा। पश्चात ये संन्यासियों की चतुर्थ श्रेणी में दीक्षित हुए एवं यहां इनकी प्रचलित उपाधि दयानन्द सरस्वती हुई। सच्चे ज्ञान की खोज में इधर-उधर घूमने के बाद स्वामी दयानन्द सरस्वती मथुरा में वेदों के प्रकांड विद्वान प्रज्ञाचक्षु स्वामी विरजानन्द के पास पहुंचे। दयानन्द ने उनसे शिक्षा ग्रहण की। उन्होंने इन्हें वेद पढ़ाया।

वेद की शिक्षा दे चुकने के बाद उन्होंने इन शब्दों के साथ दयानन्द को छुट्टी दी "मैं चाहता हूं कि तुम संसार में जाओ और मनुष्यों में ज्ञान की ज्योति फैलाओ।" गुरु की आज्ञा शिरोधार्य करके महर्षि स्वामी दयानन्द ने अपना शेष जीवन इसी कार्य में लगा दिया। हरिद्वार जाकर उन्होंने 'पाखण्डखण्डिनी पताका' फहराई और मूर्ति पूजा का विरोध किया। उनका कहना था कि यदि गंगा नहाने, सिर मुंडाने और भभूत मलने से स्वर्ग मिलता, तो मछली, भेड़ और गधा स्वर्ग के पहले अधिकारी होते। बुजुर्गों का अपमान करके मृत्यु के बाद उनका श्राद्ध करना वे निरा ढोंग मानते थे। छूत का उन्होंने जोरदार खंडन किया। दूसरे धर्म वालों के लिए हिन्दू धर्म के द्वार खोले। महिलाओं की स्थिति सुधारने के प्रयत्न किए। मिथ्याडंबर और असमानता के समर्थकों को शास्त्रार्थ में पराजित किया।

1863 से देश भ्रमण करने के बाद 1875 में उन्होंने मुंबई में 'आर्यसमाज' की स्थापना की। आर्यसमाज की स्थापना के बाद स्वामी जी ने हिन्दी में ग्रन्थ रचना आरम्भ की। साथ ही पहले के संस्कृत में लिखित ग्रन्थों का हिन्दी में अनुवाद किया। 'ऋग्वेदादि भाष्यभूमिका' उनकी असाधारण योग्यता का परिचायक ग्रन्थ है। 'सत्यार्थप्रकाश' सबसे प्रसिद्ध ग्रन्थ है। अहिन्दी भाषी होते हुए भी स्वामी जी हिन्दी के प्रबल समर्थक थे। उनके शब्द थे, 'मेरी आंखें तो उस दिन को देखने के लिए तरस रहीं हैं, जब कश्मीर से कन्याकुमारी तक सब भारतीय एक भाषा को बोलने और समझने लग जाएंगे।'

स्वामी दयानन्द सरस्वती का निधन एक वेश्या के कुचक्र से हुआ। जोधपुर की एक वेश्या ने, जिसे स्वामी जी की शिक्षाओं से प्रभावित होकर राजा ने त्याग दिया था, स्वामी जी के रसोइये को अपनी ओर मिला लिया और विष मिला दूध स्वामी जी को पिला दिया। इसी षड्यंत्र के कारण 30 अक्टूबर 1883 को दीपावली के दिन स्वामी जी का भौतिक शरीर समाप्त हो गया।

शिवरात्रि की घटना के संबंध में दयानन्द सरस्वती ने अपनी आत्मकथा में लिखा है कि–जब शिवरात्रि आई तब 13 त्रयोदशी के दिन कथा का महात्म्य सुना के शिवरात्रि के व्रत करने का निश्चय करा दिया। परन्तु माता ने मना भी किया कि इससे व्रत नहीं रहा जयगा, तथापि पिताजी ने व्रत का आरम्भ करा दिया। और जब 14 चतुर्दशी को शाम हुई तब बड़े बड़े बस्ती के रईस अपने पुत्रों के सहित मन्दिर में जागरण करने को गये वहां मैं भी अपने पिता के साथ गया और प्रथम प्रहर की पूजा भी करी दूसरे प्रहर की पूजा करके पुजारी लोग बाहर निकल के सो गये। मैंने पहले से सुन रखा था कि सोने से शिवरात्रि का फल नहीं होता है। इसलिये अपनी आंखों में जल के छींटे मार के जागता रहा और पिता भी सो गये तब मुझको शंका हुई कि जिसकी मैंने कथा सुनी थी वही यह महादेव है वा अन्य कोई क्योंकि वह तो मनुष्य के माफिक एक देवता है। वह बैल पर चढ़ता, चलता फिरता, खाता पीता, त्रिशूल हाथ में रखता डमरु बजाता, वर और शाप देता और कैलाश का मालिक है इत्यादि प्रकार का महादेव कथा में सुना था, तब पिता जी को जगा के मैने पूछा कि यह कथा का महादेव है या कोई दूसरा तब पिता ने कहा कि क्यों पूछता है। तब मैंने कहा कि कथा का महादेव तो चेतन है वह अपने ऊपर चूहों को क्यों चढ़ने देगा और इसके ऊपर तो चूहे फिरते हैं।

पिताजी ने कहा कि कैलाश पर जो महादेव रहते हैं, उनकी मूर्ति बना और आवाहन करके पूजा किया करते हैं अब इस कलियुग में शिव का साक्षात दर्शन नहीं

होता। इसलिये पाषाणादि की मूर्ति बना के उन महादेव की भावना रख कर पूजन करने से कैलाश का महादेव प्रसन्न हो जाता है।

ऐसा सुन के मेरे मन में भ्रम हो गया कि इनमें कुछ गड़बड़ अवश्य है। और भूख भी बहुत लग रही थी पिता से पूछा कि मैं घर को जाता हूँ। तब उन्होंने कहा कि सिपाही को साथ लेके चला जा परन्तु भोजन कदाचित मत करना मैने घर में जाकर माता से कहा कि मुझको भूख लगी है। माता ने कुछ मिठाई आदि दिया उसको खाकर 1 एक बजे घर पर सो गया।

पिताजी प्रातः काल रात्रि के भोजन को सुनके बहुत गुस्से हुये कि तूने बहुत बुरा काम किया। तब मैने पिता से कहा कि यह कथा का महादेव नहीं है इसकी पूजा मैं क्यों करूँ। मन में तो श्रद्धा नहीं रही परन्तु ऊपर के मन पिताजी से कहा कि मुझको पढ़ने से अवकाश नहीं मिलता कि मैं पूजा कर सकूं। तथा माता और चाचा आदि ने भी पिता को समझाया इस कारण पिता भी शान्त हो गये कि अच्छी बात है पढ़ने दो। फिर निघण्टू, निरुक्त और पूर्वमीमांसा आदि शास्त्रों के पढ़ने की इच्छा करके पढ़ता रहा और कर्मकाण्ड विषय भी पड़ता रहा।

मुझसे छोटी 1 एक बहन फिर उससे छोटा एक भाई फिर भी एक बहन और एक भाई अर्थात दो बहन और दो भाई और हुए थे तब तक मेरी 16 वर्ष की अवस्था हुई थी। पीछे मुझसे छोटी 14 वर्ष की जो बहन थी उनको हैजा हुआ एक रात्रि में कि जिस समय नाच हो रहा था, नौकर ने खबर दी कि उसको हैजा हुआ है। तब सब जने वहां से तत्काल आये और वैद्य आदि बुलाये औषधि भी की तथापि चार घण्टे में उस बहन का शरीर छूट गया सब रोने लगे।

परन्तु मेरे हृदय में ऐसा धक्का लगा और भय हुआ कि ऐसे ही मैं मर जाउंगा शोच विचार में पड़ गया। जितने जीव संसार में हैं उनमें से एक भी न बचेगा। इससे कुछ ऐसा उपाय करना चाहिए कि जिससे यह दुःख छूटे और मुक्ति हो अर्थात इसी समय से मेरे चित्त में वैराग्य की जड़ पड़ गई। परन्तु यह विचार अपने मन में ही रक्खा किसी से कुछ भी न कहा। इतने में 19 वर्ष की जब अवस्था हुई तब जो मुझसे अति प्रेम करने वाले बड़े धर्मात्मा विद्वान मेरे चाचा थे उनकी मृत्यु होने से अत्यन्त वैराग्य हुआ कि संसार में कुछ भी नहीं परन्तु यह बात माता पिता से तो नहीं कही किन्तु अपने मित्रों से कहा कि मेरा मन गृहाश्रम करना नहीं चाहता। उन्होंने माता पिता से कहा माता पिता ने विचारा कि इसका विवाह शीघ्र कर देना चाहिये।

जब मुझको मालूम पड़ा कि ये 20 बीसवें वर्ष में ही विवाह कर देंगें तब मित्रों से कहा कि मेरे माता पिता को समझा दो अभी विवाह न करें। तब उन्होंने एक वर्ष

जैसे तैसे विवाह रोका तब 20 बीसवां वर्ष पूरा हो गया। तब मैंनें पिताजी से कहा कि मुझे काशी में भेज दीजिये कि मैं व्याकरण ज्योतिष और वैद्यक आदि (के) ग्रन्थ पढ़ पाऊँ। तब माता पिता और कुटुम्ब के लोगों ने कहा कि हम काशीं को कभी न भेजेंगे जो पढ़ना हो सो यहीं पढ़ो। और अगले साल में तेरा विवाह भी होगा। क्योंकि लड़की वाला नहीं मानता। और हमको अधिक पढ़ा के क्या करना है जितना पड़ा है वही बहुत है।

फिर मैंने पिता आदि से कहा कि मैं पढ़ कर आऊँ तब विवाह होना ठीक है तब माता भी विपरीत हो गई कि हम कहीं नहीं भेजते और अभी विवाह करेंगे। तब मैंने चाहा कि अब सामने रहना अच्छा नहीं। फिर तीन कोश ग्राम में अपनी जिमींदारी थी वहां एक अच्छा पण्डित था माता पिता की आज्ञा लेकर वहां जाकर उस पण्डित के पास में पढ़ने लगा। और वहां के लोगों से भी कहा कि मैं गृहाश्रम करना नहीं चाहता।

जीवन का सत्य जानने गृह त्याग दिया

उन्होंने पिता को जगाया और शंका प्रकट की। पिता ने अनेक तर्क दिये किन्तु उसका समाधान न कर सके। बालक मूलशंकर ने व्रत तोड़ दिया और हमेशा के लिए मूर्ति पूजा से उनका विश्वास उठ गया। उनकी बहिन व चाचा की मृत्यु ने उन्हें ज्ञान करवाया की जीवन में कुछ भी शाश्वत नहीं है। मृत्यु क्या है? इस बात को जानने के लिए 22 वर्ष की उम्र में 1846 में उन्होंने घर त्याग दिया।

इस घटना के संबधं में स्वामी विवेकानन्द ने अपनी आत्मकथा में लिखा है कि–

जब माता पिता ने मुझे बुला के विवाह की तैयारी कर दी तब तक 21 इक्कीसवां वर्ष भी पूरा हो गया। तब मैंने निश्चित जाना कि अब विवाह किये बिना कदाचित् न छाडेंगे। फिर चुपचाप संवत 1903 के वर्ष घर छोड़ के सन्ध्या के समय भाग उठा चार कोश पर एक ग्राम था वहां जाकर रात्रि को ठहर कर दूसरे दिन प्रहर रात्रि से उठ के 15 कोश चला परन्तु प्रसिद्ध ग्राम सड़क और जानकारों के ग्रामों को छोड़ के बीच बीच में नित्य चलने का प्रारम्भ किया।

तीसरे दिन मैंने किसी राजपुरुष से सुना कि फलाने का लड़का घर छोड़ कर चला गया उसको खोजने के लिये सवार और पैदल आदमीं यहां तक आये थे। जो मेरे पास से थोड़े से रुपये और अंगूठी आदि आभूषण था वह सब पोपों ने ठग लिया। मुझसे कहा कि तुम पक्के वैराग्यवान तब होंगे कि जब अपने पास की चीज सब पुण्य कर दो फिर उन लोगों के कहने से मैंने जो कुछ था सब दे दिया।

फिर लाला भगत की जगह जो कि सायले शहर में है वहां बहुत साधुओं को सुन कर चला गया वहां एक ब्रह्मचारी मिला उसने मुझसे कहा कि तुम नैष्टिक बृह्मचारी हो जाओ उसने मुझको ब्रह्मचारी की दीक्षा दी और शुद्ध चैतन्य मेरा नाम रक्खा तथा काषाय वस्त्र भी करा दिये।

जब मैं वहां से अहमदाबाद के पास कोठगांग जो कि छोटा सा राज्य है वहां आया तब मेरा ग्राम के पास वाला एक वैरागी मिला उसने पूछा कि तुम यहां कहां से आये और कहां जाना चाहते हो। तब उससे मैने कहा कि घर से आया और कुछ देशभ्रमण किया चाहता हूँ। उसने मुझसे कहा कि तुमने काषाय वस्त्र धारण करके क्या घर छोड़ दिया। मैंने कहा कि हां मैंने घर छोड़ दिया और कार्तिक की के मेले पर सिद्धपुर को जाऊंगा।

फिर मैं वहां से चल कर सिद्धपुर में आके नीलकण्ठ महादेव की जगह में ठहरा कि जहां दण्डी स्वामी ब्रह्मचारी ठहर रहे थे। उनका सत्संग और जो जो कोई महात्मा वा पण्डित मेले में सुन पड़ा उन सबके पास गया और उनसे सत्संग किया।

जो मुझको कोठगांग में वैरागी मिला था उसने मेरे पिता के पास पत्र भेजा कि तुम्हारा पुत्र ब्रह्मचारी हुआ काषाय वस्त्र धारण किये मुझको मिला और कार्त्तिकी के मेले में सिद्धपुर को गया। ऐसा सुन के सिपाहियों के सहित पिताजी सिद्धपुर के मेले में खोज कर पता लगाके जहां पण्डितों के बीच मैं बैठा था वहां पहुँच कर मुझसे बोले कि तूं हमारे कुल में कलंक लगाने वाला पैदा हुआ। तब मैंने पिताजी की और देख के उठके चरणस्पर्श किया और नमस्कार करके बोला कि आप क्रोधित मत होइए मैं किसी आदमीं के बहकाने से चला आया और मैने बहुत सा दुःख पाया। अब मैं घर को आने वाला था। परन्तु अब आप आये यह बहुत अच्छा हुआ कि अब मैं साथ साथ घर को चलूंगा।

तो भी क्रोध के मारे मेरे गेरू के रंगे वस्त्र और एक तूंबे को तोड़ फार के फेंक दिये और वहां भी बहुत कठिन कठिन बातें कह कर बोले कि तूं अपनी माता की हत्या किया चाहता है। मैने कहा कि मैं अब घर को चलूंगा तो भी मेरे साथ सिपाही कर दिये कि क्षण भर भी इसको अकेला मत छोड़ो और इस पर रात्री को भी पहरा रक्खो। परन्तु मैं भागने का उपाय देख रहा था। सो जब तीसरी रात के तीन बजे के पीछे पहरे वाला बैठा बैठा सो गया उसी समय मैं लघुशंका का बहाना करके भागा।

आध कोश पर एक मन्दिर के शिखर की गुफा में एकवृक्ष के सहारे से चढ़ और जल का लोटा भर के छिपकर बैठा रहा जब चार बजे का अमल हुआ तब मैंने

उन्हीं सिपाहियों में से एक सिपाही मालियों से मुझको पूछता सुना तब मैं और भी छिप गया ऊपर बैठा सुनता रहा वे लोग ढूंढ कर चले गये मैं उसी मन्दिर के शिखर में दिन भर रहा। जब अन्धेरा हुआ तब उस पर से उतर सड़क को छोड़ के किसी को पूछ के दो कोश पर एक ग्राम था उसमें ठहर के अहमदाबाद होता हुआ बड़ोदरे शहर में आकर ठहरा। वहां चेतन मठ में ब्रह्मानन्द आदि ब्रह्मचारी और सन्यासियों से वेदान्त विषय की बहुत बातें की। और मैं ब्रह्म हूं अर्थात जीव ब्रह्म एक है ऐसा निश्चय उन ब्रह्मानन्दादि ने मुझको करा दिया।

प्रथम वेदान्त पढ़ाते समय भी कुछ कुछ निश्चय हो गया था परन्तु वहां ठीक हो गया कि मै ब्रह्म हूं। फिर वहीं बड़ोदे में एक बनारसीबाई वैरागी का स्थानड़ सुनकर उसमें जाके एक सच्चिदानन्द परमहंस से भेंट करके अनेक प्रकार की शास्त्र विषयक बात हुई फिर वहां सुना कि आजकल चाणोदकन्याली में बड़े बड़े संन्यासी ब्रह्मचारी और विद्वान ब्राह्मण रहते हैं। वहां जाके दीक्षित और चिदाश्रमादि स्वामी ब्रह्मचारी और पण्डितों से अनेक विषयों पर परस्पर संभाषण हुआ।

फिर एक परमानन्द परमहंस से वेदान्तसार आर्य्याहरिमीडे तोटक वेदान्तपरिभाषा आदि प्रकरणों का थोड़े महीनों में विचार कर लिया। उस समय ब्रह्मचर्यावस्था में कभी कभी अपने हाथ से रसोई बनाने पड़ती थी इस कारण पढ़ने में विघ्न विचार के चाहा कि अब संन्यास ले लेना अच्छा है। फिर एक दक्षिणी पण्डित के द्वारा वहां जो दीक्षित स्वामी विद्वान थे उनको कहलाया कि आप उस ब्रह्मचारी को संन्यास की दीक्षा दे दीजिये। क्योंकि मैं अपना ब्रह्मचारी का नाम भी बहुत प्रसिद्ध नहीं करना चाहता था क्योंकि घर का भय था जोकि अब तक बना है। तब उन्होंने कहा कि उसकी अवस्था कम है इसलिये हम नहीं देते।

इसके अनन्तर दो महीने के पीछे दक्षिण से एक दण्डी स्वामी और एक ब्रह्मचारी आके चणोद से कुछ कम कोश भर जो मकान जो जंगल में था उसमें ठहरे उनको सुनकर एक दक्षिणी वेदान्ती पण्डित और मैं दोनों उसके पास जाके शास्त्रविषयक संभाषण करने से मालूम हुआ कि अच्छे विद्वान हैं। और वे श्रृंगीरी मठ की और से आके द्वारिका की और जाते थे उनका नाम पूर्णानन्द सरस्वती था। उनसे उस वेदान्ति के द्वारा कहलाया कि ये ब्रह्मचारी विद्या पड़ना चाह्ते हैं। यह मैं ठीक जानता हूं कि किसी प्रकार का अवगुण इनमें नहीं है इनको आप संन्यास दे दीजिये संन्यास लेने का इनका प्रयोजन यही है कि निविघ्न विद्या का अभ्यास कर सकें।

तब उन्होंने कहा कि किसी गुजराती स्वामी से कहो क्योंकि हम तो महाराष्ट्र के हैं। तब उनसे कहा कि दक्षिणी स्वामी गौड़ों को भी संन्यास देते हैं तो यह ब्रह्मचारी

तो पंच द्रविड़ है इससे क्या चिन्ता है। तब उन्होंने मान लिया और उसी ठिकाने तीसरे दिन संन्यासी की दीक्षा दण्ड ग्रहण कराया और दयानन्द सरस्वती नाम रक्खा। परन्तु दण्ड का विसर्जन भी उसी स्वामी जी के सामने कर दिया क्योंकि दण्ड की भी बहुत सी क्रिया है कि जिससे पढ़ने में विघ्न हो सकता था। फिर वे स्वामी जी द्वारिका की और चले गये।

मैं कुछ दिन चाणोदकन्याली में रहके व्यासश्रम में एक योगानन्द स्वामी को सुना कि वे योगाभ्यास में अच्छे हैं उनके पास जाके योगाभ्यास की क्रिया सीख कृष्ण शास्त्री छिलौर शहर के बाहर रहते थे उनको सुनके व्याकरण पड़ने के लिये उनके पास गया और कुछ व्याकरण का अभ्यास करके फिर चाणोद में आकर ठहरा वहां दो योगी मिले जिनका नाम ज्वालानन्दपुरी और शिवानन्द गिरी था। उनसे भी योगाभ्यास की बातें हुईं और उन्होंने कहा कि तुम अहमदाबाद में आओ वहां हम नदी के ऊपर दूधेश्वर महादेव में ठहरेंगे। वहां आओगे तो योगाभ्यास की रीति सिखलायेंगे। वहां से वे अहमदाबाद को चले गये फिर एक महीने के पीछे मैं भी अहमदाबाद में जाके उनसे मिला और योगाभ्यास की रीति सीखी। फिर आबूराज पर्वत में योगियों को सुन के वहां जाके अर्वदाभवानी आदि स्थानों में भवानी गिरि आदि योगियों से मिल के कुछ योगाभ्यास की रीति सीख के संवत 1911 के वर्ष के अन्त में हरद्वार के कुम्भ के मेले में आके बहुत साधु संन्यासियों से मिला और जब तक मेला रहा तब तक चण्डी के पहाड़ के जंगल में योगाभ्यास करता रहा। जब मेला हो चुका तब हृषिकेश में जाके संन्यासियों और योगियों से योग की रीति सीखना और सत्संग करता रहा।

और बहुत से योगियों और विद्वान महन्तों और साधुओं से भेंट हुई और उनसे वार्तालाप में मुझको योग विद्या सम्बन्धी और बहुत नई बातें ज्ञात हुईं।

उनसे पृथक होकर मैं पुनः बद्रीनारायण को गया। विद्वान रावल जो उस समय उस मन्दिर का मुख्य महन्त था। और मैं उसके साथ कई दिन तक रहा। हम दोनों का परस्पर वेदों और दर्शनों पर बहुत वाद विवाद रहा। जब उनसे मैंने पूछा कि इस परिस्थिति में कोई विद्वान और सच्चा योगी भी है या नहीं, तो उसने यह जताने में बड़ा शोक प्रकट किया कि इस समय इस परिस्थिति में कोई ऐसा योगी नहीं है। परन्तु उसने बताया कि मैंने सुना है कि प्रायः ऐसे योगी इसी मन्दिर के देखने के लिए आया करते हैं। उस समय मैंने यह संकल्प कर लिया, कि समस्त देशों में और विशेषतः पर्वतीय स्थलों में अवश्य ऐसे पुरुषों का अनवेषण करूँगा।

मूलशंकर से बन गए दयानंद

मूलशंकर घर को छोड़कर जंगलों की खाक छानते रहे। 24 वर्ष की आयु में ब्रह्मचारी मूलशंकर का स्वामी पूर्णानन्द सरस्वती से साक्षात्कार हुआ। उन्होंने

स्वामी पूर्णानन्द सरस्वती से संन्यास की दीक्षा ग्रहण की और दीक्षा लेने के पश्चात् वे दयानन्द सरस्वती कहलाने लगे। अब दयानन्द ऋषि मुनियों के दर्शन करते हुए, देश में फैले अत्याचारों को देखते हुए, भयंकर नदियों, कांटों की झाड़ियों, हिमालय के बर्फ ढंके शिखरों को पार करते मथुरा पहुंचे। यहां उन्हे प्रज्ञाचक्षु नेत्रहीन स्वामी विरजानन्दजी के दर्शन हुए। दयानन्द जी ने स्वामी जी का शिष्यत्व स्वीकार कर लिया। वस्तुतः स्वामी जी के यही वास्तविक शिक्षा गुरु हुए।

सत्य की खोज के संदर्भ में स्वामी दयानन्द सरस्वती ने अपनी आत्मकथा में लिखा है कि–एक दिन सूर्योदय के होते ही मैं अपनी यात्रा पर चल पड़ा और पर्वत की उपत्यका में होता हुआ अलखनंदा नदी के तट पर जा पहुँचा। मेरे मन में उस नदी के पार करने की किंचित इच्छा न थी। क्योंकि मैंने उस नदी के दूसरी और एक बड़ा ग्राम माना नामक देखा अतः अभी उस पर्वत की उपत्यका में ही अपनी गति रख कर नदी के वेग के साथ साथ मैं जंगल की ओर हो लिया। पर्वत मार्ग और टीले आदि सब हिम के वस्त्र पहने हुए थे। और बहुत घनी हिम उनके ऊपर थी। अतः अलखनन्दा नदी के स्त्रोत पहुँचने में मुझको अत्यन्त कष्ट उठाने पडे। परन्तु जब मैं वहां गया तो अपने आप को सर्वथा अपरिचित और अंजान जाना। और अपने चारों और ऊँची ऊँची पहाड़ियां देखीं तो मुझे आगे जाने का मार्ग बन्द दिखाई दिया। कुछ ही काल पश्चात पथ सर्वथा लुप्त हो गया, और उस मार्ग का मुझको कोई पता न मिला। उस समय मैं सोच व चिन्ता में था कि क्या करना चाहिये अन्ततः अपना मार्ग अन्वेषण करने के अर्थ मैंने नदी को पार करने का निश्चय कर लिया। मेरे पहने हुए वस्त्र बहुत हल्के और थोड़े थे और शीत अत्यधिक था। कुछ ही काल पश्चात शीत ऐसा अधिक हुआ कि उसका सहन करना असम्भव था। क्षुधा और पिपासा ने जब मुझे अत्यन्त बाधित किया तो मैं एक हिम का टुकड़ा खाकर उसको बुझाने का विचार किया, परन्तु उससे किंचित् आराम वा संतुष्टि न हुई। पुनः मैं नदी में उतर उसको पार करने लगा।

कतिपय स्थानों पर नदी बड़ी गम्भीर थी और कहीं पानी बहुत कम था। परन्तु एक हाथ या आधा गज से कम कहीं न था। किन्तु विस्तार अर्थात पार में दस हाथ तक था अर्थात कहीं चार गज और कहीं से पाँच गज। नदी हिम के छोटे और तिरछे टुकड़ों से भरी थी। उन्होंने मेरे पाँव को अति घावयुक्त कर दिया सो

मेरे नग्न पाँव से रक्त बहने लगा। मेरे पाँव शीत के कारण नितान्त सन्न हो गये थे। जिस कारण मैं बड़े बड़े घावों से भी कुछ काल तक अचेत रहा। इस स्थान पर अतिशीत के कारण मुझ पर अचेतना सी छाने लगी। यहाँ तक कि मैं अचेतन अवस्था में होकर हिम पर गिरने को था जब मुझे विदित हुआ कि यदि मैं यहाँ पर इसी प्रकार गिर गया तो पुनः यहाँ से उठना मेरे लिये अत्यन्त असम्भव और कठिन होगा। एवं दौड़ धूप करके जैसे हुआ मैं प्रबल प्रयत्न करके वहाँ से कुशल मंगल पूर्वक निकला और नदी के दूसरी और जा पहुँचा। वहाँ जाकर यद्यपि कुछ काल तक मेरी अवस्था ऐसी रही जो जीवन की अपेक्षा मृतवत् थी तथापि मैंने अपने शरीर के ऊपरी भाग को सर्वथा नंगा कर लिया और अपने समस्त वस्त्रों से जो मैंने पहने हुए थे पाँव जंघा तक को लपेट लिया। और वहाँ पर मैं सर्वथा शक्तिहीन और घबराया हुआ आगे को हिल सकने और चल सकने में अशक्त खड़ा हो गया। इस प्रकार प्रतीक्षा में था कि कोई सहायता मिले जिससे मैं आगे को चलूँ। परन्तु इस बात की कोई आशा न थी कि वह आयेगी कहाँ से?

सहायता की आशा में था, परन्तु सर्वथा में विवश था और जानता था कि कोई सहायता का स्थान दिखाई नहीं देता अन्त में पुनः एक बार मैंने अपने चारों और दृष्टि की और अपने सम्मुख दो पहाड़ी पुरुषों को आते हुये देखा जो मेरे समीप आये और अपने काश सम्भ से (?) मुझको प्रणाम करके उन्होंने अपने साथ घर जाने के लिये मुझे बुलाया और कहा "आओ हम तुमको वहाँ खाने को भी देवेंगे।" जब उन्होंने मेरे क्लेशों को सुना और मेरे वृत को श्रवण किया तो कहने लगे "हम तुमको सिद्धपत पर भी जो एक तीर्थस्थान है, पहुँचा देवेंगे।" परन्तु उनका मुझको यह सब कहना अच्छा प्रतीत न हुआ। मैंने अस्वीकार किया और कहा " महाराज शोक ! मैं आपकी यह सब कृपा स्वीकार नहीं कर सकता क्योंकि मुझमें चलने की किंचित शक्ति नहीं है। " यद्यपि उन्होंने मुझको बहुत आग्रह पूर्वक बुलाया और आने के लिये अत्यधिक अनुरोध किया, तथापि मैं वहीं अपने पाँव जमाये खड़ा रहा और उनकी आज्ञा वा इच्छानुकूल मैं उनके पीछे चलने का साहस न कर सका।

मैंने उनसे कह दिया कि यहाँ से हिलने का प्रयत्न करने की अपेक्षा मैं मर जाना उत्तम समझता हूँ। ऐसा कहकर मैंने उनकी बातों की और ध्यान करना भी बंद कर दिया अर्थात पुनः उनसे न सुना। उस समय मेरे मन में विचार आता था कि उत्तम होता यदि मैं लौट जाता और अपने पाठ को स्थिर रखता इतने में यह दोनों सज्जन वहाँ से चले गये और कुछ ही काल में पर्वतों में लुप्त हो गये।

वहाँ जब मुझे शांति प्राप्त हुई तो मैं भी आगे को चला और कुछ काल वसुधारा (प्रसिद्ध तीर्थ व यात्रा स्थान) पर विश्राम करके माना ग्राम के निकटवर्ती प्रदेश में होता हुआ उसी सांय लगभग आठ बजे बद्रीनारायण जा पहुँचा। मुझे देखकर रावलजी और उनके साथी जो घबराये हुए थे, विस्मय प्रकाश पूर्वक पूछने लगे "आज सारा दिन तुम कहाँ रहे?" तब मैंने सब वृतान्त क्रमबद्ध सुनाया। उस रात्रि कुछ आहार करके जिससे मेरी शक्ति लौटती हुई जान पड़ी, मैं सो गया।

दूसरे दिन प्रातः शीघ्र ही उठा और रावल जी से आगे जाने की आज्ञा माँगी। और अपनी यात्रा से लौटता हुआ रामपुर की और चल पड़ा। उस सांय चलता चलता एक योगी के घर पहुँचा। वह बड़ा तपस्वी था। रात्रि उसी के घर काटी। वह पुरुष जीवित ऋषि और साधुओं में उच्च कोटी का ऋषि होने का गौरव रखता था। धार्मिक विषयों पर बहुत काल तक उसका मेरा वार्तालाप हुआ। अपने संकल्पों को पहले से अधिक करके मैं आगामी दिन प्रातः उठते ही आगे को चल दिया।

आत्मा की खोज के लिए स्वामी दयानन्द सरस्वती ने शव का परिक्षण तक किया था। अपनी आत्मकथा में वे इस संदर्भ में लिखते हैं कि–कई वनों और पर्वतों से होता हुआ चिलका घाटी से उतर कर मैं अन्ततः रामपुर पहुँच गया। वहाँ पहुँच कर मैंने प्रसिद्ध रामगिरि के स्थान पर निवास किया। यह पुरुष पवित्राचार और आध्यात्मिक जीवन के कारण अति प्रसिद्ध था। मैंने उसको विचित्र प्रकृति का पुरुष पाया। अर्थात वह सोता नहीं था, वरन् सारी सारी रातें उच्चस्वर से बातें करने में व्यतीत करता। वह बातें प्रकट में अपने साथ करता हुआ ही प्रतीत होता था। प्रायः हमने उच्च स्वर से चीख मारते हुये उसे सुना। पर वस्तुतः जब उठ कर देखा तो उसके कमरे में उसके अतिरिक्त और कोई पुरुष दिखाई न दिया। मैं ऐसी वार्ता से अत्यन्त विस्मित हुआ। जब मैंने उसके चेलों और शिष्यों से पूछा तो उन विचारों ने केवल यही उत्तर दिया कि इनकी प्रकृति ही है। पर मुझे यह कोई न बता सका कि इसका क्या रहस्य है। अन्त को स्वयं जब मैंने उस साधु से कई बार एकान्त में चर्चा की तो मुझे ज्ञात हो गया कि वह क्या बात थी। इस प्रकार मैं यह निश्चय करने के योग्य हो गया कि अभी वह जो कुछ करता है वह पूरी पूरी योग विद्या का फल नहीं है, प्रत्युत पूरी में अभी उसे न्यूनता है और यह वह वस्तु नहीं कि जिसकी मुझे जिज्ञासा है। यह पूरा योगी नहीं यद्यपि योग में कुछ गति रखता है।

उससे रामगिरि स्थान से, चलकर मैं काशीपुर गया। वहाँ से द्रोण सागर जा

पहुँचा। वहीं मैंने शरद् ऋतु काटा। हिमालय पर्वत पर पहुँच कर देह त्याग करना चाहिये, ऐसी इच्छा हुई। परन्तु मन में यह विचार आ गया कि ज्ञान प्राप्ति के पश्चात् ही देह छोड़ना चाहिये। अतः वहां से मुरादाबाद होता हुआ सम्भल आ पहुँचा। वहाँ से गढमुक्तेश्वर होते हुये पुनः मैं गंगा तट पर आ निकला। उस समय अन्य धार्मिक पुस्तकों के अतिरिक्त मेरे पास निम्नलिखित पुस्तकें भी थीं। शिव संहिता, हठ योग प्रदीपिका, केशाराणि संगीत प्रायः मैं इन्हीं पुस्तकों को यात्रा में पढ़ा करता था। उनमें से कई पुस्तकों का विषय नाड़ी चक्र था। पर उनमें इस विषय का इतना लम्बा चौड़ा विवरण था कि पुरुष पढ़ता पढ़ता थक जाता। मैं उन्हें कभी भी पूर्णतया अपनी बुद्धि में न ला सका। अतः मुझे विचार हुआ कि न जाने ये सत्य भी है या नहीं। ऐसा संदेह होता ही गया, यद्यपि मैं अपने संशय मिटाने का यत्न करता रहा। परन्तु वह संदेह दूर न हुये और न ही उनके दूर करने का कोई अवसर प्राप्त हुआ।

एक दिन दैव संयोग से एक शव मुझे नदी में बहता हुआ मिला। तब समुचित अवसर प्राप्त हुआ कि उसकी परीक्षा करता। सो उन पुस्तकों को जो मेरे पास थीं, समीप ही एक ओर रख, वस्त्रों को ऊपर उठा मैं नदी के भीतर गया और शीघ्र शव को पकड़ तट पर आया। मैंने तीक्ष्ण चाकू से जैसा हो सका यथायोग्य काटना प्रारम्भ किया और हृदय को उसमें से निकाल लिया और ध्यानपूर्वक देख परीक्षा की। अब पुस्तकोल्लिखित वर्णन की उससे तुलना करने लगा। ऐसे ही शिर और ग्रीवा को काट कर सामने रक्खा। यह निश्चय करके कि दोनों अर्थात् पुस्तक और शव लेशमात्र भी परस्पर नहीं मिलते, मैंने पुस्तकों को फाड़ उनके टुकड़े कर डाले और शव को फेंक साथ ही पुस्तकों के टुकड़ों को भी नदी में फेंक दिया। उसी समय से शनैः शनैः मैं यह परिणाम निकालता गया कि वेदों, उपनिषदों, पातंजलि और सांख्य शास्त्र के अतिरिक्त अन्य समस्त पुस्तकें जो विज्ञान और योग विद्या पर लिखी गयीं मिथ्या और अशुद्ध हैं। ऐसे ही कुछ दिन और गंगा तीर पर विचरते हुये फरूखाबाद पहुँचा। और श्रृंगीराम पुर से होकर छावनी की पूर्व दिशा वाली सड़क से कानपुर जाने वाला था, जब संवत् 1912 विक्रम समाप्त हुआ।

ज्ञान की प्राप्ति के लिए दयानन्द सरस्वती ने दुष्कर स्थानों पर जाकर आत्म चिंतन किया। इस संदर्भ में वे अपनी आत्मकथा में लिखते हैं कि–1913 वि. अगले पाँच मास में कानपुर व प्रयाग के मध्यवर्ती अनेक प्रसिद्ध स्थान मैंने देखे। भाद्रपद के प्रारम्भ में मिर्जापुर पहुँचा। वहाँ एक मास से अधिक विंध्याचल अशोलजी के

मन्दिर में निवास किया। असूज के आरम्भ में काशी पहुँचा। वहाँ जाके मैं उस गुफा में ठहरा जो वरणा और गंगा के संगम पर है। और जो उस समय भवानन्द सरस्वती के अधिकार में थी। वहाँ पर कई शास्त्रियों अर्थात काकाराम, राजाराम आदि से मेरा परिचय हुआ परन्तु वहाँ केवल 12 दिन रहा।

तत्पश्चात जिस वस्तु की खोज में था उसके लिए आगे को चल दिया। और असूज सुदि 2 स. 1913 को दुर्गाकुण्ड के मन्दिर पर जो चण्डालग में है, पहुँचा। वहाँ दस दिन व्यतीत किये। यहाँ मैंने चावल खाने सर्वदा छोड़ दिये और केवल दूध पर अपना निर्वाह करके दिन रात योग विद्या के अध्ययन और अभ्यास में तत्पर रहा। दुर्भाग्यवश वहाँ मुझे एक बड़ा दोष लग गया, अर्थात भांग पीने का स्वभाव हो गया। सो कई बार उसके प्रभाव से मैं बेसुध हो जाया करता। एक दिन मंदिर से निकल कर चण्डालग के निकटस्थ जो एक ग्राम आता था तो एक पुराना साथी मिला। ग्राम के दूसरी ओर कुछ ही दूर शिवालय था। वहाँ जाकर मैंने रात काटी। रात्रि के समय भांग से उत्पन्न हुई मादकता के कारण जब मैं अचेत सोता था तो मैने एक स्वप्न देखा। वह ऐसे था। मुझे विचार हुआ कि मैंने महादेव और उसकी स्त्री पार्वती को देखा। वे परस्पर वार्तुतालाप कर रहे थे और उनकी बातों का पात्र मैं था, अर्थात मेरे ही सम्बन्ध में वे कह रहे थे। पार्वती महादेव जी से कहती थी "उत्तम हो यदि दयानन्द सरस्वती का विवाह हो जावे" परन्तु देवता इससे भेद प्रकट कर रहे थे और उनका संकेत भांग की ओर था।

मैं जागा और स्वप्न पर विचार करने लगा। तब मुझे बड़ा दुख और क्लेश हुआ। उस समय धारासार वर्षा हो रही थी। मैंने उस बरामदे में जो मन्दिर के मुख्य द्वार के सन्मुख था विश्राम किया। वहाँ नन्दी वृष देवता की एक विशाल मूर्ति खड़ी थी। अपने वस्त्र और पुस्तकादि उसकी पृष्ठ पर रख कर मैं उसके पीछे बैठ गया और निज विचार में निमग्न हुआ। सहसा नन्दी मूर्ति के भीतर दृष्टिपात करने पर मुझे विदित हुआ कि एक मनुष्य उसमें छिपा हुआ है। मैंने अपना हाथ उसकी और फैलाया। इससे वह अति भयभीत हुआ, क्योंकि मैंने देखा कि उसने तत्काल छलांग मारी और छलांग मारते ही वेग से ग्राम की और भागा। तब उसके जाने पर मैं उस ही मूर्ति के भीतर बैठ गया और अवशिष्ठ रात्रि भर वहाँ सोता रहा। प्रातः काल एक वृद्धा वहाँ आई। उसने वृष देवता की पूजा की, जिस अवस्था में कि मैं भी उसके अन्दर ही बैठा हुआ था। कुछ देर पीछे वह गुड़ और दही लेकर लौटी। मेरी पूजा करके और भ्रान्ति से मुझे ही देवता समझकर उसने कहा," आप

इसे ग्रहण कीजिये और इसमें से कुछ खाइये।" मैंने क्षुधार्तृत होने के कारण वह सब खा लिया। दही क्योंकि बहुत खट्टा था,अतः भांग की मादकता को दूर करने में एक अच्छा निदान हो गया। उससे मादकता जाती रही और मुझे बहुत आराम प्रतीत हुआ।

चौत्र 1914 में वहाँ से आगे चला और वह मार्ग पकड़ा कि जिस ओर पर्वत थे और जहाँ से नर्मदा निकलती है, अर्थात नर्मदा के स्त्रोत की ओर यात्रा आरम्भ की। मैंने कभी एक बार भी किसी से मार्ग नहीं पूछा प्रत्युत दक्षिण ओर यात्रा करता हुआ चला गया। शीघ्र ही मैं एक ऐसे उजाड़, निर्जन स्थान में पहुँच गया जहाँ चारों ओर बहुतीने वन और जंगल थे। वहाँ जंगल में अनियमित दूरी पर बिना क्रम झाड़ियों के मध्य में कई स्थानों पर मलिन और उजाड़ झोपड़ियाँ थीं। कहीं कहीं पृथक पृथक ठीक झोपड़ियाँ भी दृष्टिगोचर होती थीं। उन झोपड़ियों में से एक पर मैंने किंचित् दुग्धपान किया और पुनः आगे की ओर चल दिया।

परन्तु इसके आगे लगभग पौन कोस चलकर मैं पुनः एक ऐसे ही स्थान पर पहुँचा जहाँ कोई प्रसिद्ध मार्ग दिखाई न देता था। अब मेरे लिये यही उचित प्रतीत होता था कि उन छोटे छोटे मार्गों में से (जिन्हें मैं न जानता था कि कहाँ जाते हैं) कोई एक चुनूँ और उस ओर चल दूँ। वहाँ से मैं शीघ्र ही एक निर्जन वन में प्रविष्ट हुआ। उस जंगल में बेरियों के बहुत वृक्ष थे। परन्तु घास इतना घना और लम्बा था कि मार्ग सर्वथा दृष्टिगोचर न होता था। वहाँ मेरा सामना एक बड़े काले रीछ से हुआ। वह पशु बड़े वेग और उच्च स्वर से चीखा। चिघाड़ कर अपनी पिछली टांगों पर खड़ा हो मुझे खाने के निमित्त उसने अपना मुख खोला। कुछ काल तक मैं निष्क्रिय स्तब्धवत् खड़ा रहा। पश्चात शनैः शनैः मैंने अपने सोटे को उसकी ओर उठाया। उससे भयभीत हो वह उलटे पाँव लौट गया। उसकी चिघाड़ व गर्ज ऐसी बलपूर्ण थी कि ग्राम वाले जो मुझे अभी मिले थे, दूर से उसका शब्द सुनकर लठ ले शिकारी कुत्तों सहित मेरी रक्षार्थ वहाँ आये। उन्होंने मुझे यह समझाने का परिश्रम किया कि मैं उनके साथ चलूँ। वे बोले, "इस जंगल में यदि तुम कुछ भी आगे बड़ोगे तो तुम्हें संकटों का सामना करना पड़ेगा। पर्वत या वन में बहुत से भयानक क्रूर और हिंसक जंगली पशु अर्थात रीछ, हाथी, शेर आदि तुमको मिलेंगे। " मैंने उनसे निवेदन किया कि आप मेरे कुशल मंगल का कुछ भय न करें क्योंकि मैं कुशल मंगल और रक्षित हूँ। मेरे मन में तो यही सोच थी

कि किसी प्रकार नर्मदा का स्त्रोत देखूँ। अतः समस्त भय और कष्ट मुझे अपने संकल्प से न रोक सकते थे। जब उन्होंने देखा कि उनकी भयानक बातें मेरे लिये कोई भय उत्पन्न नहीं करती और मैं अपने संकल्प में पक्का हूँ तो उन्होंने मुझे एक दण्ड दिया जो मेरे सोटे से बड़ा था और जिससे मैं अपनी रक्षा करूँ। मैंने उस दण्ड को तुरन्त अपने हाथ से फेंक दिया।

उस दिन जब तक कि संसार में चारों ओर अन्धकार न छाया मैं बराबर यात्रा करता हुआ चला गया। कई घण्टों तक मानव बस्ती का मुझे कोई चिह्न न मिला। दूर दूर तक कोई ग्राम दिखाई न दिया। कोई झोंपड़ी भी तो दृष्टिगोचर न होती थी और न ही कोई मनुष्य जाति मेरी आँखों के सामने आई। पर वह वस्तुएँ जो प्रायः मेरे मार्ग मे आईं, वृक्ष थे। उनमें से अनेक टूटे पड़े थे कि जिनकी जड़ों को मस्त हाथियों ने तोड़ और उखेड़ कर फेंक दिया था।

इससे कुछ दूर आगे एक विशाल विकट वन दिखाई दिया। उसमें प्रवेश करना कठिन था अर्थात बेर आदि कांटे वाले वृक्ष इतने घने लगे हुए थे कि उनके भीतर से निकल कर वन में पहुँचना अति दुस्तर प्रत्युत असम्भव प्रतीत होता था। प्रथम तो मुझे उसके भीतर से निकलना असम्भव दिखाई दिया परन्तु पीछे पेट के बल और जानू के सहारे मैं शनैः शनैः सर्पवत् उन वृक्षों से निकला और इस प्रकार इस यात्रा और कठिनाई पर विजय प्राप्त की। इस दिग्विजय के प्राप्त करने में मुझको अपने शरीर के मांस को भी भेंट करना पड़ा। मैं इसमें से घायल और अधमरा होकर निकला। उस समय सर्वत्र अन्धकार छाया हुआ था। तम के अतिरिक्त कुछ दृष्टिगोचर न होता था। यद्यपि मार्ग रुका हुआ था और दिखाई न देता था तो भी मैं आगे बड़ने के विचार को रोक न सकता था। मैं इस आशा में था कि कोई मार्ग निकल ही आवेगा। अतएव निरन्तर आगे को चलता गया और बढ़ता रहा।

अन्त को मैं एक ऐसे भयानक स्थान में पहुँचा कि जहाँ चारों और उच्च शैल और पर्वत थे कि जिन पर घनीं औषधियाँ और वनस्पतियाँ उगी हुई थीं। परन्तु इतना अवश्य था कि मनुष्यवास के वहां कुछ कुछ चिह्न और संकेत पाये जाते थे। अस्तु। शीघ्र ही मुझे कई झोंपड़ियां और कुटियायें दिखाई पड़ीं। उनके चारों और गोबर के ढेर लगे हुये थे। निकट ही स्वच्छ जल की एक छोटी सी नदी थी। उसके तीर पर बहुत सी बकरियां चर रहीं थीं। झोपड़ियों और टूटे फूटे घरों के द्वारों और छिद्रों में से टिमटिमाता हुआ प्रकाश दिखाई देता था जो जाते हुये पथिक को स्वागत और बधाई के शब्द सुनाता हुआ प्रतीत

होता था। मैंने वहां एक विशाल वृक्ष के नीचे जो एक झोंपड़ी के ऊपर फैला हुआ था रात्रि व्यतीत की। प्रातः उठ कर अपने क्षत पांव, हाथ, और दण्ड को नदी जल से धोकर संध्या वा प्रार्थना के लिये बैठने को ही था कि किसी जंगली पशु की गर्ज मेरे कर्ण गोचर हुई। वह ध्वनि 'टमटम' का उच्च स्वर था। कुछ काल पश्चात मैंने एक बड़ी सवारी या जन समूह को आते हुये देखा। उसमें बहुत से स्त्री पुरुष और बालक थे। उनके पीछे बहुत सी गौएं और बकरियां थीं। वे एक झोंपड़ी या घर से निकले। अनुमान है कि वे किसी धार्मिक त्यौहार की रस्में पूरी करने के लिए जो रात्रि को हुआ, आये थे। जब उन्होंने मेरी ओर देखा और मुझे उस स्थान में एक अजान पुरुष जाना तो बहुत से मेरे चारों ओर एकत्र हुये।

अन्ततः एक वृद्ध पुरुष ने आगे बड़कड़र मुझसे पूछा तुम कहां से आये हो? मैंने उन सबसे कहा कि मैं काशी से आया हूँ और अब नर्मदा नदी के स्त्रोत की ओर यात्रा के लिये जा रहा हूं। इतना पूछ कर वे सब मुझे अपनी उपासना करने में निमग्न छोड़ कर चले गये। उनके जाने के आधा घण्टा पश्चात उनका एक अध्यक्ष दो पर्वतीय पुरुषों सहित मेरे पास आया और एक दिशा में बैठ गया। वह वस्तुतः उन सबकी ओर से प्रतिनिधि बन कर मुझे अपनी झोंपड़ियों में बुलाने को आया था परन्तु पूर्ववत् मैंने अब भी उनका निमन्त्रण अस्वीकार किया क्योंकि वे सब मूर्तिपूजक थे।

तब उसने अपने साथ वालों को मेरे समीप अग्नि प्रज्चलित करने का आदेश किया। और दो पुरुषों को स्थापित किया कि रात्रि भर मेरी रक्षा करते हुये जागते रहें। जब उसने मुझसे मेरे भोजन के सम्बन्ध में पूछा और मैंने उसे बताया कि मैं केवल दूध पीकर निर्वाह करता हूं तो उस दयावान अध्यक्ष व नेता ने मुझसे मेरा तूंबा मांगा। उसे लेकर वह अपनी कुटी को गया और वहां से उसे दूध से भरकर मेरे पास भेज दिया। मैंने उस रात्रि उसमें से थोड़ा सा दूध पिया। वह फिर मुझे उन पहरा देने वालों के ध्यान में छोड़ कर लौट गया। उस रात्रि मैं घोर निद्रा में सोया और सूर्योदय तक सोता रहा। तत्पश्चात अपने संध्या आदि से अवकाश प्राप्त करके मैं उठा और यात्रा के लिये चला।

ज्ञान प्राप्ति के उपरान्त

स्वामी दयानन्द सरस्वती ने विभिन्न क्षेत्रों का भ्रमण किया। उन्होंने हरिद्वार में कुंभ के अवसर पर पाखंड खण्डिनी पताका फहराई। उन्होंने अनेक शास्त्रार्थ किए। वे कलकत्ता में बाबू केशवचंद्र सेन तथा देवेन्द्र नाथ ठाकुर के संपर्क में

आए। यहीं से उन्होंने पूरे वस्त्र पहनना तथा हिन्दी में बोलना व लिखना प्रारंभ किया। यहीं उन्होंने तत्कालीन वाइसराय को कहा था–"मैं चाहता हूँ विदेशियों का राज्य भी पूर्ण सुखदायक नहीं है। परंतु भिन्न-भिन्न भाषा, पृथक-पृथक शिक्षा, अलग-अलग व्यवहार का छूटना अति दुष्कर है। बिना इसके छूटे परस्पर का व्यवहार पूरा उपकार और अभिप्राय सिद्ध होना कठिन है।

आर्य समाज की स्थापना

भारत के महान समाज सुधारक महर्षि दयानन्द सरस्वती ने आर्य समाज की स्थापना सन् 1875 में बुम्बई में गिरगाँव नामक स्थान पर की। आर्यसमाज के नियम और सिद्धांत प्राणीमात्र के कल्याण के लिए हैं–संसार का उपकार करना इस समाज का मुख्य उद्देश्य है, अर्थात् शारीरिक, आत्मिक और सामाजिक विकास करना।

वैचारिक आन्दोलन, शास्त्रार्थ एवं व्याख्यान

वेद के अलावा कोई अन्य धर्मग्रंथ प्रमाण नहीं है–इस सत्य का प्रचार करने के लिए स्वामी जी ने सारे देश का दौरा करना प्रारंभ किया और जहाँ-जहाँ वे गये प्राचीन परंपरा के पंडित और विद्वान उनसे हार मानते गये। संस्कृत भाषा का ज्ञान उन्हें काफी था। वे संस्कृत में अपने भाषण दिया करते थे। साथ ही वे प्रचंड तार्किक थे। उन्होंने ईसाई और मुसलिम धर्मग्रंथों का भली-भाँति अध्ययन-मंथन किया था। अतएव अकेले ही उन्होंने तीन-तीन मोर्चों पर संघर्ष आरंभ कर दिया। दो मोर्चे तो ईसाइयत और इसलाम के थे किंतु तीसरा मोर्चा सनातनधर्मी हिंदुओं का था, जिनसे जूझने में स्वामी जी को अनेक अपमान, कुत्सा, कलंक और कष्ट झेलने पड़े। स्वामी जी के ईसाई और मुसलमान प्रतिद्वन्द्वी या दुश्मन नहीं थे बल्कि प्रचण्ड शत्रु सनातनी हिन्दू ये और लोगों का यह मानना है कि इन्हीं हिंदुओं के षडयंत्र से उनका प्राणांत भी हुआ। दयानंद ने बुद्धिवाद की जो मशाल जलायी थी, उसका कोई जवाब नहीं था। वे जो कुछ कह रहे थे, उसका उत्तर न तो मुसलमान दे सकते थे, न ईसाई, न पुराणों पर पलने वाले हिंदू पंडित और विद्वान। हिंदू नवोत्थान अब पूरे प्रकाश में आ गया था। और अनेक समझदार लोग मन ही मन अनुभव करने लगे थे कि वास्तव में पौराणिक धर्म में कोई सार नहीं है।

स्वामी जी सन् 1872 में कोलकाता पहुँचे जहाँ देवेंद्रनाथ ठाकुर और

केशवचंद्र सेन ने उनका बड़ा सत्कार किया। ब्रह्म समाजियों से उनका विचार-विमर्श भी हुआ किंतु ईसाइयत से प्रभावित ब्रह्म समाजी विद्वान पुनर्जन्म और वेद की प्रामाणिकता के विषय में स्वामी से एकमत नहीं हो सके। कहते हैं कलकत्ते में ही केशवचंद्र सेन ने स्वामी जी को यह सलाह दे डाली कि यदि आप संस्कृत छोड़ कर हिंदी में बोलना आरंभ करें, तो देश का असीम उपकार हो सकता है। तभी से स्वामी जी के व्याख्यानों की भाषा हिंदी हो गयी और हिंदी प्रांतों में उन्हें अगणित अनुयायी मिलने लगे। कलकत्ते से स्वामी जी बंबई पधारे और वहीं 10 अप्रैल 1875 ई. को उन्होंने आर्यसमाज की स्थापना की। बंबई में उनके साथ प्रार्थना समाज वालों ने भी विचार-विमर्श किया। किंतु यह समाज तो ब्रह्म समाज का ही बंबई संस्करण था। अतः इस समाज के समर्थकों से स्वामी जी का तालमेल नहीं हो सका।

स्वामी दयानन्द सरस्वती मुम्बई से दिल्ली आ गये। यहाँ आने के बाद उन्होंने सत्यानुसंधान के लिए ईसाई, मुसलमान और हिंदू पंडितों की एक सभा बुलायी। किंतु दो दिनों के विचार-विमर्श के बाद भी लोग किसी निष्कर्ष पर नहीं आ सके। दिल्ली से स्वामी जी पंजाब गये। पंजाब में उनके प्रति बहुत उत्साह जाग्रत हुआ और पंजाब के विभिन्न क्षेत्रों में आर्य-समाज की शाखाएँ स्थापित होने लगीं। तभी से इस प्रान्त में आर्यसमाजियों का मुख्य केन्द्र बना रहा।

समाज सुधार के कार्य

तत्कालीन भारतीय समाज में व्याप्त विभिन्न सामाजिक बुराईयों को दूर करने के लिए स्वामी जी ने विशेष रूप से कदम उठाया। उन्होंने जन्मना जाति का विरोध किया तथा कर्म के आधार वेदानुकूल वर्ण-निर्धारण की बात कही। वे दलितोद्धार के पक्षधर थे। उन्होंने स्त्रियों की शिक्षा के लिए प्रबल आंदोलन चलाया। उन्होंने बाल विवाह तथा सती प्रथा का निषेध किया तथा विधवा विवाह का समर्थन किया। उन्होंने ईश्वर को ब्रह्मांड का निमित्त कारण तथा प्रकृति को अनादि तथा शाश्वत माना। उनके दार्शनिक विचार वेदानुकूल थे। उन्होंने यह भी माना कि जीव कर्म करने में स्वतंत्र है तथा फल भोगने में परतंत्र हैं। स्वामी जी सभी धर्म के लोगों को बिना किसी भेदभाव के एक मंच पर लाना चाहते थे। उन्होंने दिल्ली दरबार के समय 1878 में ऐसा प्रयास किया था। उनके अमर ग्रंथ सत्यार्थ प्रकाश संस्कार विधि और ऋग्वेदादि भाष्य भूमिका में उनके मौलिक विचार

सुस्पष्ट रूप में प्राप्य हैं। वे योगी थे तथा प्राणायाम पर उनका विशेष बल था। वे सामाजिक पुनर्गठन में सभी वर्णों तथा स्त्रियों की भागीदारी के पक्षधर थे। राष्ट्रीय जागरण की दिशा में उन्होंने सामाजिक क्रांति तथा आध्यात्मिक पुनरुत्थान के मार्ग को अपनाया। उनकी शिक्षा संबंधी धारणाओं में प्रदर्शित दूरदर्शिता, देशभक्ति तथा व्यावहारिकता पूर्णतया प्रासंगिक तथा युगानुकूल है। महर्षि दयानंद समाज सुधारक तथा धार्मिक पुनर्जागरण के प्रवर्तक तो थे ही, वे प्रचण्ड राष्ट्रवादी तथा राजनैतिक आदर्शवादी भी थे। विदेशियों के आर्यावर्त में राज्य होने के कारण आपस की फूट, मतभेद, ब्रह्मचर्य का सेवन न करना, विधान पढ़ना-पढ़ाना व बाल्यावस्था में अस्वयंवरविवाह, विषयासक्ति, मिथ्या भाषावादि, कुलक्षण, वेद-विद्या का प्रचार आदि कुकर्म हैं, जब आपस में भाई-भाई लड़ते हैं और तभी तीसरा विदेशी आकर पंच बन बैठता है। उन्होंने राज्याध्यक्ष तथा शासन की विभिन्न परिषदों एवं समितियों के लिए आवश्यक योग्यताओं को भी गिनाया है। उन्होंने न्याय की व्यवस्था ऋषि प्रणीत ग्रंथों के आधार पर किए जाने का पक्ष लिया। उनके विचार आज भी प्रासंगिक हैं।

स्वराज्य के प्रथम संदेशवाहक

स्वामी दयानन्द सरस्वती भारत के एक ऐसे महान सपूत, समाज-सुधारक व देशभक्त थे जिन्होंने पराधीन भारत में सर्वप्रथम यह कहने का साहस किया था कि भारत भारतीयों का है। हमारे प्रथम स्वतंत्रता समर, 1857 की क्रांति की सम्पूर्ण योजना भी स्वामी जी के नेतृत्व में ही तैयार की गई थी और वही उसके प्रमुख सूत्रधार भी थे। वे अपने प्रवचनों में श्रोताओं को प्रायः राष्ट्रीयता का उपदेश देते और देश के लिए मर मिटने की भावना भरते थे। 1855 में हरिद्वार में जब कुम्भ का मेला लगा था तो उसमें शामिल होने के लिए स्वामी जी ने आबू पर्वत से हरिद्वार तक पैदल यात्रा की थी। रास्ते में उन्होंने स्थान-स्थान पर प्रवचन किए तथा देशवासियों की नब्ज टटोली। उन्होंने यह महसूस किया कि लोग अब अंग्रेजों के अत्याचारी शासन से तंग आ चुके हैं और देश की स्वतंत्रता के लिए संघर्ष करने को आतुर हो उठे हैं।

क्रांति की विमर्श

हरिद्वार पहुँचने के उपरान्त स्वामी जी ने एक पहाड़ी पर अपना डेरा डाला जहाँ पर उन्होंने नाना साहब, अजीमुल्ला खां, तात्या टोपे तथा बाबू कुंवर सिंह से मुलाकात की। इन लोगों के मध्य बातचीत काफी लम्बी चली और यहीं पर यह

तय किया गया कि फिरंगी सरकार के विरुद्ध सम्पूर्ण देश में सशस्त्र क्रांति के लिए आधारभूमि तैयार की जाए और उसके बाद एक निश्चित दिन सम्पूर्ण देश में एक साथ क्रांति का बिगुल बजा दिया जाए। जनसाधारण तथा भारतीय सैनिकों में इस क्रांति की आवाज को पहुँचाने के लिए रोटी तथा कमल की भी योजना यहीं तैयार की गई। इस सम्पूर्ण विचार विमर्श में प्रमुख भूमिका स्वामी दयानन्द सरस्वती की ही थी।

उक्त योजना निर्धारण करने के बाद पाँचों नेताओं में योजना को व्यावहारिक रूप देने के लिए अपने-अपने क्षेत्रों में चले गये और स्वामी जी हरिद्वार में ही रुक गये। उनके जाने के बाद स्वामी जी ने अपने कुछ विश्वस्त साधु संन्यासियों से सम्पर्क स्थापित किया और उनका एक गुप्त संगठन बनाया। इस संगठन का मुख्यालय दिल्ली में महरौली स्थित योगमाया मंदिर में बनाया गया। इस मुख्यालय ने स्वाधीनता समर में उल्लेखनीय भूमिका निभायी। स्वामी जी के नेतृत्व में साधुओं ने भी सम्पूर्ण देश में क्रांति का अलख जगाया। वे क्रांतिकारियों के सन्देश एक स्थान से दूसरे स्थान पर पहुँचाते, उन्हें प्रोत्साहित करते और आवश्यकता पड़ने पर स्वयं भी हथियार उठाकर अंग्रेजों से संघर्ष करते। सत्तावन की क्रांति की सम्पूर्ण अवधि में राष्ट्रीय नेता, स्वामी दयानन्द सरस्वती के निरन्तर सम्पर्क में रहे।

स्वतंत्रता आन्दोलन पूर्ण रूप से विफल होने के बाद भी स्वामी जी का मन हताश नहीं हुआ क्योंकि उन्हें तो पहले ही इस बात का एहसास था कि सिर्फ एक बार प्रयत्न करने से ही स्वतंत्रता प्राप्त नहीं हो सकती। इसके लिए तो संघर्ष की लम्बी प्रक्रिया चलानी होगी। हरिद्वार में ही 1855 की बैठक में बाबू कुंवर सिंह ने जब अपने इस संघर्ष में सफलता की संभावना के बारे में स्वामी जी से पूछा तो उनका बेबाक उत्तर था–'स्वतंत्रता संघर्ष कभी असफल नहीं होता। भारत धीरे-धीरे एक सौ वर्ष में परतंत्र बना है। अब इसको स्वतंत्र होने में भी एक सौ वर्ष लग जाएंगे। इस स्वतंत्रता प्राप्ति में बहुत से अनमोल प्राणों की आहुतियां डाली जाएंगी।' स्वामी जी की यह भविष्यवाणी कितनी सही निकली, इसे बाद की घटनाओं ने प्रमाणित कर दिया। स्वतंत्रता-संघर्ष की असफलता के बाद जब तात्या टोपे, नाना साहब तथा अन्य राष्ट्रीय नेता स्वामी जी से मिले तो उन्हें भी उन्होंने निराश न होने तथा उचित समय का इन्तजार करने के लिए राय दी।

फिरंगियों को तीखा जवाब

एक बार लॉर्ड नार्थबरुक स्वामी जी से मुलाकात की। इसने स्वामी जी से कुछ औपचारिक बातें करने के बाद बड़े नरम स्वभाव से कहा कि अपने व्याख्यान के प्रारंभ में आप जो ईश्वर की प्रार्थना करते हैं, क्या उसमें आप अंग्रेजी सरकार के कल्याण की भी प्रार्थना कर सकेंगे। गर्वनर जनरल की बात सुनकर स्वामी जी सहज ही सब कुछ समझ गए। उन्हें अंग्रेजी सरकार की बुद्धि पर तरस भी आया, जो उन्हें ठीक तरह नहीं समझ सकी। उन्होंने निर्भीकता और दृढ़ता से गवर्नर जनरल को उत्तर दिया–मैं ऐसी किसी भी बात को स्वीकार नहीं कर सकता। मेरी यह स्पष्ट मान्यता है कि राजनीतिक स्तर पर मेरे देशवासियों की निर्बाध प्रगति के लिए तथा संसार की सभ्य जातियों के समुदाय में हिन्दुस्थान को सम्माननीय स्थान प्रदान करने के लिए यह अनिवार्य है कि मेरे देशवासियों को पूर्ण स्वाधीनता प्राप्त हो। सर्वशक्तिशाली परमात्मा के समक्ष प्रतिदिन मैं यही प्रार्थना करता हूँ कि मेरे देशवासी विदेशी सत्ता के जुए से शीघ्रातिशीघ्र मुक्त हों।

स्वामी जी से गवर्नर जनरल को इस प्रकार के तीखे उत्तर की आशा नहीं थी। मुलाकात तत्काल समाप्त कर दी गई और स्वामी जी वहाँ से लौट आए। इसके बाद स्वामी जी पर तथा उनकी संस्था आर्य-समाज पर ब्रिटिश सरकार के गुप्तचर विभाग की गहरी दृष्टि रही। उनकी प्रत्येक गतिविधि और उनके द्वारा बोले गए प्रत्येक शब्द का रिकार्ड रखा जाने लगा। आम जनता पर उनके प्रभाव से सरकार को अहसास होने लगा कि यह बागी फकीर और आर्य समाज किसी भी दिन सरकार के लिए खतरा बन सकते हैं। इसी कारण स्वामी जी की जीवन लीला समाप्त करने के हत्या का षड्यंत्र रचा जाने लगा।

हत्या का षड्यंत्र

हालाँकि स्वामी जी का देहान्त जिन वातावरणों में हुआ था उसका अवलोकन करने से यह पता चलता है कि इसमें सही मायने में अंग्रेजों का कोई षड्यंत्र अवश्य था। स्वामी जी की मृत्यु 30 अक्टूबर 1883 को दीपावली के दिन संध्या के समय हुई थी। उन दिनों वे जोधपुर नरेश महाराज जसवन्त सिंह के निमंत्रण पर जोधपुर गये हुए थे। वहाँ उनके नित्य ही प्रवचन होते थे। यदाकदा महाराज जसवन्त सिंह भी उनके चरणों में बैठकर वहाँ उनके प्रवचन सुनते। दो-चार बार स्वामी जी भी राज्य महलों में गए। वहाँ पर उन्होंने नन्हीं नामक वेश्या का अनावश्यक हस्तक्षेप और महाराज जसवन्त

सिंह पर उसका अत्यधिक प्रभाव देखा। स्वामी जी को यह बहुत बुरा लगा। उन्होंने महाराज को इस बारे में समझाया तो उन्होंने विनम्रता से उनकी बात स्वीकार कर ली और नन्हीं से संबंध तोड़ लिए। इससे नन्हीं स्वामी जी के बहुत अधिक विरुद्ध हो गई। उसने स्वामी जी के रसोइए कलिया उर्फ जगन्नाथ को अपनी तरफ मिलाकर उनके दूध में पिसा हुआ कांच डलवा दिया। थोड़ी ही देर बाद स्वामी जी के पास आकर अपना अपराध स्वीकार कर लिया और उसके लिए क्षमा माँगी। उदार-हृदय स्वामी जी ने उसे राह-खर्च और जीवन-यापन के लिए पांच सौ रुपए देकर वहाँ से विदा कर दिया ताकि पुलिस उसे परेशान न करे। बाद में जब स्वामी जी को जोधपुर के अस्पताल में भर्ती करवाया गया तो वहाँ संबंधित चिकित्सक भी शक के दायरे में रहा। उस पर आरोप था कि वह औषधि के नाम पर स्वामी जी को हल्का विष पिलाता रहा। कालान्तर में जब स्वामी का स्वास्थ्य अत्यधिक गिरने लगा तो उन्हें अजमेर के अस्पताल में भर्ती किया गया परन्तु तब तक काफी देर हो चुकी थी और इनके प्राणों की रक्षा नहीं किया जा सकी।

इस सम्पूर्ण घटनाक्रम में आशंका यही है कि वेश्या को उभारने तथा चिकित्सक को बरगलाने का कार्य अंग्रेजी सरकार के इशारे पर किसी अंग्रेज अधिकारी ने ही किया। अन्यथा एक साधारण वेश्या के लिए यह संभव नहीं था कि केवल अपने बलबूते पर स्वामी दयानन्द सरस्वती जैसे सुप्रसिद्ध और लोकप्रिय व्यक्ति के विरुद्ध ऐसा षड्यंत्र कर सके। बिना किसी प्रोत्साहन और संरक्षण के डॉक्टर भी इस प्रकार का अमानवीय व्यवहार नहीं कर सकता था।

अंतिम शब्द

स्वधर्म, स्वभाषा, स्वराष्ट्र, स्वसंस्कृति और स्वदेशोन्नति के अग्रदूत स्वामी दयानंद जी का शरीर सन् 1883 में दीपावली के दिन पंचतत्व में विलीन हो गया और वे अपने पीछे छोड़ गए एक सिद्धांत, कृण्वन्तो विश्वमार्यम्–अर्थात सारे संसार को श्रेष्ठ मानव बनाओ। उनके अन्तिम शब्द थे–प्रभु! तूने अच्छी लीला की। आपकी इच्छा पूर्ण हो।

स्वामी दयानन्द के योगदान के बारे में महापुरुषों के विचार

1. पट्टाभि सीतारमैया के अनुसार गाँधी जी राष्ट्र-पिता हैं, पर स्वामी दयानन्द राष्ट्रपितामह हैं।

2. रोमां रोलां के अनुसार स्वामी दयानन्द राष्ट्रीय भावना और जन-जागृति को क्रियात्मक रूप देने में प्रयत्नशील थे।
3. रिचर्ड के अनुसार ऋषि दयानन्द का प्रादुर्भाव लोगों को कारागार से मुक्त कराने और जाति बन्धन तोड़ने के लिए हुआ था। उनका आदर्श है–आर्यावर्त ! उठ, जाग, आगे बढ़। समय आ गया है, नये युग में प्रवेश कर।
4. डॉ. भगवानदास के अनुसार स्वामी दयानन्द हिन्दू पुनर्जागरण के मुख्य निर्माता थे।
5. श्रीमती एनी बेसेन्ट के अनुसार स्वामी दयानन्द पहले व्यक्ति थे, जिन्होंने भारत भारतीयों के लिए की घोषणा की।
6. सरदार पटेल के अनुसार भारत की स्वतनत्रता की नींव वास्तव में स्वामी दयानन्द ने डाली थी।
7. स्वामी जी को लोकमान्य तिलक ने स्वराज्य का प्रथम संदेशवाहक' कहा।

8. अमरीका की मदाम ब्लेवेट्स्की ने आदि शंकराचार्य के बाद बुराई पर सबसे निर्भीक प्रहारक माना।
9. सर सैयद अहमद खां के अनुसार स्वामी जी ऐसे विद्वान और श्रेष्ठ व्यक्ति थे, जिनका अन्य मतावलम्बी भी सम्मान करते थे।
10. नेताजी सुभाषचन्द्र बोस ने आधुनिक भारत का निर्माता' माना।

लेखन व साहित्य

स्वामी जी ने अपने जीवन काल में अनेक आध्यात्मिक एवं सामाजिक ग्रन्थों की रचना की। सर्वप्रथम इन्होंने संस्कृत भाषा में पुस्तकों की रचना की बाद में इन्होंने कई पुस्तकों को हिन्दी में भी लिखा, क्योंकि हिन्दी की पहुँच संस्कृत से अधिक थी। हिन्दी को उन्होंने आर्यभाषा का नाम दिया था। उत्तम लेखन के लिए हिन्दी का प्रयोग करने वाले स्वामी दयानन्द अग्रणी व प्रारंभिक व्यक्ति थे।

आर्योद्देश्यरत्नमाला

स्वामी जी के द्वारा सन् 1873 में 'आर्योद्देश्यरत्नमाला' नामक पुसतिका का प्रकाशन किया गया। इस पुस्तिका में इन्होंने एक सौ शब्दों की परिभाषा वर्णित की है। इनमें से कई शब्द आम बोलचाल में आते हैं पर उनके अर्थ रूढ़ हो गए हैं, उदाहरण के लिए, ईश्वर, धर्म्म, कर्म्म, आदि। इनको परिभाषित करके इनकी व्याख्या इस पुस्तक में है। इस लघु पुस्तिका में 8 पृष्ठ हैं।

व्यवहारभानु

वैदिक यन्त्रालय, बनारस द्वारा 1880 में 'व्यवहारभानु' पुस्तक प्रकाशित की गई थी। इस पुस्तक में धर्मोक्त और उचित व्यवहार के विषय में उल्लेख किया गया है।

गोकरुणानिधि

स्वामी जी ने सन् 1881 में 'गोकरुणानिधि' नामक पुस्तक प्रकाशित की जो कि गोरक्षा आंदोलन को स्थापित करने में प्रमुख भूमिका निभाने का श्रेय भी लेती है। इस पुस्तक में उन्होंने सभी समुदाय के लोगों को अपने प्रतिनिधि सहित गोकृष्यादि रक्षा समिति की सदस्यता लेने को कहा है जिसका उद्देश्य पशु व कृषि की रक्षा है। आधुनिक पर्यावरणवादियों के समान यहाँ विचार व्यक्त किए गए हैं।

इस पुस्तक में समीक्षा, नियम व उपनियम हैं, तथा प्रमुखतः पशुओं को न मार कर उनका पालन करने में होने वाले लाभ वर्णित किए गए हैं।

स्वीकारपत्र

स्वामी दयानन्द सरस्वती ने 27 फरवरी सन् 1883 को उदयपुर में स्वीकारपत्र का प्रकाशन किया था। इस पत्र में उन्होंने अपनी मृत्योपरान्त 23 व्यक्तियों को परोपकारिणी सभा की जिम्मेदारी सौंपी थी जो कि उनके बाद उनका काम आगे बढ़ा सके। इनमें महादेव गोविंद रानडे का भी नाम है । इस स्वीकारपत्र पर 13 गणमान्य व्यक्तियों के साक्षी के रूप में हस्ताक्षर हैं। इसके प्रकाशन के कुल छः माह पश्चात ही इनकी मृत्यु हो गयी थी।

2

स्वामी दयानंद का दर्शन

वेदों को छोड़ कर कोई अन्य धर्मग्रन्थ प्रमाण नहीं है इस सत्य का प्रचार करने के लिए स्वामी जी ने सारे देश का दौरा करना प्रारंभ किया और जहां-जहां वे गये प्राचीन परंपरा के पंडित और विद्वान उनसे हार मानते गये। संस्कृत भाषा का उन्हें अगाध ज्ञान था। संस्कृत में वे धाराप्रवाह बोलते थे। साथ ही वे प्रचंड तार्किक थे। उन्होंने ईसाई और मुस्लिम धर्मग्रन्थों का भली-भाति अध्ययन-मन्थन किया था। अतएव अकेले ही उन्होंने तीन-तीन मोर्चों पर संघर्ष आरंभ कर दिया। दो मोर्चे तो ईसाइयत और इस्लाम के थे किंतु तीसरा मोर्चा सनातनधर्मी हिंदुओं का था, जिनसे जूझने में स्वामी जी को अनेक अपमान, कुत्सा, कलंक और कष्ट झेलने पड़े। उनके प्रचण्ड शत्रु ईसाई और मुसलमान नहीं, बल्कि सनातनी हिन्दू निकले। और कहते है अंत में इन्हीं हिन्दुओं के षडयन्त्र से उनका प्राणान्त भी हुआ। दयानन्द ने बुद्धिवाद की जो मशाल जलायी थी, उसका कोई जवाब नहीं था। वे जो कुछ कह रहे थे, उसका उत्तर न तो मुसलमान दे सकते थे, न ईसाई, न पुराणों पर पलने वाले हिन्दू पण्डित और विद्वान। हिन्दू नवोत्थान अब पूरे प्रकाश में आ गया था।

सन् 1872 ई. में स्वामी जी कलकत्ता पधारे। वहां देवेन्द्रनाथ ठाकुर और केशवचन्द्र सेन ने उनका बड़ा सत्कार किया। ब्रह्म समाजियों से उनका विचार-विमर्श भी हुआ किन्तु ईसाइयत से प्रभावित ब्रह्म समाजी विद्वान पुनर्जन्म और वेद की प्रामाणिकता के विषय में स्वामी से एकमत नहीं हो सके।

हिंदी भाषा की ओर आकर्षण

कहते हैं कलकत्ते में ही केशवचन्द्र सेन ने स्वामी जी को यह सलाह दे डाली, कि यदि आप संस्कृत छोड़ कर आर्यभाषा (हिन्दी) में बोलना आरम्भ करें, तो देश का असीम उपकार हो सकता है। तभी से स्वामी जी के व्याख्यानों की भाषा आर्यभाषा (हिन्दी) हो गयी और आर्यभाषी (हिन्दी) प्रान्तो में उन्हे अगणित अनुयायी मिलने लगे। कलकत्ते से स्वामी जी मुम्बई पधारे और वहीं उन्होने 'आर्य समाज' की स्थापना की। मुम्बई में उनके साथ प्रार्थना समाज वालों ने भी विचार-विमर्श किया। किन्तु यह समाज तो ब्राह्मो समाज का ही मुम्बई संस्करण था। अतएव स्वामी जी से इस समाज के लोग भी एकमत नहीं हो सके।

आर्य समाज की स्थापना

स्वामी दयानन्द सरस्वती ने महर्षि दयानन्द ने चौत्र शुक्ल प्रतिपदा संवत् 1932(सन् 1875) को गिरगांव मुम्बई में आर्यसमाज की स्थापना की। आर्यसमाज के नियम और सिद्धांत प्राणीमात्र के कल्याण के लिए हैं संसार का उपकार करना इस समाज का मुख्य उद्देश्य है, अर्थात् शारीरिक, आत्मिक और सामाजिक उन्नति करना। वे एक सन्यासी तथा एक महान चिंतक थे। उन्हों ने वेदों की सत्ता को सदा सर्वोपरि माना। स्वामीजी ने कर्म सिद्धान्त, पुनर्जन्म, ब्रह्मचर्य तथा संन्यास को अपने दर्शन के चार स्तम्भ बनाया। आपने वेदों की ओर लौटो तथा आर्यावर्त (भारत) आर्यावर्तीयों (भारतीयों) के लिए जैसे क्रान्तिकारी नारे दिए। सत्यार्थ प्रकाश जैसा उत्कृष्ट ग्रन्थ हिंदी तथा ऋग्वेदादिभाष्य संस्कृत मैं लिखा।

मुम्बई से लौट कर स्वामी जी इन्द्रप्रस्थ (दिल्ली) आए। वहां उन्होंने सत्यानुसन्धान के लिए ईसाई, मुसलमान और हिन्दू पण्डितों की एक सभा बुलायी। किन्तु दो दिनों के विचार-विमर्श के बाद भी लोग किसी निष्कर्ष पर नहीं आ सके। इन्द्रप्रस्थ (दिल्ली) से स्वामी जी पंजाब गए। पंजाब में उनके प्रति बहुत उत्साह जाग्रत हुआ और सारे प्रान्त में आर्यसमाज की शाखाएं खुलने लगीं। तभी से पंजाब आर्यसमाजियों का प्रधान गढ़ रहा है।

गुरु कुल की स्थापना

स्वामी दयानन्द के प्रमुख अनुयायियों में लाला हंसराज ने 1886 में लाहौर में 'दयानन्द एंग्लो वैदिक कॉलेज' की स्थापना की तथा स्वामी श्रद्धानन्द ने 1901 में हरिद्वार के निकट कांगड़ी में गुरुकुल की स्थापना की।

स्वामीजी प्रचलित धर्मों में व्याप्त बुराइयों का कड़ा खण्डन करते थे चाहे वह सनातन धर्म हो या इस्लाम हो या ईसाई धर्म हो। अपने महा ग्रंथ "सत्यार्थ प्रकाश" में स्वामीजी ने सभी मतों में व्याप्त बुराइयों का खण्डन किया है। उनके समकालीन सुधारकों से अलग, स्वामीजी का मत शिक्षित वर्ग तक ही सीमित नहीं था, अपितु आर्य समाज ने आर्यावर्त (भारत) के साधारण जन मानस को भी अपनी ओर आकर्षित किया। सन् 1883 में स्वामी जी का देहान्त हो गया।

वेद भाष्यों का तुल्नात्मक विश्लेषण

वेद शब्द का वर्णन होते ही आज के नौजवान या तो विदेशी विद्वानों जैसे मेक्समुलर, ग्रिफिथ आदि को वेद आदि धर्म शास्त्रों को उनके योगदान के लिए प्रशंसित करते पाते हैं अथवा वैदिक धर्म के दूषित रूप आधुनिक पौराणिक मत

को आँखों के सामने रखकर हमारे बहुत से अंग्रेजी शिक्षित युवक वेद मन्त्रों से घृणा करने लग जाते हैं। इसमें उन युवाओं का कसूर केवल यह हैं की उन्होंने स्वयं वेदों का स्वाध्याय अथवा वेदों के अधिकारी विद्वानों से उनके वास्तविक सत्य का ग्रहण नहीं किया हैं अपितु पश्चिमी विद्वानों ने जो कुछ भी लिख दिया हैं उसका अँधादुंध अनुसरण किया हैं। वेद विषय पर आज प्रायः सभी विश्व विद्यालयों में पश्चिमी विद्वानों के द्वारा किये गए कार्य पर ही शोध होता देखा जाता हैं। कहीं कहीं राजा रमेश चन्द्र दत्त अथवा राजेन्दर लाल मित्र जैसे भारतीय विद्वानों का वर्णन आता हैं जो पश्चिमी विद्वानों का ही अनुसरण करते हुए दिखाई देते हैं। आधुनिक काल में वेद भाष्य विषय में सबसे क्रांतिकारी कदम स्वामी दयानंद द्वारा प्राचीन ऋषियों द्वारा जिस पद्यति से वेद भाष्य किया जाता था उसी पद्यति का अनुसरण करते हुए नवीन भाष्य संस्कृत और हिंदी में किया गया जिससे सामान्य जन वेद के मूलअर्थ को समझ सके। स्वामी दयानंद द्वारा वेद भाष्य करते हुए न केवल सायण महीधर के भाष्य का अवलोकन किया बल्कि मेक्समुलर आदि के भाष्य का भी अवलोकन किया: स्वामी दयानंद के अनुसार वेदों पर भाष्य करने के लिए सत्य प्रमाण, सुतर्क, वेदों के शब्दों का पूर्वापर प्रकरणों, व्याकरण आदि वेदांगों, शतपथ आदि ब्राह्मणों, पूर्वमीमांसा आदि शास्त्रों और शास्त्रन्तरों का यथावत बोध न हो और परमेश्वर का अनुग्रह, उत्तम विद्वानों की शिक्षा,उनके संग से पक्षपात छोड़ के आत्मा की शुद्धि न हो तथा मह्र्षि लोगों के किये गए व्याख्यानों को न देखें हो तब तक वेदों के अर्थ का यथावत प्रकाश मनुष्य के ह्ृदय में नहीं होता। अपने कठिन अनुसन्धान से स्वामी दयानंद ने मेक्स मुलर आदि पश्चिमी विद्वानों के विषय में एक ही वाक्य में की जिन देशों में कुछ भी नहीं उगता वहां अरंडी को भी फसल के रूप में गिना जाता हैं से उनके ज्ञान की उचित परीक्षा कर दी थी। पश्चिमी देशों के विद्वान भी उसी प्रकार अविद्वानों के बीच में कम ज्ञान होते हुए भी श्रेष्ठ विद्वान गिने जाने लगे। सबसे बड़ी विडम्बना हमारे यहाँ के विद्वानों को नकार कर पश्चिमी विद्वानों का अँधा अनुसरण करने से न केवल वेद के ज्ञान का उचित प्रकाश होने से रह गया अपितु उसके स्थान पर अनेक भ्रांतियां पफैला दी गयी जो पश्चिमी विद्वानों की ही देन थी। उदाहरण स्वरुप मेक्स मुलर के अनुसार आर्य लोगों को बहुत काल के पीछे ईश्वर का ज्ञान हुआ था और वेदों के प्राचीन होने का एक भी प्रमाण नहीं मिलता किन्तु इसके नवीन होने के अनेक प्रमाण मिलते हैं। मेक्स मूलर के अनुसार ऋग्वेद के मन्त्रों को

केवल भजनों का संग्रह मानते हैं जो की जंगली वैदिक ऋषियों ने अग्नि, वायु, जल, मेघ आदि की स्तुति में बनाये थे और जिन्हें गाकर वे जंगलियों की भांति नाचा भी करते थे। सत्य यह हैं कि ईश्वर द्वारा वेद ज्ञान के माध्यम से प्राचीन काल में ही अपना ज्ञान मनुष्य जाति को करवा दिया था। इसी प्रकार एक अन्य भ्रान्ति यह हैं कि प्राचीन आर्य लोग अनेक देवताओं और भूतों की पूजा करते थे जबकि सत्य यह हैं की अग्नि, वायु, इन्द्र आदि नामों से उपासना के लिए एक ही परमेश्वर का ही ग्रहण किया गया हैं। मेक्स मुलर आदि पश्चिमी विद्वानों के अंग्रेजी में वेदों पर कार्य करने से विश्वभर के गंवेष्कों का ध्यान वेदों की और आकर्षित तो हुआ पर इससे वेदों का हित होने के स्थान अहित हुआ क्योंकि इससे वेद में वर्णित सत्य, विज्ञान, ईश्वर का स्वरुप, मानव समाज के कर्तव्य आदि पर परिश्रम करने की बजाय वेदों में कौन-कौन सी व्यर्थ और निरर्थक बाते हैं (जिनका अस्तित्व ही नहीं हैं) इस पर पूरा ध्यान लगा दिया गया। वेदों को सचमुच बालकों की बुलबुलाहट तथा असभ्यों की घुरघुराहट ही समझ लिया गया। आलोचना का बाजार गरम हो गया। एक तरफ हमारे देश में वेदों के सम्बन्ध में निरर्थक व मिथ्या प्रचार हो गया, ईसाई समाज की संकीर्णता व पूर्वाग्रह भरी निति सफल होने को थी, आर्यावर्त का दर्शन और ब्रह्मा विद्या के साहित्य लुप्त होने के कगार पर थी, लाखों भारतीय वेदों पर अश्रद्धा उत्पन्न होने से नास्तिक अथवा ईसाई बनने को तत्पर हो उठे थे। ईश कृपा से यास्क, पाणिनि, पतंजलि और व्यास जैसे ऋषियों की तपोभूमि पर वेद रुपी भंवर में फँसी हुई नौका को निकलने के लिए एक माँझी ने प्रतिज्ञा कर अपना वेद भाष्य करने का प्रण किया उस माँझी का नाम स्वामी दयानंद था।

आईए मेक्समूलर महाशय द्वारा किये गए ऋग्वेद के भाष्य की तुलना अब हम स्वामी दयानंद द्वारा किये गए भाष्य से करते हैं जिससे पक्षपात रहित होकर सत्य का ग्रहण किया जा सके।

ऋग्वेद मंडल एक सूक्त 6 मंत्र 1

मेक्स मूलर–वे जो कि उसके चारों ओर खड़े हैं जब कि वह करता हैं। प्रकाशमान लाल घोड़े को कसते हैं, आसमान में ज्योति चमकती हैं।

स्वामी दयानंद–जो मनुष्य की उस महान परमेश्वर को, जो की हिंसा रहित, सुख देने वाला, सब जगत को जानने वाला तथा सब चराचर जगत में भरपूर हो रहा हैं, उपासना, योग द्वारा प्राप्त होते हैं। वे उस प्रकाश स्वरुप परमात्मा में ज्ञान से प्रकाशित होकर (आनंद धाम में) प्रकाशित होते हैं।

ऋग्वेद मंडल एक सूक्त 6 मंत्र 2

मेक्स मूलर–वे जंगी रथ को जोड़ते हैं। दोनों ओर उसके (इन्द्र के) दोनों मन को भानेवाले घोड़े भूरा व वीर।

स्वामी दयानंद–जो विद्वान सूर्य ओर अग्नि के सबके इच्छा करने योग्य अपने अपने वर्ण के प्रकाश करने वाले वा गमन के हेतु दृद विविध कला ओर जल के चक्र घुमने वाले पंखरूप यंत्रों से युक्त अच्छी प्रकार सवारियों में जुड़े हुए मनुष्य आदि को देश देशांतर में पहुँचाने वाले आकर्षण और वेग तथा शुक्ल पक्ष और कृष्ण पक्ष रूप दो घोड़े जिनसे सबका हरण किया जाता हैं, इत्यादि श्रेष्ठ गुणों को पृथ्वी, जल और आकाश में जाने-आने के लिए अपने रथों में जोड़े।

ऋग्वेद मंडल एक सूक्त 6 मंत्र 3

मेक्स मूलर–तू जो प्रकाश करता हैं जहाँ पर की प्रकाश न था और रूप और मनुष्यों ! जहाँ की कोई रूप न था। उषाओं के साथ उत्पन्न हुआ हैं।

स्वामी दयानंद–हे मनुष्य लोगों! जो परमात्मा अज्ञानरुपी अंधकार के विनाश के लिए उत्तम ज्ञान तथा निर्धनता, दारिर्द्य तथा कुरूपता- विनाश के लिए सुवर्ण आदि धन और श्रेष्ठ रूप को उत्पन्न करता हैं, उसको तथा सब विद्याओं को जो ईश्वर की आज्ञा के अनुकूल वरतने वाले हैं उनसे मिल मिल कर जान के प्रसिद्द कीजिये। तथा हे जानने की इच्छा रखने वाले मनुष्य! तू भी उस परमेश्वर के समागम से इस विद्या को अवश्य प्राप्त हो।

ऋग्वेद मंडल एक सूक्त 6 मंत्र 4

मेक्स मूलर–उसके पश्चात उन्होंने (मरुतों के) स्वाभाव के अनुसार स्वयं पुनः नवजात शिशुयों का रूप धारण किया अपना पवित्र नाम लेते हुए।

स्वामी दयानंद- जो जल सूर्य व अग्नि के संयोग से छोटा हो जाता हैं, उसको धारण कर मेघ के आकार का बनके वायु ही उसे फिर फिर वर्षाता हैं, उसी से सबका पालन औए सबको सुख होता हैं।

ऋग्वेद मंडल एक सूक्त 6 मंत्र 5

मेक्स मूलर–तूने हे इन्द्र, शीघ्र चलने वाले मरुतों के, जो की गढ़ को तोड़कर भी निकल जाते हैं, उनके छुपने के स्थान में भी चमकीली गउओं को पाया हैं।

स्वामी दयानंद–जैसे बलवान पवन अपने वेग से भारी भारी वृक्षों को तोड़-फोड़ डालते हैं और उनको ऊपर-नीचे गिराते रहते हैं, वैसे ही सूर्य भी अपनी

किरणों से उनका छेदन करता रहता हैं, इससे वे ऊपर नीचे गिरते रहते हैं। इसी प्रकार ईश्वर के नियम से सब पदार्थ उत्पत्ति और विनाश को भी प्राप्त होते रहते हैं।

इन 5 मन्त्रों का हिंदी भाष्य यहाँ प्रस्तुत किया गया हैं जिनसे पाठक यह निष्कर्ष आसानी से निकाल सकते हैं की मेक्स मूलर महोदय का भाष्य शुष्क, निरर्थक, शुद्ध अर्थ का बोध न करने वाला हैं अपितु भ्रामक भी हैं।

वेदों का पूर्वाग्रह एवं अज्ञानता के कारण अशुद्ध भाष्य करने के बावजूद भी मेक्स मुलर की आत्मा में वेदों में वर्णित सत्य विद्या का कुछ कुछ प्रकाश अपने जीवन के अंतिम वर्षों में हुआ था जिसका उदाहरण उन्ही के द्वारा लिखे गए कुछ प्रसंग हैं–

1. "नहीं, प्रत्युत मुझे यह कहने में तनिक भी संकोच नहीं हैं की उपनिषदों तथा प्राचीन वेदांत दर्शन में प्रकाश की कुछ ऐसे किरणें विद्यमान हैं जो की उन अनेक विषयों पर प्रकाश डालेंगी जो की हमारे हृदय के अत्यंत निकट हैं"।
2. "जिस प्रकार वर्तमान काल का इतिहास अधूरा हैं मध्य युग के इतिहास बिना, मध्यकालीन इतिहास अधूरा हैं बिना रोम के इतिहास के, अथवा रोमे का इतिहास अधूरा हैं बिना यूनान के इतिहास के, इसी प्रकार हम पता करते हैं कि इतिहास अधूरा समझा जावेगा बिना आर्य मानवता के उस प्रथम अध्याय (ऋग्वेद) के, जो की हमारे लिए वैदिक साहित्य में सुरक्षित किया गया हैं"।
3. भारत के प्राचीन साहित्य की बात कुछ और ही प्रकार हैं वह साहित्य हमारे लिए मनुष्य जाति की शिक्षा का अध्याय खोल देता हैं जिसका उदाहरण हमें कहीं अन्यत्र नहीं मिलता। जो व्यक्ति की अपनी भाषा अर्थात विचारों की उन्नति का सम्मान करता हैं, जो व्यक्ति की धर्म तथा मानवों की सर्वप्रथम वैचारिक अभिव्यक्ति को मान देता हैं, जो व्यक्ति की इन विद्यायों की प्रथम नींव को जानने का प्रथम इच्छुक हैं, जिन्हें की अर्वाचीन काल में ज्योतिष विद्या, चंद, व्याकरण व धातु के नाम से पुकारते हैं, जो व्यक्ति के दार्शनिक विचारों की आरंभिक अभिव्यक्ति को जानना चाहता हैं और साथ ही गृहस्थ, ग्रामीण तथा राजनैतिक जीवन आदि को, धार्मिक रीतियों, पुराण (ब्राह्मण ग्रन्थ) तथा समय के अनुसार चलने के आरंभिक प्रयत्नों को ज्ञात करना चाहता हैं, उसे भविष्य के लिए वैदिक काल के साहित्य पर वही ध्यान केन्द्रित करना चाहिए

4. धर्म के सम्बन्ध में भाषा की भांति कहा जा सकता हैं की इसमें प्रत्येक नई बात पुरानी तथा प्रत्येक पुरानी बात नई हैं और की सृष्टि के आदि से कोई भी धर्म सर्वथा नया नहीं निकला।
5. आधुनिक युग के लिए केवल एक ही कुंजी हैं।
6. संसार का सच्चा इतिहास सदा कुछ व्यक्तियों का ही इतिहास हुआ करता हैं और जिस प्रकार हम हिमालय की ऊंचाई का अनुमान गौरीशंकर पर्वत से लगाते हैं, उसी प्रकार हमें इंडिया का सच्चा अनुमान वेदवक्ता कवियों, उपनिषदों के ऋषियों, वेदांत व सांख्य दर्शन के रचयिताओं तथा प्राचीन धर्म शास्त्रकारों से लेना चाहिए, न कि उन करोड़ों व्यक्तियों से जो कि अपने ग्राम में ही जन्म लेकर मर जाते हैं तथा जो की एक पल के लिए भी अपने जीवन के स्वप्न से कभी जागृत ही नहीं हुए।

आज संसार में भोग वाद का बोलबाला हो गया हैं, चारों तरफ अशांति, मत मतान्तर के झगड़े, आतंकवाद, गरीबी, भुखमरी आदि फैल रहे हैं। इस अशांत मानव जाती को प्रभु के सत्य ज्ञान अर्थात वेद का सहारा मिल जाये तो समस्त मानव जाति का कल्याण हो जायेगा।

स्वामी दयानन्द की रचनाएँ

आर्यसमाज की स्थापना के साथ ही स्वामी जी ने हिन्दी में ग्रन्थ रचना आरम्भ की। साथ ही पहले के संस्कृत में लिखित ग्रन्थों का हिन्दी में अनुवाद किया। 'ऋग्वेदादि भाष्यभूमिका' उनकी असाधारण योग्यता का परिचायक ग्रन्थ है। 'सत्यार्थप्रकाश' सबसे प्रसिद्ध ग्रन्थ है। अहिन्दी भाषी होते हुए भी स्वामी जी हिन्दी के प्रबल समर्थक थे। उनके शब्द थे 'मेरी आँखें तो उस दिन को देखने के लिए तरस रहीं हैं, जब कश्मीर से कन्याकुमारी तक सब भारतीय एक भाषा को बोलने और समझने लग जायेंगे।' अपने विचारों के कारण स्वामी जी को प्रबल विरोध का भी सामना करना पड़ा। उन पर पत्थर मारे गए, विष देने के प्रयत्न भी हुए, डुबाने की चेष्टा की गई, पर वे पाखण्ड के विरोध और वेदों के प्रचार के अपने कार्य पर अडिग रहे।

इन्होंने शैवमत एवं वेदान्त का परित्याग किया, सांख्ययोग को अपनाया जो उनका दार्शनिक लक्ष्य था और इसी दार्शनिक माध्यम से वेद की भी व्याख्या की। जीवन के अन्तिम बीस वर्ष इन्होंने जनता को अपना संदेश सुनाने में लगाये। दक्षिण में बम्बई से पूरा दक्षिण भारत, उत्तर में कलकत्ता से लाहौर तक इन्होंने

अपनी शिक्षाएँ घूम-घूम कर दीं। पण्डितों, मौलवियों एवं पादरियों से इन्होंने शास्त्रार्थ किया, जिसमें काशी का शास्त्रार्थ महत्त्वपूर्ण था। इस बीच इन्होंने साहित्य कार्य भी किये। चार वर्ष की उपदेश यात्रा के पश्चात ये गंगातट पर स्वास्थ्य सुधारने के लिए फिर बैठ गये। ढाई वर्ष के बाद पुनः जनसेवा का कार्य आरम्भ किया।

सत्यार्थ प्रकाश

सत्यार्थ प्रकाश की रचना आर्य समाज के संस्थापक महर्षि दयानन्द सरस्वती ने की। यद्यपि उनकी मातृभाषा गुजराती थी और संस्कृत का इतना ज्ञान था कि संस्कृत में धाराप्रवाह बोल लेते थे, तथापि इस ग्रन्थ को उन्होंने हिन्दी में रचा। कहते हैं कि जब स्वामी जी 1872 में कलकत्ता में केशवचन्द्र सेन से मिले तो उन्होने स्वामी जी को यह सलाह दी कि आप संस्कृत छोडकर हिन्दी बोलना आरम्भ कर दें तो भारत का असीम कल्याण हो। तभी से स्वामी जी के व्याख्यानों की भाषा हिन्दी हो गयी और शायद इसी कारण स्वामी जी ने सत्यार्थ प्रकाश की भाषा भी हिन्दी ही रखी।

स्वामी जी पूरे देश में घूम-घूमकर शास्त्रार्थ एवं व्याख्यान कर रहे थे। इससे उनके अनुयायियों ने अनुरोध किया कि यदि इन शास्त्रार्थों एवं व्याख्यानों को लिपिबद्ध कर दिया जाय तो ये अमर हो जायेंगे। सत्यार्थ प्रकाश की रचना उनके अनुयायियों के इस अनुरोध के कारण ही सम्भव हुई। सत्यार्थ प्रकाश की रचना का प्रमुख उद्देश्य आर्य समाज के सिद्धान्तों का प्रचार-प्रसार था। इसके साथ-साथ इसमें ईसाई, इस्लाम एवं अन्य कई पन्थों व मतों का खण्डन भी है। उस समय हिन्दू शास्त्रों का गलत अर्थ निकाल कर हिन्दू धर्म एवं संस्कृति को बदनाम करने का षड्यन्त्र भी चल रहा था। इसी को ध्यान में रखकर महर्षि दयानन्द ने इसका नाम सत्यार्थ प्रकाश (सत्य्अर्थ्प्रकाश) अर्थात् सही अर्थ पर प्रकाश डालने वाला (ग्रन्थ) रखा।

सत्यार्थ प्रकाश का प्रयोजन

समाज सुधारक स्वामी दयानन्द सरस्वती की इस रचना का मुख्य प्रयोजन सत्य को सत्य और मिथ्या को मिथ्या ही प्रतिपादन करना है।

यद्यपि हिंदू जीवन व्यक्ति और समाज, दोनों को समक्ष रखकर चलता है, तो भी हिन्दुओं में प्रायः देखा जाता है कि समष्टिवादी की अपेक्षा व्यक्तिवादी प्रवृत्ति

अधिक है। ध्यान में लीन उपासक के समीप यदि इसी समाज का कोई व्यक्ति तड़प भी रहा हो तो वह उसे ध्यानभंग का कारण ही समझेगा। यह कदापि नहीं कि वह भी उसी समाज का एक अंग है। फिर उन्नीसवीं सदी में अँग्रेजी सभ्यता का बहुत प्राबल्य था। अँग्रेजी प्रचार के परिणामस्वरूप हिन्दू ही अपनी संस्कृति को हेय मानने और पश्चिम का अन्धानुकरण करने में गर्व समझने लगे थे। भारतीयों को भारतीयता से भ्रष्ट करने की मैकाले की योजना के अनुसार हिन्दुओं को पतित करने के लिये अँग्रेजी शिक्षा प्रणाली पर जोर था। विदेशी सरकार तथा अँग्रेजी समाज अपने एजेण्ट पादरियों के द्वारा ईसाइयत का झण्डा देश के एक कोने से दूसरे कोने तक फहराने के लिये करोड़ों रुपये खर्च कर रहे थे। हिन्दू अपना धार्मिक एवं राष्ट्रीय गौरव खो चुके थे। 144 हिन्दू प्रति दिन मुसलमान बन रहे थे और ईसाई तो इससे कहीं अधिक। पादरी रंगीला कृष्ण और सीता का छिनाला जैसी सैकड़ों गन्दी पुस्तिकाएँ बाँट रहे थे। इन निराधार लांछनों का उत्तर देने के बजाय ब्रह्म समाज वालों ने उलटे राष्ट्रीयता का ही विरोध किया। वेद आदि की प्रतिष्ठा करना तो दूर, भर पेट उनकी निन्दा की।

स्वामी दयानन्द ने आर्य समाज और सत्यार्थ प्रकाश के द्वारा इन घातक प्रवृत्तियों को रोका। उन्होंने यहाँ तक लिखा - स्वराज्य (स्वदेश) में उत्पन्न हुए (व्यक्ति) ही मन्त्री होने चाहिये। परमात्मा हमारा राजा है। वह कृपा करके हमको राज्याधिकारी करे। इसके साथ ही उन्होंने आर्य सभ्यता एवं संस्कृति से प्रखर प्रेम और वेद, उपनिषद आदि आर्य सत्साहित्य तथा भारत की परम्पराओं के प्रति श्रद्धा पर बल दिया। स्व-समाज, स्व-धर्म, स्व-भाषा तथा स्व-राष्ट्र के प्रति भक्ति जगाने तथा तर्क प्रधान बातें करने के कारण उत्तर भारत के पढ़े लिखे हिन्दू धीरे-धीरे इधर खिंचने लगे जिससे आर्य समाज सामाजिक एवं शैक्षणिक क्षेत्रों में लोकप्रिय हुआ।

सत्यार्थ प्रकाश की संरचना

सत्यार्थ प्रकाश में चौदह समुल्लास (अध्याय) हैं। इसमें इन विषयों पर विचार किया गया है - बाल-शिक्षा, अध्ययन-अध्यापन, विवाह एवं गृहस्थ, वानप्रस्थ, संन्यास-राजधर्म, ईश्वर, सृष्टि-उत्पत्ति, बंध-मोक्ष, आचार-अनाचार, आर्यावर्तदेशीय मतमतान्तर, ईसाई मत तथा इस्लाम। इसकी भाषा के सम्बन्ध में दयानन्द जी ने सन् 1882 में इस ग्रन्थ के दूसरे संस्करण में स्वयं यह लिखा - जिस समय मैंने यह ग्रन्थ बनाया था, उस समय संस्कृत भाषण करने और जन्मभूमि की भाषा गुजराती होने

के कारण मुझको इस भाषा (हिन्दी) का विशेष परिज्ञान न था। इससे भाषा अशुद्ध बन गई थी। अब इसको भाषा-व्याकरण-अनुसार शुद्ध करके दूसरी बार छपवाया है।

मुख्य संदेश

इसके मुख्य संदेश पारंपरिक हिन्दू रीति से अलग और कहीं-कहीं विरूद्ध भी हैं। ये इस प्रकार है–

ओम परमात्मा का निज नाम है। सत्य होने की वजह से ब्रह्म, सर्वत्र व्यापक होने की वजह से विष्णु, कल्याणकारी होने से शिव, सारी प्रजा के उत्पादक होने की वजह से गणपति और प्रजापति, दुष्टदमन होने से रूद्र (रुलाने वाले) तथा सोम, अग्नि इत्यादि उसी एक परमात्मा के नाम हैं।

परमात्मा को कोई रंग या स्वरूप नहीं है। ईश्वर कोई अवतार, पैगम्बर या मसीहा नहीं भेजता। अपने कर्मों के कारण ही कोई आदरणीय बनता है। राम और कृष्ण आदरणीय महापुरुष थे, लेकिन इश्वरावतार नहीं। परमात्मा सर्वआनंदमय - सच्चिदानंद हैं।

देव का अर्थ होता है देने वाला (दान या कृपा) - अतः ऋषि, मुनि या कोई नदी जो कईयों का कल्याण करे, सूर्य, नक्षत्र आदि देव हैं। लेकिन उपासना ईश्वर की ही करनी चाहिए जो इन सबो का कर्ता है। इसी से एकमात्र ईश्वर का ही नाम महादेव है। वेद मंत्रों को भी देव कहा गया है क्योंकि उनके आत्मसात करने से कल्याण होता है।

वर्ण व्यवस्था गुण और कर्म को लेकर होती है - जनम से नहीं। राजा का बेटा आवश्यक नहीं कि क्षत्रिय ही हो। ये उसके बल, पराक्रम, इन्द्रिजित और कल्याणकारी गुण पर निर्भर है इत्यादि..

मन्दिर बनाना और मूर्तिपूजा वेदों (और उपनिषदों) में कहीं नहीं लिखा है। मूर्ति पूजन से लोग मूर्तिआश्रित हो जाते हैं और पुरुषार्थ के लिए प्रेरित नहीं रहते। सिर्फ पुरुषार्थ से ही जीवों का कल्याण हो सकता है।

जीव (आत्मा, पुरुष), प्रकृति और परमात्मा तीनों एक दूसरे से पृथक हैं। परमात्मा जीवों पर नियंत्रण नहीं करता - लोग अपने कार्य के लिए स्वतंत्र हैं। परिणाम अपने कार्य के अनुसार ही होगा - परमात्मा की ईच्छा के अनुसार नहीं।

मोक्ष प्राप्ति के लिए अष्टांग योग, उत्तम कर्म, पवित्रता, यज्ञ (पदार्थ यज्ञ, दान, त्याग और निष्काम कर्म) सत्य का साथ और मिथ्या को दूर छोड़ना, विद्वान पुरुषों का संग, विवेक (सत्य और असत्य का विवेचन) इत्यादि कर सकते हैं।

ईश्वर उपासना करने से अपराध क्षमा नहीं करता - कई हिन्दू (और इस्लामी तथा अन्य) मतों में ईश्वर पूजन के लिए ये प्रसतुत किया जाता है पर पुस्तक के अनुसार ईश्वर सिर्फ सत्यज्ञान दे सकता है। अपराध क्षमा करना (जैसे हरि या बिसमिल्लाह बोलकर) ईश्वर जैसे न्यायकारी शक्ति के अनुकूल नहीं है।

वैष्णव, शैव, शाक्त, कापालिक, चक्राङ्कित और चार्वाक मत वेदों को नहीं समझ सकने के कारण बने हैं। ईश्वर का कोई रूप या अवतार नहीं होता क्योंकि वेदों में इनका कहीं विवरण नहीं मिलता।

श्राद्ध, तर्पण आदि कर्म जीवित श्रद्धापात्रों (माता पिता, पितर, गुरु आदि) के लिए होता है, मृतकों के लिए नहीं।

तीर्थ दुःख ताड़ने का नाम है - किसी सागर या नदी-सरोवर में नहाने का नहीं। इसी प्रकार आत्मा के (मोक्ष पश्चात) सुगम विचरण को स्वर्ग और पुनर्जन्म के बंधन में पड़ने को नरक कहते है - ऐसी कोई दूसरी या तीसरी दुनिया नहीं है।

इस्लाम और ईसाई धर्मों का खण्डन - कोई पैगम्बर या मसीहा नहीं भेजा जाता है। ईश्वर को अपना सामर्थ्य जताने की कोई आवश्यकता नहीं है क्योंकि वो सच्चिदानंद है। स्वर्ग, नरक, जिन्न आदि का भी खण्डन।

प्रभाव

जैसा कि स्पष्ट होगा, स्वामी दयानंद का मत कई (अंध) विश्वासों और मतों का खण्डन और वेदों के मत को पुनः प्रकाश में लाने का था। इसलिए कई बार उन्हें प्रचलित हिन्दू, जैन, बौद्ध, इस्लामी और ईसाई मतों की मान्यताओं का खण्डन करना पड़ा। अवतारवाद, शंकराचार्य को शिव का अवतार, राम और कृष्ण को विष्णु नामक सार्वभौम का अवतार मानने वाले कई थे। इसी प्रकार तीर्थ, बालविवाह और जन्म संबंधी जाति (वर्ण व्यवस्था का नया रूप) जैसी व्यवस्थाओं का उन्होंने सप्रमाण खण्डन किया। इससे कई सुधार हिन्दू समाज में आए। कई विश्वास इस्लामी समाज का भी बदला। कुछ इस प्रकार हैं–

फरवरी 1939 में कलकत्ता से छपने वाले एपिफेनी वीकली में स्वर्ग और नरक की अवधारणी बदली। साप्ताहिक पत्र लिखता है–"What are hell and heaven\ --Hell and heaven are spiritual states; heaven is enjoyment of the presence of God and Hell Banishment from it". इस पर आर्य विचारधारा (सत्यार्थ प्रकाश जिसकी सबसे प्रमुख पुस्तक है) का प्रभाव दिखता है।

कन्याकुमारी में स्वामी विवेकानंद की शिला स्मारक के भवन में कोई मूर्ति नहीं रखी गई है। यद्यपि रामकृष्ण मिशन मूर्तिपूजा का विरोधी नहीं है।

कुरान के भाष्य फतह उल हमीद (प्रशंसा से जीत) ने मुसलमानों के कब्र, पीर या दरगाह को गलत बताया। इसी पर मौलाना हाली ने मुसलमानों की गैरमुसलमानों की मूर्ति पूजा पर ऐतराज जताते हुए कहा कि मुसलमानों को नबी को खुदा मानना और मजारों पर जाना भी उचित नहीं है।

पुराणों, साखियों, भागवत और हदीसों की मान्यता घट गई है। उदाहरणार्थ, जबलपुर में सन् 1915 में आर्य समाजियों के साथ शास्त्रार्थ में मौलाना सनाउल्ला ने हदीसों से पल्ला झाड़ लिया।

आर्योद्देश्यरत्नमाला

आर्योद्देश्यरत्नमाला आर्य समाज के संस्थापक स्वामी दयानंद सरस्वती द्वारा संवत 1925 (1873 ईसवीं) में रचित एक लघु पुस्तिका है। इस पुस्तक में क्रमवार 100 शब्दों की परिभाषा दी गई है। ईश्वर, धर्म, अधर्म से प्रारंभ कर के उपवेद, वेदांग, उपांग आदि की परिभाषा यहाँ उपलब्ध है। अधिकतर परिभाषाएँ इन शब्दों के लोक व्यवहार में प्रयुक्त अर्थों से भिन्न हैं, अर्थात् शाब्दिक अर्थ और भावार्थ के आधार पर परिभाषा व वर्णन किया गया है। यह पुस्तक आर्य समाज की स्थापना के 2 वर्ष पूर्व लिखी गई थी। स्वामी दयानंद का मानना था कि कई शब्दों और विचारों को सनातन वैदिक धर्म में रूढ अर्थ दे दिए गए हैं जो कि अनुचित हैं। इसी लक्ष्य से इस पुस्तक में यह परिभाषाएँ दी गई हैं।

छपी हुई पुस्तक केवल 8 पृष्ठों की है। भाषा की शैली संस्कृतनिष्ठ हिन्दी है। उस समय हिन्दी में काफी कम पुस्तकें प्रकाशित होती थीं, स्वामी दयानंद हिंदी का प्रयोग प्रकाशन में करने वाले कुछ अग्रणियों में गिने जाते हैं और यह पुस्तक भी इसी का एक उदाहरण है।

गोकरुणानिधि

गोकरुणानिधि आर्य समाज के संस्थापक स्वामी दयानंद सरस्वती द्वारा रचित एक लघु पुस्तिका है। इस पुस्तक में स्वामी दयानंद सरस्वती ने गाय आदि पशुओं की रक्षा और कृषि को प्रोत्साहन देने संबंधी कुछ प्रस्ताव रखे हैं व एक श्गोकृष्यादिरक्षिणी सभा (गो कृषि आदि रक्षिणी सभा) की घोषणा की है।

पुस्तक को तीन भागों में बाँटा जा सकता है–

1. समीक्षा प्रकरणम् गो आदि प्राणियों पर दया क्यों करनी चाहिए और इससे मनुष्य को क्या लाभ है, इसकी समीक्षा प्रथम भाग में है। एक हिंसक व रक्षक के बीच संवाद भी इस भाग में उपलब्ध है।
2. नियम प्रकरणम् दूसरे विभाग में गो व कृषि आदि की रक्षा समिति के नियम उल्लिखित हैं।
3. उपनियम प्रकरणम् तीसरे विभाग में समिति के नियम व उपसभा के कार्यकलाप आदि हैं, तथा विशेष स्थितियों में सभा को क्या करना चाहिए, यह वर्णित है।
4. पुस्तक की भाषा संस्कृतनिष्ठ हिन्दी है। इस पुस्तक के समीक्षा प्रकरण में भारत के उस समय के शासकों को प्रति सुशासन करने का आह्वान है। उदाहरण के लिए, राजाओं, सरदारों व धनाढ्य व्यक्तियों से गो रक्षा के लिए शतांश से अधिक आय का योगदान करने को कहा गया है।
5. एक परिच्छेद में महारानी विक्टोरिया (उस समय की भारत की शासिका) का भी उल्लेख है, कि उन्होंने प्राणियों पर दया करने का विज्ञापन किया है, इस संदर्भ में लेखक का कहना है कि प्राणी की हत्या करना सबसे अधिक निर्दयता है।
6. पुस्तक में पशुओं के साथ दुर्व्यवहार को देख के करुणा के भाव और सभी संप्रदाय के लोगों को समरूप से इस कार्य में शामिल होने का अनुरोध है।
7. वनों और पशुओं को न मारकर उन्हें बचा के रखना, ये आज के पर्यावरणवादियों के विचारों से काफी मिलती जुलती विचार धारा है जो इस पुस्तक में उजागर होती है।
8. लेखक का यह मंतव्य है कि गोमांस छिलके के समान है और दुग्ध सार के समान। अतः मांसाहार से बच के दुग्धपान करना चाहिए और पशुओं की रक्षा करनी चाहिए।
9. भारत में गोरक्षा आन्दोलन के प्रारंभिक समय में इस पुस्तक का कई लोगों पर गहरा प्रभाव माना जाता है।

व्यवहारभानु

व्यवहारभानु आर्य समाज के संस्थापक स्वामी दयानंद सरस्वती द्वारा रचित एक लघु पुस्तिका है।

स्वीकार पत्र

स्वीकारपत्र आर्य समाज के संस्थापक स्वामी दयानंद सरस्वती द्वारा रचित एक लघु पुस्तिका है। यह मूलतः राजकीय मुद्रा पत्र पर लिखित एक वसीयतनामे की तरह है जिसमें उन्होंने अपने देह त्यागने के बाद अपना काम आगे बढ़ाने के लिए परोपकारिणी सभा का वर्णन किया है।

इस पत्रक में 13 साक्षियों के आरंभ में ही हस्ताक्षर है। इसके बाद परोपकारिणी सभा के 23 प्रस्तावित पदाधिकारियों व सभासदों के नाम हैं। इनमें प्रमुख हैं महादेव गोविंद रानडे तथा लाहौर, दानापुर, बम्बई, पूना, फर्रूखाबाद व कानपुर के आर्यसमाजों के तत्कालीन पदाधिकारी। तत्कालीन उदयपुर नरेश सज्जनसिंह जी परोपकारिणी सभा के प्रधान नियुक्त किए गए।

यह पुस्तिका स्वामी दयानंद के देहावसान के कुछ समय पूर्व ही प्रकाशित हुई थी। इसमें उन्होने परोपकारिणी सभा के कार्यकलापों के अलावा यह भी लिखा है कि उनका अंतिम संस्कार वेदोक्त रीति से कैसे किया जाए।

उल्लेखनीय है कि परोपकारिणी सभा के नियमों में यह भी उल्लेख है कि यदि सभा में कोई झगड़ा हो तो आपस में सुलह करें किंतु कचहरी न जाएँ कचहरी न जाएँ किंतु यदि न सुलझे तो तत्कालीन राजा से सलाह ली जाए। मुख्यतः अंग्रेजों की बनाई कचहरी द्वारा हस्तक्षेप से बचने के लिए ऐसा किया गया होगा। अंतिम नियम में यह भी लिखा है कि यदि आवश्यकता पड़े तो सभासद् इन नियमों में बाद में परिवर्तन भी ला सकते हैं।

3

धार्मिक विचार

धर्म सुधार हेतु अग्रणी रहे दयानंद सरस्वती ने 1875 में मुंबई में आर्य समाज की स्थापना की थी और पाखण्ड खण्डिनी पताका फहराकर कई उल्लेखनीय कार्य किए। वेदों का प्रचार करने के लिए उन्होंने पूरे देश का दौरा करके पंडित और विद्वानों को वेदों की महत्ता के बारे में समझाया। संस्कृत भाषा में उन्हें अगाध ज्ञान होने के कारण स्वामीजी संस्कृत को एक धारावाहिक रूप में बोलते थे।

उन्होंने ईसाई और मुस्लिम धर्मग्रंथों पर काफी मंथन करने के बाद अकेले ही तीन मोर्चों पर अपना संघर्ष आरंभ किया जिसमें उन्हें अपमान, कलंक और कई कष्टों को झेलना पड़ा। दयानंद के ज्ञान का कोई जवाब नहीं था। वे जो कुछ कह रहे थे, उसका उत्तर किसी भी धर्मगुरुओं के पास नहीं था।

भारत, भारतीयों का है यह उनके प्रमुख उद्‌गार हैं। स्वामी जी के नेतृत्व में ही 1857 के स्वतंत्रता संग्राम क्रांति की सम्पूर्ण योजना तैयार की गई थी और वही उसके प्रमुख सूत्रधार थे। भारत, भारतीयों का है यह अँग्रेजों के अत्याचारी शासन से तंग आ चुके भारत में कहने का साहस भी सिर्फ दयानंद में ही था। उन्होंने अपने प्रवचनों के माध्यम से भारतवासियों को राष्ट्रीयता का उपदेश दिया और भारतीयों को देश पर मर मिटने के लिए प्रेरित करते रहे।

एक बार औपचारिक बातों के दौरान अँग्रेज सरकार द्वारा स्वामी जी के सामने एक बात रखी गई कि आप अपने व्याख्यान के प्रारंभ में जो ईश्वर की प्रार्थना करते

हैं, क्या उसमें अँग्रेजी सरकार के कल्याण की भी प्रार्थना कर सकेंगे। तो स्वामी दयानंद ने बड़ी निर्भीकता के साथ जवाब दिया मैं ऐसी किसी भी बात को स्वीकार नहीं कर सकता। मेरी यह स्पष्ट मान्यता है कि मैं अपने देशवासियों की निर्बाध प्रगति तथा हिन्दुस्तान को सम्माननीय स्थान प्रदान कराने के लिए परमात्मा के समक्ष प्रतिदिन यही प्रार्थना करता हूँ कि मेरे देशवासी विदेशी सत्ता के चुंगल से शीघ्र मुक्त हों।

और उनके इस तीखे उत्तर से तिलमिलाई अँग्रेजी सरकार द्वारा उन्हें समाप्त करने के लिए तरह-तरह के षड्यंत्र रचे जाने लगे। स्वामी जी की देहांत सन् 1883 को दीपावली के दिन संध्या के समय हुआ।

स्वामी दयानंद सरस्वती की दृष्टि में ईश्वर

चारों वेदों में ऐसा कहीं नहीं लिखा जिससे अनेक ईश्वर सिद्ध हों। किन्तु यह तो लिखा है कि ईश्वर एक है। देवता दिव्य गुणों के युक्त होने के कारण कहलाते हैं जैसा कि पृथ्वी, परन्तु इसको कहीं ईश्वर तथा उपासनीय नहीं माना है। जिसमें सब देवता स्थित हैं, वह जानने एवं उपासना करने योग्य देवों का देव होने से महादेव इसलिये कहलाता है कि वही सब जगत की उत्पत्ति, स्थिति, प्रलयकर्ता, न्यायाधीश, अधिष्ठाता है।

ईश्वर दयालु एवं न्यायकारी है। न्याय और दया में नाम मात्र ही भेद है, क्योंकि जो न्याय से प्रयोजन सिद्ध होता है वही दया से दण्ड देने का प्रयोजन है कि मनुष्य अपराध करने से बंध होकर दुखों को प्राप्त न हो, वही दया कहलाती है। जिसने जैसा जितना बुरा कर्म किया है उसको उतना है दण्ड देना चाहिये, उसी का नाम न्याय है। जो अपराध का दण्ड न दिया जाय तो न्याय का नाश हो जाय। क्योंकि एक अपराधी को छोड़ देने से सहस्त्रों धर्मात्मा पुरुषों को दुख देना है। जब एक को छोड़ने से सहस्त्रों मनुष्यों को दुख प्राप्त होता हो तो वह दया किस प्रकार हो सकती है? दया वही है कि अपराधी को कारागार में रखकर पाप करने से बचाना। निरन्तर एवं जघन्य अपराध करने पर मृत्यु दण्ड देकर अन्य सहस्त्रों मनुष्यों पर दया प्रकाशित करना।

संसार में तो सच्चा झूठा दोनों सुनने में आते हैं। किन्तु उनके विचार से निश्चय करना अपना अपना काम है। ईश्वर की पूर्ण दया तो यह है कि जिसने जीवों के प्रयोजन सिद्ध होने के अर्थ जगत में सकल पदार्थ उत्पन्न करके दान दे रक्खे हैं। इससे भिन्न दूसरी बड़ी दया कौन सी है? अब न्याय का फल प्रत्यक्ष दीखता है कि सुख दुःख की व्याख्या अधिक और न्यूनता से प्रकाशित कर रही है। इन दोनों का इतना ही भेद है कि जो मन में सबको सुख होने और दुख छूटने की इच्छा और क्रिया करना है वह दया और ब्राह्य चेष्टा अर्थात बंधन छेदनादि यथावत दण्ड देना न्याय कहलाता है। दोनों का एक प्रयोजन यह है कि सब को पाप और दुःख से पृथक कर देना।

ईश्वर यदि साकार होता तो व्यापक नहीं हो सकता। जब व्यापक न होता तो सर्वाज्ञादि गुण भी ईश्वर में नहीं रह सकते। क्योंकि परिमित वस्तु में गुण, कर्म, स्वभाव भी परिमित रहते हैं तथा शीतोष्ण, क्षुधा, तृष्णा और रोग, दोष, छेदन, भेदन आदि से रहित नहीं हो सकता। अतः निश्चित है कि ईश्वर निराकार है। जो साकार हो तो उसके नाक, कान, आँख आदि अवयवों को बनाने वाला ईश्वर के अतिरिक्त कोई दूसरा होना चाहिये। क्योंकि जो संयोग से उत्पन्न होता हो उसको संयुक्त करने वाला निराकार चेतन आवश्य होना चाहिये। कोई कहता है कि ईश्वर ने स्वेच्छा से आप ही आप अपना शरीर बना लिया। तो भी यही सिद्ध हुआ कि शरीर बनाने के पूर्व वह निराकार था। इसलिये परमात्मा कभी शरीर धारण नहीं करता। किन्तु निराकार होने से सब जगत को सूक्ष्म कारणों से स्थूलाकार बना देता है।

सर्वशक्तिमान का अर्थ है कि ईश्वर अपने काम अर्थात उत्पत्ति, पालन, प्रलय आदि और सब जीवों के पाप पुण्य की यथा योग्य व्यवस्था करने में किंचित भी किसी की सहायता नहीं लेता अर्थात अपने अनंत सामर्थ्य से ही सब अपना काम पूर्ण कर लेता है। इसका अर्थ यह कदापि नहीं है की परमेश्वर वह सब कर सकता है जो उसे नहीं करना चाहिये। जैसे- अपने आपको मारना, अनेक ईश्वर बनाना, स्वयं अविद्वान, चोरी, व्यभिचारादि पाप कर्म कर और दुखी भी हो सकना। ये काम ईश्वर के गुण, कर्म, स्वभाव से विरूद्ध हैं।

ईश्वर आदि भी है और अनादि भी। ईश्वर सबकी भलाई एवं सबके लिये सुख चाहता है परन्तु स्वतंत्रता के साथ किसी को बिना पाप किये पराधीन नहीं करता।

ईश्वर की स्तुति प्रार्थना करने से लाभः- स्तुति से ईश्वर से प्रीति, उसके गुण, कर्म, स्वभाव से अपने गुण, कर्म, स्वभाव को सुधारना। प्रार्थना से निरभयता, उत्साह और सहाय का मिलना। उपासना से परब्रह्म से मेल और साक्षात्कार होना।

ईश्वर के हाथ नहीं किन्तु अपने शक्ति रूपी हाथ से सबका रचना करता है। पग नहीं परन्तु व्यापक होने से सबसे अधिक वेगवान। चक्षु का गोलक नहीं परन्तु सबको यथावत देखता। श्रोत नहीं तथाकथित सबकी बातें सुनता। अंतःकरण नहीं परन्तु सब जगत को जानता है और उसको अवधि सहित जानने वाला कोई भी नहीं। उसको सनातन, सबसे श्रेष्ठ, सबमें पूर्ण होने से पुरुष कहते हैं। वह इन्द्रियों और अंतःकरण के बिना अपने सब काम अपने सामर्थ्य से करता है।

न कोई उसके तुल्य है और न उससे अधिक। उसमें सर्वोत्तम शक्ति अर्थात जिसमें अनंत ज्ञान, अनंत बल और अनंत क्रिया है। यदि परमेश्वर निष्क्रिय होता

तो जगत की उत्पत्ति, स्थिति, प्रलय न कर सकता। इसलिये वह विभू तथापि चेतन होने से उस क्रिया में भी है।

ईश्वर जितने देश काल में क्रिया करना उचित समझता है उतने ही देशकाल में क्रिया करता है। न अधिक न न्यून क्योंकि वह विद्वान है।

परमात्मा पूर्ण ज्ञानी है, पूर्ण ज्ञान उसे कहते हैं जो पदार्थ जिस प्रकार का हो उसे उसी रूप में जानना।

परमेंश्वर अनंत है। तो उसको अनंत ही जानना ज्ञान, उसके विरुद्ध अज्ञान अर्थात अनंत को सांत और सांत को अनंत जानना भ्रम कहलाता है। यथार्थ दर्शन ज्ञानमिति, जिसका जैसा गुण, कर्म, स्वभाव हो उस पदार्थ को वैसा जानकर मानना ही ज्ञान और विज्ञान कहलाता है और उससे उल्टा अज्ञान।

ईश्वर जन्म नहीं लेता, यदुर्वेद में लिखा है 'अज एकपात्' सपथर्यगाच्छुक्रमकायम।

यदा यदा..सृजाम्यहम्।

यह बात वेद विरुद्ध प्रमाणित नहीं होती। ऐसा हो सकता है कि श्रीकृष्ण धर्मात्मा धर्म की रक्षा करना चाहते थे कि मैं युग युग में जन्म लेके श्रेष्ठों की रक्षा और दुष्टों का नाश करूँ तो कुछ दोष नहीं। क्योंकि 'परोपकाराय सतां विभूतयः' परोपकार के लिये सत्पुरुषों का तन, मन, धन होता है। किन्तु इससे श्रीकृष्ण ईश्वर नहीं हो सकते।

वेदार्थ को न जानने, सम्प्रदायी लोंगो के बहकावे और अपने आप अविद्वान होने से भ्रमजाल में फँसके ऐसी ऐसी अप्रमाणिक बातें करते और मानते हैं।

जो ईश्वर अवतार शरीर धारण किये बिना जगत की उत्पत्ति, स्थिति, प्रलय करता है उसके लिये कंस और रावणादि एक कीड़ी के समान भी नहीं हैं। वह सर्वव्यापक होने से कंस रावणादि के शरीर में भी परिपूर्ण हो रहा है। जब चाहे उसी समय मर्मच्छेदन कर नाश कर सकता है। भला वह अनंत गुण, कर्म स्वभावयुक्त परमात्मा को एक शूद्र जीव को मारने के लिये जन्म मरण युक्त कहने वाले को मूर्खपन से अन्य कुछ विशेष उपमा मिल सकती है और जो कोई कहे कि भक्तजन के उद्धार करने के लिये जन्म लेता है तो भी सत्य नहीं है। क्योंकि जो भक्तजन ईश्वर की आज्ञानुकूल चलते हैं उसके उद्धार करने का पूरा सामर्थ्य ईश्वर में है। क्या ईश्वर पृथ्वी, सूर्य, चन्द्रादि जगत के बनाने से कंस रावाणादि का वध और गोवर्धनादि का उठाना बड़े कार्य हैं।

जो कोई इस सृष्टि में परमेश्वर के कर्मों का विचार करे तो 'न भूतो न भविष्यति' ईश्वर के सदृश्य न कोई है न होगा। इस युक्ति से भी ईश्वर का जन्म

सिद्ध नहीं होता। जैसे कोई अनंत आकाश को कहे कि गर्भ में आया और मुठ्ठी में भर लिया, ऐसा कहना कभी सच नहीं हो सकता। क्योंकि आकाश अनंत और सब में व्यापक है इससे न आकाश बाहर आता और न भीतर जाता, वैसे ही अनंत सर्वव्यापक परमात्मा के होने से उसका आना जाना कभी सिद्ध नहीं हो सकता। आना और जाना वहाँ हो सकता है जहाँ न हो। क्या परमेशवर गर्भ में व्यापक नहीं था जो कहीं से आया और बाहर नहीं था जो भीतर से निकला। ऐसा ईश्वर के विषय में कहना और मानना विद्याहीनों के सिवाय कौन कह और मान सकेगा। इसलिये परमेश्वर का आना जाना और जन्म-मरण कभी सिद्ध नहीं हो सकता। इसलिये ईसा आदि को ईश्वर का अवतार नहीं समझना चाहिये। वे राग, द्वेष, क्षुधा, तृष्णा, भय, शोक, दुख, सुख, जन्म-मरण आदि गुणायुक्त होने से मनुष्य थे।

ईश्वर पाप क्षमा नहीं कर सकता। ऐसा करने से उसका न्याय नष्ट हो जाता है और मनुष्य क्षमा दान मिलने की आशा से महापापी बन सकता है। तथा वह निर्भय एवं उत्साह पूर्वक पाप कर्म करने में संलग्न हो जायगा।

जिस प्रकार अपराधी को यह भरोसा हो जाय कि कानून के द्वारा उसके अपराध करने पर कोई सजा नहीं मिल सकती तो वह निर्भय पूर्वक अपराध करता है।

सभी प्रणियों को कर्मानुसार फल देना ईश्वर का कार्य है, क्षमा करना नहीं। मनुष्य अपने कर्मों में स्वतंत्र एवं ईश्वर की व्यवस्था में परतंत्र है।

मजदूर ने पहाड़ से लोहा निकाला, दुकानदार ने खरीदा, लोहार ने तलवार बनाई, सिपाही ने तलवार ली, उसने किसी को मार दिया। अब अपराधी लोहे का निकालने वाला मजदूर, खरीदने वाला दुकानदार और बनाने वाला लोहार नहीं होगा। बल्कि केवल वह सिपाही होगा जिसने किसी की हत्या की। इसलिये शरीर आदि की उत्पत्ति करने वाला ईश्वर व्यक्ति के कार्यों का भोक्ता नहीं होगा। क्योंकि कर्म करने वाला परमेश्वर नहीं होता। यदि ऐसा होता तो क्या किसी को पाप करने की प्रेरणा देता। अतः मनुष्य कार्य करने के लिये स्वतंत्र है। उसी तरह ईश्वर भी कर्मानुसार फल देने के लिये स्वतंत्र है।

जीव और ईश्वर दोंनो चेतन स्वरूप हैं। स्वभाव दोनों का पवित्र, अविनाशी एवं धार्मकिता आदि है। परन्तु परमेश्वर के सृष्टि की उत्पत्ति, स्थिति, प्रलय, सबको नियम में रखना, जीवों का पाप पुण्य के फल देना आदि धर्मयुक्त कार्य हैं। और जीव में पदार्थों को पाने की अभिलाषा (इच्छा), द्वेष दुखादि की अनिच्छा, बैर, (प्रयत्न) पुरुषार्थ, बल, (सुख) आनन्द, (दुख) विलाप, अप्रसन्नता, (ज्ञान) विवेक पहचानना ये तुल्य हैं। किन्तु वैशेषिक में प्राण वायु को बाहर निकालना, फिर उसे बाहर से भीतर

लेना, (निमेष) आँख को मींचना, (उन्मेष) आँखों को खोलना, (जीवन) प्राण धारण करना, (मनन) निश्चय स्मरण अहंकार करना, (गति) चलना, (इन्दिय) सब इन्दियों को चलाना, (अंतर्विकार) भिन्न-भिन्न सुधा, तृष्णा, हर्ष, शोकादि युक्त होना, ये जीवात्मा के गुण परमात्मा से भिन्न हैं।

ईश्वर को त्रिकालदर्शी कहना मूर्खता के अतिरिक्त और कुछ नहीं। क्योंकि जो ईश्वर होकर न रहे वह भविष्यकाल कहलाता है। क्या ईश्वर को कोई ज्ञान रहके नहीं रहता? तथा न होके होता है? इसलिये परमात्मा का ज्ञान एक रस अखण्डित वर्तमान रहता है। भूत, भविष्यत् जीवों के लिये है। जीवों के कर्म की अपेक्षा से त्रिकालज्ञाता ईश्वर में है, स्वतः नहीं। जैसा स्वतंत्रता से जीव करता है, वैसा ही सर्वज्ञता से ईश्वर जानता है और जैसा ईश्वर जानता है वैसा जीव करता है अर्थात् भूत, भविष्य, वर्तमान के ज्ञान और फल देने में ईश्वर स्वतंत्र और जीव किंचित वर्तमान और कर्म करने में स्वतंत्र है। ईश्वर का अनादि ज्ञान होने से जैसा कर्म का ज्ञान है वैसा ही दण्ड देने का भी ज्ञान अनादि है। दोनों ज्ञान उसके सत्य हैं। क्या कर्म ज्ञान सच्चा और दण्ड ज्ञान मिथ्या कभी हो सकता है। इसलिये इसमें कोई भी दोष नहीं आता।

परमेश्वर सगुण एवं निर्गुण दोनों है। गुणों से सहित सगुण, गुणों से रहित निर्गुण। अपने अपने स्वाभाविक गुणों से सहित और दूसरे विरोधी के गुणों से रहित होने से सब पदार्थ सगुण और निर्गुण हैं। कोई भी ऐसा पदार्थ नहीं है जिसमें कुेवल निर्गुणता या केवल सगुणता हो। किन्तु एक ही में निर्गुणता एवं सगुणता सदा रहती है। वैसे ही परमेश्वर अपने अनंत ज्ञान बलादि गुणों से सहित होने से सगुण रूपादि जड़ के तथा द्वेषादि के गुणों से प्रथक होने से निर्गुण कहलाता है। यह कहना अज्ञानता है कि निराकार निर्गुण और साकार सगुण है।

परमेश्वर न रागी है, न विरक्त। राग अपने से भिन्न पृथक पदार्थों में होता है, सो परमेश्वर से कोई पदार्थ प्रथक तथा उत्तम नहीं है, अतः उसमें राग का होना संभव नहीं है। और जो प्राप्त को छोड़ दे उसको विरक्त कहते हैं। ईश्वर व्यापक होने से किसी पदार्थ को छोड़ ही नहीं सकता। इसलिये विरक्त भी नहीं है।

ईश्वर में प्राणियों की तरह की इच्छा नहीं होती।

जो स्वयंभू, सर्वव्यापक, शुद्ध, सनातन, निराकार परमेश्वर है वह सनातन जीवरूपी प्रजा के कल्याणार्थ यथावत् रीतिपूर्वक वेद द्वारा सब विद्याओं का उपदेश करता है।

परमेश्वर के सर्वशक्तिमान और सर्वव्यापक होने से जीव को अपनी व्याप्ति से वेदविद्या के उपदेश करने में कुछ भी मुखादि की अपेक्षा नहीं है। क्योंकि मुख जिव्हा से वर्णोच्चारण अपने से भिन्न को बोध होने के लिये किया जाता है, कुछ अपने लिये नहीं। क्योंकि मुख जिव्हा के व्यावहार करे बिना ही मन के अनेक व्यावहारों का विचार और शब्दोंच्चारण होता रहता है। कानों का उँगुलियों से मूँद कर देखो, सुनों कि बिना मुख जिव्हा ताल्वादि स्थानों के कैसे कैसे शब्द हो रहे हैं?

जब परमात्मा निराकार, सर्वव्यापक है तो अपनी अखिल वेद विद्या का उपदेश जीवस्थ स्वरूप से जीवात्मा में प्रकाशित कर देता है। फिर वह मनुष्य अपने मुख से उच्चारण करके दूसरे को सुनाता है। इसे ही वेद ज्ञान कहते हैं जो समस्त प्राणियों के कल्याण के लिए ईश्वर द्वारा दिया गया हैं।

मर्यादा पुरुषोत्तम श्री राम के सम्बन्ध में महर्षि स्वामी दयानंद सरस्वती के विचार

रामचन्द्र के समय में उस मन्दिर का नाम निशान भी न था किन्तु यह ठीक है कि दक्षिण देशस्थ 'राम' नामक राजा ने मंदिर बनवा, का नाम 'रामेश्वर' धर दिया है। जब रामचन्द्र सीताजी को ले हनुमान आदि के साथ लंका से चले, आकाश मार्ग में विमान पर बैठ अयोध्या को आते थे, तब सीताजी से कहा है कि–

अत्र पूर्वं महादेवः प्रसादमकरोद्विभुः।
सेतु बंध इति विख्यातम्।।

वा0 रा0, लंका काण्ड (देखिये- युद्ध काण्ड़, सर्ग 123, श्लोक 20-21)

'हे सीते! तेरे वियोग से हम व्याकुल होकर घूमते थे और इसी स्थान में चातुर्मास किया था और परमेश्वर की उपासना-ध्यान भी करते थे। वही जो सर्वत्र विभु (व्यापक) देवों का देव महादेव परमात्मा है, उसकी कृपा से हमको सब सामग्री यहाँ प्राप्त हुई। और देख! यह सेतु हमने बांधकर लंका में आके, उस रावण को मार, तुझको ले आये।' इसके सिवाय वहाँ वाल्मीकि ने अन्य कुछ भी नहीं लिखा।

द्रष्टव्य- सत्यार्थ प्रकाश, एकादश समुल्लासः, पृष्ठ-303

इस प्रकार उक्त उदाहरण से यह स्पष्ट हो जाता है कि भगवान राम स्वयं परमात्मा के परमभक्त थे। उन्होंने ही यह सेतु बनवाया था। **सेतु का परिमाप** अर्थात् रामसेतु की लम्बाई- चौड़ाई को लेकर भारतीय धर्मशास्त्रों में दिए गए तथ्य इस प्रकार हैं–

दस योजनम् विस्तीर्णम् शतयोजन- मायतम्' -वा0रा0 22/76

अर्थात् राम-सेतु 100 योजन लम्बा और 10 योजन चौड़ा था।

शास्त्रीय साक्ष्यों के अनुसार इस विस्तृत सेतु का निर्माण शिल्प कला विशेषज्ञ विश्वकर्मा के पुत्र नल ने पौष कृष्ण दशमी से चतुर्दशी तिथि तक मात्र पॉच दिन में किया था। सेतु समुद्र का भौगोलिक विस्तार भारत स्थित धनुष्कोटि से लंका स्थित सुमेरू पर्वत तक है। महाबलशाली सेतु निर्माताओं द्वारा विशाल शिलाओं और पर्वतों को उखाड़कर यांत्रिक वाहनों द्वारा समुद्र तट तक ले जाने का शास्त्रीय प्रमाण उपलब्ध है। भगवान श्रीराम ने प्रवर्षण गिरि (किष्किंद्दा) से मार्गशीर्ष अष्टमी तिथि को उत्तरा फाल्गुनी नक्षत्र और अभिजीत मुहूर्त में लंका विजय के लिए प्रस्थान किया था। महर्षि दयानन्द ने अपने ग्रंथों में राम, कृष्ण, शिवाजी, गुरु गोविन्दसिंह तथा वीर बड़ोलों (गुजरात) का गर्वपूर्वक उल्लेख किया है। इस प्रकार महर्षि दयानन्द के राम राजपुत्र, पारिवारिक मर्यादाओं को मानने वाले, ऋषि मुनियों के भक्त, परम आस्तिक तथा विपत्तियों में भी न घबराने वाले महापुरुष थे। श्रीराम की मान्यता थी कि विपत्तियॉ वीरों पर ही आती हैं और वे उन पर विजय प्राप्त करते हैं। वीर पुरुष विपत्तियों पर विपत्तियों के समान टूट पड़ते हैं और विजयी होते हैं। स्वतन्त्रता प्राप्ति के पश्चात् देश का यह दुर्भाग्य रहा कि पाश्चात्य शिक्षा, सभ्यता और संस्कारों से प्रभावित कुछ भारतीय नेताओं ने पोरस के हाथियों के समान भारतीय मानक, इतिहास और महापुरुषों के सम्बन्ध में विवेकहीनता धारण कर भ्रमित विचार प्रकट करने प्रारम्भ कर दिये। साम्यवादी विचारद्दारा से प्रभावित व्यक्तियों के अनुसार और 'स्त्री एक सम्पत्ति है, इसमें आत्मतत्व विद्यमान नहीं है।' ऐसे अपरिपक्व मानसिकता वाले तत्व यदि राम के अस्तित्व और महिमा के संबंध में नकारात्मक विचार रखें, तो उनके मानसिक दिवालियापन की बात ही कही जाएगी–किन्तु भारत में जन्मे, यहाँ की माटी में लोट-पोट कर बड़े हुए तथा बार-एट लॉ की प्रतिष्ठापूर्ण उपाधिधारी जब सन्तुष्टीकरण को आधार बनाकर 'राम' को मानने से ही इंकार कर दें, राम-रावण को मन के सतोगुण-तमोगुण का संघर्ष कहने लग जाएं तो हम किसे दोषी या अपराधी कहेंगे? अपनी समाधि पर 'हे राम!' लिखवाने वाले विश्ववंद्य गांधीजी ने राम के संबंध में 'हरिजन' के अंकों में लेख लिख कर कैसे विचार प्रकट किये, यह तो 'हरिजन' के पाठक ही जान सकते हैं। इस स्वतन्त्र राष्ट्र में अपने आप्त महापुरुषों के अस्तित्त्व पर नकारात्मक दृष्टिकोण रखने वालों की बुद्धि पर दया ही आती है और कहना पड़ता है- धियो यो नः प्रचोदयात्। महर्षि दयानन्द ने राजा दशरथ के ज्येष्ठ

पुत्र राम के पौरुष तथा उनके गुणों का विचारणीय एवं महत्वपूर्ण वर्णन किया है। महर्षि दयानन्द ने राम को महामानव, ज्येष्ठ-श्रेष्ठ आत्मा, परमात्मा का परम भक्त, धीर-वीर पुरुष, विजय के पश्चात् भी विनम्रता आदि गुणों से विभूषित बताया है। महर्षि दयानन्द का राम एक ऐसा महानायक था, जिसने सद्‌गृहस्थ रहते हुए तपस्या द्वारा मोक्ष के मार्ग को अपनाया था। राम और कृष्ण दोनों ही सद्‌गृहस्थ तथा आदर्श महापुरुष थे। आज राष्ट्र को ऐसे ही आदर्श महापुरुषों की आवश्यकता है, जिनके आदर्श को आचरण में लाकर हम अपने राष्ट्र की स्वतन्त्रता, अखण्डता, सार्व भौमिकता तथा स्वायत्तता की रक्षा कर सकते हैं।

महर्षि दयानंद सरस्वती की दृष्टि में इस्लाम

महर्षि दयानन्द सरस्वती ने अपने सुप्रसिद्ध ग्रंथ 'सत्यार्थ प्रकाश' के चौदहवें समुल्लास (अध्याय) में इस्लाम के धर्म ग्रंथ कुरान की 161 आयतों या आयत समूहों की समीक्षा की है। यहाँ इन्हीं में से कुछ आयतों की समीक्षा सार्वदेशिक आर्य प्रतिनिधि सभा, रामलीला मैदान, नई दिल्ली, द्वारा 1975 में प्रकाशित, सत्यार्थ प्रकाश के पृष्ठ 543 से 612 तक से ली गई है जबकि कुरान की वे ही पूरी की पूरी आयतें 'पवित्र कुरआन' (अनुवादक मौलाना मुहम्मद फारूक खाँ और डॉ.मुहम्मद अहमद, प्रकाशक मधुर संदेश संगम, जामियानगर, नई दिल्ली, 2005) में देखी जा सकती हैं। सन्दर्भ में पहले सूरा और बाद में आयत का संख्या क्रम दिया गया है।

स्वामी जी ने कुरान की समीक्षा करने से पहले अपना मन्तव्य इस समुल्लास के प्रारम्भ में दी गई अनुभूमिका (4) में निम्नलिखित प्रकार से व्यक्त किया है-

"यह लेख केवल मनुष्यों की उन्नति और सत्यासत्य के निर्णय के लिए सब मतों के विषय का थोड़ा-थोड़ा ज्ञान होवे इससे मनुष्यों को परस्पर विचार करने का समय मिले और एक-दूसरे के दोषों का खण्डन कर, गुणों को ग्रहण करें, न किसी अन्य मत पर, न इस मत पर झूठ-मूठ बुराई व भलाई लगाने का प्रयोजन है किन्तु जो-जो भलाई है वही भलाई और जो बुराई है वही बुराई सबको विदित हो"

"यह लेख हठ, दुराग्रह, ईर्ष्या, द्वेष, वाद-विवाद और विरोध घटाने के लिए किया गया है, न कि इनको बढ़ाने के अर्थ। क्योंकि एक दूसरे की हानि करने से पृथक रह, परस्पर को लाभ पहुंचाना हमारा मुख्य कर्म है। अब यह चौदहवें समुल्लास में मुसलमानों का मत विषय सब सज्जनों के सामने निवेदन करता हूँ, विचार कर इष्ट का ग्रहण, अनिष्ट का परित्याग कीजिए।" (पृ543)

1. कुरान

1. “आरम्भ साथ नाम अल्लाह के क्षमा करने वाला दयालु।” (1 : 1)

समीक्षक-“मुसलमान लोग ऐसा कहते हैं कि यह कुरान खुदा का कहा है। परन्तु इस वचन से विदित होता है कि इसका बनाने वाला कोई दूसरा है क्योंकि जो परमेश्वर का बनाया होता तो “आरम्भ साथ नाम अल्लाह के” ऐसा न कहता किन्तु “आरम्भ वास्ते उपदेश मनुष्यों के” ऐसा कहता।” (पृ 544)

2. “सब स्तुति परमेश्वर के वास्ते है जो परबरदिगार अर्थात् पालन करने हारा है तब संसार का। क्षमा करने वाला दयालु है।” (1 : 2)

समीक्षक-“जो कुरान का खुदा संसार का पालन करने हारा होता और सब पर क्षमा और दया करता है तो अन्य मत वाले और पशु आदि को भी मुसलमानों के हाथ से मरवाने का हुक्म न देता। जो क्षमा करने वाला है तो क्या पापियों को भी क्षमा करेगा? और जो वैसा है तो आगे लिखेंगे कि “काफिरों को कतल करो” अर्थात् जो कुरान और पैगम्बर को न मानें वे काफिर हैं, ऐसा क्यों कहता है? इसलिए कुरान ईश्वरकृत नहीं दीखता।” (पृ. 544-545)

3. “दिखा उन लोगों का रास्ता कि जिन पर तूनपे निआमत की और उनका मार्ग मत दिखा कि जिनके ऊपर तू ने अत्यन्तक्रोध की दृष्टि की और न गुमराहों का मार्ग हमको दिखा।” (1 : 6)

समीक्षक-“जब मुसलमान लोग पूर्वजन्म और पूर्वकृत पाप-पुण्य नहीं मानते तो किन्हीं पर निआमत अर्थात् जल या दया करने और किन्हीं पर न करने से खुदा पक्षपाती हो जायेगा, क्योंकि बिना पाप-पुण्य, सुख-दुःख देना केवल अन्याय की बात है और बिना कारण किसी पर दया और किसी पर क्रोध दृष्टि करना भी स्वभाव से परे है। वह दया अथवा क्रोध नहीं कर सकता और जब उनके पूर्व संचित पुण्य पाप ही नहीं तो किसी पर दया और किसी पर क्रोध करना नहीं हो सकता। और इस सूरः की टिप्पणी पर “यह सूरः अल्लाह साहेब ने मनुष्यों के मुख से कहलाई कि सदा इस प्रकार से कहा करें” जो यह बात है तो ‘अलिफ बे” आदि अक्षर भी खुदा ही ने पड़ाये होंगे। जो कहो कि बिना अक्षरज्ञान के इस सूरः को कैसे पढ सके? क्या कण्ठ ही से बुलाए और बोलते गये? जो ऐसा है तो सब कुरान ही कण्ठ से पड़ाया होगा। इससे ऐसा समझना चाहिए कि जिस पुस्तक में पक्षपात की बातें पाई जायें वह पुस्तक ईश्वरकृत नहीं हो सकता, जैसा कि अरबी भाषा में उतारने से अरबवालों को इसका पढना

सुगम, अन्य भाषा बोलने वालों को कठिन होता है इसी से खुदा में पक्षपात आता है और जैसे परमेश्वर ने सृष्टिस्थ सब देशस्थ मनुष्यों पर न्याय दृष्टि से सब देश भाषाओं से लिक्षण संस्कृत भाषा कि, जो सब देशवालों के लिए एक से परिश्रम से विदित होती है, उसी में वेदों का प्रकाश किया है, करता तो यह दोष नहीं होता।" (पृ. 545-546)

4. "हे नबी ! तुम्हारे लिए अल्लाह और तुम्हारे ईमान वाले अनुयायी ही काड़ी है। 'हे रबी ! मोमिनों को जिहाद पर उभारो। यदि तुम्हारे पास पचास बीस आदमी जमें होंगे तो वे दो सौ पर प्रभावी होंगे और यदि तुममें से ऐसे सौ होंगे तो वे इंकार करने वालों में से एक हजार पर प्रभावी होंगे क्योंकि वे नासमझ लोग हैं।" (8:64-65, पृ. 155)

"अतः जो कुछ गनीमत (लूट) का माल तुमने प्राप्त किया है, उसे वैध-पवित्र समझकर खाओ और अल्लाह का डर रखो।" (8 : 69, पृ. 156)

समीक्षक-"भला ! यह कौन-सी न्याय, विद्धत्ता और धर्म की बात है कि जो अपना पक्ष करे और चाहे अन्याय भी करे उसी का पक्ष और लाभ पहुंचावे? और जो प्रजा में शान्ति भंग करके लड़ाई करे, करावे और लूट मार के पदार्थों को हलाल बतलावे और फिर उसी का नाम क्षमावान् दयालु लिखे यह बात खुदा की तो क्या किन्तु किसी भले आदमी की भी नहीं हो सकती। ऐसी-ऐसी बातों से कुरान ईश्वर वाक्य कभी नहीं हो सकता।" (पृ. 574)

5. "और इसी प्रकार हमने इस (कुरआन) को एक अरबी फरमान के रूप में उतारा है। अब यदि तुम उस ज्ञान के पश्चात् भी जो, तुम्हारे पास आ चुका है, उसकी इच्छाओं के पीछे चले तो अल्लाह के मुकाबले में न तो तुम्हारा कोई सहायक मित्र होगा औन न कोई बचाने वाला।" (13 : 37)

हम जो वादा उनसे कर रहे हैं चाहे उसमें से कुछ हम तुम्हें दिखा दें या तुम्हें उठा लें। तुम्हारा दायित्व तो बस सन्देश का पहुंचा देना ही है, हिसाब लेना तो हमारे जिम्मे है।" (13:40, पृ. 212-213)

समीक्षक-"कुरान किधर की ओर से उतारा? क्या खुदा ऊपर रहता है? जो यह बात सच्च है तो वह एकदेशी होने से ईश्वर ही नहीं हो सकता क्योंकि ईश्वर सब ठिकाने एकरस व्यापक है। पैगाम पहुंचाना हल्कारे का काम है और हल्कारे की आवश्यकता उसी को होती है जो मनुष्यवत् एकदेशी हो। और हिसाब लेना देना भी मनुष्य का काम है, ईश्वर का नहीं, क्योंकि वह सर्वज्ञ है। यह निश्चय होता है कि किसी अल्पज्ञ मनुष्य का बनाया कुरान है।" (पृ. 579)

6. "और जो तौबा कर ले और ईमान लाए और अच्छा कर्म करे, फिर सीधे मार्ग पर चलता रहे उसके लिए निश्चय ही मैं अत्यन्त क्षमाशील हूँ।" (20: 82, पृ. 272)

समीक्षक-"जो तोबाः से पाप क्षमा करने की बात कुरान में है, यह सबको पापी कराने वाली है। क्योंकि पापियों को इससे पाप करने का साहस बहुत बढ़ जाता है। इससे यह पुस्तक और इसका बनाने वाला पापियों को पाप करने में हौसला बाने वाला है। इससे यह पुस्तक परमेश्वर कृत और इसमें कहा हुआ परमेश्वर भी नहीं हो सकता।" (पृ. 584)

7. "(जो आयतें उतर ही हैं) वे तत्वज्ञान से परिपूर्ण किताब की आयतें हैं।" (31.2)। "उसने आकाशों को पैदा किया (जो थमे हुए हैं) बिना ऐसे स्तम्भों के जो तुम्हें दिखाई दें और उसने धरती में पहाड़ डाल दिए कि ऐसा न हो कि तुम्हें लेकर डावांडोल हो जाए।" 3. (31.10) "क्या तुमन देखा नहीं कि अल्लाह रात को दिन में प्रविष्ट करता है और दिन को रात में प्रविष्ट करता है"3333. (31 : 29) "क्या तुमने देखा नहीं कि नौका समुद्र में अल्लाह के अनुग्रह से चलती हैं ताकि वह तुम्हें अपनी निशानियाँ दिखाए।" (31 : 31, पृत्र 360-362)

समीक्षक-वाह जी वाह ! हिक्मतवाली किताब ! कि जिसमें सर्वथा विद्या से विरुद्ध आकाश की उत्पत्ति और उसमें खम्भे लगाने की शंका और पृथ्वी को स्थिर रखने के लिए पहाड़ रखना! थोड़ी-सी विद्या वाला भी ऐसा लेख कभी नहीं करता और न मानता और हिम्मत देखो कि जहाँ दिन है वहाँ रात नहीं ओर जहाँ रात है वहाँ दिन नहीं, उसको एक दूसरे में प्रवेश कराना लिखता है यह बातें अविद्यानों की बात है, इसलिए यह कुरान विद्या की पुस्तक नहीं हो सकती। क्या यह विद्या विरुद्ध बात नहीं है कि नौका, मनुष्य और क्रिया कौशलादि से चलती है वा खुदा की कृपा से? यदि लोहे वा पत्थरों की नौका बनाकर समुद्र में चलावें तो खुदा की निशानी डूब जाय वा नहीं? इसलिए यह पुस्तक न विद्‍वा ओर न ईश्वर का बनाया हुआ हो सकता है।" (पृ. 590-591)

2. अल्लाह

8. "अल्लाह जिसे चाहे अपनी दयालुता के लिए खास कर ले अर्थात् अल्लाह बड़ा अनुग्रह करने वाला है।" (2:105, पृ. 19)

समीक्षक- "क्या जो मुखय और दया करने के योग्य न हो उसको भी प्रधान बनाता और उस पर दया करता है? जो ऐसा है तो खुदा बड़ा गड़बड़िया है क्योंकि

फिर अच्छा काम कौन करेगा? और बुरे कर्म को कौन छोड़ेगा? क्योंकि खुदा की प्रसन्नता पर निर्भर करते हैं, कर्मफल पर नहीं, इससे सबको अनास्था होकर कर्मोच्छेदप्रसंग होगा।" (पृ. 554)

9. "3 और यह कि अल्लाह अत्यन्त कठोर यातना देने वाला है।" (2 : 165) "शैतान के पद चिन्हों पर मत चलो। निसन्देह वह तुम्हारा खुला शत्रु है " (2 : 168)।" वह तो बस तुम्हें बुराई और अश्लीलता पर उकसाता हे और इस पर कि तुम अल्लाह पर थोपकर वे बातें कहो जो तुम नहीं जानते।" (2 : 169, पृ. 26)

समीक्षक- "क्या कठोर दुःख देने वाला दयालु खुदा पापियों पुण्यात्माओं पर है अथवा मुसलमानों पर दयालु और अन्य पर दयाहीन है? जो ऐसा है तो वह ईश्वर ही नहीं हो सकता। और पक्षपाती नहीं है तो जो मनुष्य कहीं धर्म करेगा उस पर ईश्वर दयालु और जो अधर्म करेगा उस पर दण्ड दाता होगा, तो फिर बीच में मुहम्मद साहेब और कुरान को मानना आवश्यक न रहा। और जो सबको बुराई कराने वाला मनुष्य मात्र का शुत्र शैतान है, उसको खुदा ने उत्पन्न ही क्यों किया? क्या वह भविष्यत् की बात नहीं जानता था? जो कहो कि जानता था परन्तु परीक्षा के लिये बनाया, तो भी नहीं बन सकता, क्योंकि परीक्षा करना अल्पज्ञ का काम है, सर्वज्ञ तो सब जीवों के अच्छे बुरे कर्मों को सदा से ठीक-ठीक जानता है और शैतान सबको बहकाता है, तो शैतान को किसने बहकाया? जो कहो कि शैतान आप बहकता है तो अन्य भी आप से आप बहक सकते हैं, बीच में शैतान का क्या काम? और जो खुदा ही ने शैतान को बहकाया तो खुदा शैतान का भी शैतान ठहरेगा, ऐसी बात ईश्वर को नहीं हो सकती और जो कोई बहकाता है वह कुसुग तथा अविद्या से भ्रान्त होता है " (पृ. 557)

10. "जब तुम ईमान वालों से कह रहे थे "क्या यह तुम्हारे लिए काफी नहीं है कि तुम्हारा रब तीन हजार फरिश्ते उतारकर तुम्हारी सहायता करे।" (3 : 124, पृ. 58)

समीक्षक- 'जो मुसलमानों को तीन हजार फरिश्तों के साथ सहायता देता था तो अब मुसलमानों की बादशाही बहुत-सी नष्ट हो गई और होती जाती है क्यों सहायता नहीं देता? इसलिए यह बात केवल लोभ के दो मूखों को फंसाने के लिये महा अन्याय की है।" (पृ. 564)

11. ''अल्लाह बिगाड़ को पसन्द नहीं करता" (2 : 205) ध्हे ईमानवालों ! तुम सब इस्लाम में दाखिल हो जाओ और शैतान के पद चिन्हों पर न चलो। वह तो तुम्हारा खुला शत्रु है।" (2 : 208, पु. 31)

समीक्षक-"जो झगड़े को खुदा मित्र नहीं समता तो क्यों आप ही मुसलमानों को झगड़ा करने में प्रेरणा करता? और झगड़ालू मुसलमानों से मित्रता क्यों करता है? मुसलमानों के मत में मिलने ही से खुदा राजी है तो वह मुसलमानों ही का पक्षपाती है, सब संसार का ईश्वर नहीं। इससे यहाँ यह विदित होता है कि न कुरान ईश्वरकृत और न इसमें कहा हुआ ईश्वर हो सकता है।" (पृ. 559)

12. "वह जिसको चाहे-नीति (तत्त्वदर्शिता) देता है।" (2 : 169, पृ. 42)

समीक्षक-"जब जिसको चाहता है उसको नीति देता है तो जिसको नहीं चाहता है उसको अनीति देता होगा, यह बात ईश्वरता की नहीं किन्तु जो पक्षपात छोड़ सबको नीति का उपदेश करता है वही ईश्वर और आप्त हो सता है, अन्य नहीं।" (पृ. 561)

13. "फिर वह जिसे चाहे क्षमा कर दे और जिसे चाहे यातना दे। अल्लाह को हर चीड़ की सामर्थ प्राप्त है।" (2:284, पृ. 44)

समीक्षक-"क्या क्षमा के योग्य पर क्षमा न करना, अयोग्य पर क्षमा करना गवरगंड राजा के तुल्य यह कर्म नहीं है? यदि ईश्वर जिसको चाहता पापी वा पुण्यात्मा बनाता तो जीव को पाप पुण्य न लगना चाहिये। जब ईश्वर ने उसको वैसा ही किया तो जीव को दुःख सुख भी होना न चाहिए। जैसे सेनापति की आज्ञा से किसी भृत्य ने किसी को मारा वा रक्षा की उसका फलभागी वह नहीं होता, वैसे वे भी नहीं।" (पृ. 561-562)

14. "निःसन्देह अल्लाह रत्ती भी जुल्म नहीं रकता और यदि कोई एक नेकी हो तो वह उसे कई गुना बढ़ा देगा और अपनी ओर से बढ़ा बदला देगा।" (4 : 40, पृ. 72)

समीक्षक-"जो एक त्रसरेणु (तनिक) भी खुदा अन्याय नहीं करता तो पुण्य को द्विगुणा क्यों देता? और मुसलमानों का पक्षपात क्यों करता है? वास्तव में द्विगुण वा न्यून फल कर्मों का देवे तो खुदा अन्यायी हो जावे।" (पृ. 565)

15. "निश्चय ही अल्लाह कपटाचारियों और इनकार करने वालों-सबको जहन्नम में एकत्र करने वाला है।" (4 : 140)3.."कपटाचारी अल्लाह के साथ धोखेबाजी कर रहे हैं हालांकि उसी ने उन्हें धोखे में डाल रखा है 3"। (4 : 142)। हे ईमानवालो ! ईमानवालों ! (मुसलमानों) को छोड़कर इन्कार करने वालों (काफ़िरों) को अपना मित्र न बनाओ।" (4 : 144, पृ. 85)

समीक्षक–"मुसलमानों के बहिश्त और अन्य लोगों के दो में जाने का क्या प्रमाण? वाह जी वाह ! जो बुरे लोगों के धोखे में आता और अन्य को धोखा देता

है ऐसा खुदा हम से अलग रहे, किन्तु जो धोखेबाज हैं उनसे जाकर मेल करे और वे उनसे मेल करें। क्योंकि-याद्‌टशी शीतलादेवी तादृश : खरवाहन ।

जैसे को तैसा मिले तभी निर्वाह होता है। जिसका खुदा धोखेबा है उसके उपासक लोग धोखेबाज क्यों न हों? क्या दुष्ट मुसलमान हो उससे मित्रता और अन्य श्रेष्ठ मुसलमान-भिन्न से शत्रुता करना किसी को उचित हो सकता है?" (पृ. 567-568)

16. "3 जो पहले हो चुका उसे अल्लाह ने क्षमा कर दिया, परन्तु जिस किसी ने फिर ऐसा किया तो अल्लाह उससे बदला लेगा।" 01885 : 95, पृ. 103)

समीक्षक-"किये हुए पापों का क्षमा करना जानो पापों को करने की आज्ञा दे के बघना है। पाप क्षमा करने की बात जिस पुस्तक में हो वह न ईश्वर और न किसी विद्वान् का बनाया है किन्तु पापबर्धक है। हाँ, अगामी पाप छुड़वाने के लिये किसी से प्रार्थना और स्वयं छोड़ने के लिये पुरुषार्थ पश्चात्ताप करना उचित है, परन्तु केवल पश्चात्ताप करता रहे, छोड़े नहीं, तो भी कुछ नहीं हो सकता।" (पृ. 569)

17. 33333."हालांकि अल्लाह चाहता था कि अपने वचनों से सत्य को सत्य कर दिखाए और इनकार करने वालों (काफिरों) की जड़ काट दें।" (8 : 7) (उसने कहा रू) "3..मैं इनकार करने वालों के दिलों में रौब (भय) डाल देता हूँ। तो तुम उनकी गरदनें मारो और उनके पोर-पोर पर चोट लगाओ।" (8 : 12, पृ. 150)

समीक्षक-"वाहजी वाह ! कैसा खुदा और कैसे पैंगम्बर दयाहीन, जो मुसलमानी मत से भिन्न काफिरों की जड़ कटवाये। और खुदा आज्ञा देवे उनको गर्दन मारो और हाथ पग के जोड़ों को काटने का सहाय और सम्पत्ति देवे ऐसा खुदा लंकेश से क्या कुछ कम है? यह सब प्रपंच कुरान के कर्तृता का है, खुदा का नहीं। यदि खुदा का हो तो ऐसा खुदा हमसे दूर और हम उससे दूर रहें।" (पृ. 572)

18. "उन्हें उनका रब अपनी दयालुता और प्रसन्नता और ऐसे लोगों की शुभ सूचना देता है जिनमें उनके लिए स्थायी सुख-सामग्री है। उनमें वे सदैव रहेंगे। निःस्संदे अल्लाह के पास बड़ा बदला है।"

(9 : 21-22) "हे ईमानवालो ! अपने बाप और अपने भाईयों को अपने मित्र न बनाओ यदि ईमान के मुकाबले में कुफ्र उन्हें प्रिय हो। तुममें से जो कोई उन्हें

अपना मित्र बनाएगा, तो ऐसे ही लोग अत्याचारी होंगे।" (9:23) "अन्ततः अल्लाह ने अपने रसूल पर और मोमिनों पर अपनी सकीनत (प्रशान्ति) उतारी और ऐसी सेनाएँ उतारीं जिनको तुमने नहीं देखा और इनकार करने वालों को यातना दी और यही इनकार करने वालों का बदला है।" (9 : 26) "और इसके बाद अल्लाह जिसको चाहता है उसे तौबा : नसीब करता है।" (9 : 27) "वे किताबवाले जो न अल्लाह पर ईमान रखते हैं और न अंतिम दिन पर और न अल्लाह और उसके रसूल के हराम ठहराए हुए को हराम ठहराते हैं और न सत्य धर्म का अनुपालन करते हैं, उनसे लड़ो, यहाँ तक कि वे सत्ता से विलग होकर और छोटे (अधीनस्थ) बनकर जिज्जया देने लगें।" (9 : 29, पृ. 159-160)

समीक्षक-"भला ! जो बहिश्तवालों के समीप अल्लाह रहता है तो सर्वव्यापक क्यों कर हो सकता है? जो सर्वव्यापक नहीं तो सृष्टिकर्तृता और न्यायाधीश नहीं हो सकता। ओर अपने माँ, बाप, भाई और मित्र को छुड़वाना केवल अन्याय की बात है। हाँ जो वे बुरा उपदेश करें, न मानना परन्तु उनकी सेवा सदा करनी चाहिए। जो पहले खुदा मुसलमानों पर बड़ा सन्तोषी था और और उनके सहाय के लिये लश्कर उतारता था, सच हो तो अब ऐसा क्यों नहीं करता? और जो प्रथम काफिरों को दण्ड देता और पुनः उसके ऊपर आता था तो अब कहाँ गया? क्या बिना लड़ाई के ईमान खुदा नहीं बना सकता? ऐसे खुदा को हमारी ओर से सदा तिलांजलि है, खुदा क्या है, एक खिलाड़ी है।" (पृ. 574)

19. "निःसन्देह अल्लाह सारे ही गुनाहों को क्षमा कर देता है।" (39 : 53) "हालांकि कियामत के दिन सारी की सारी धरती उसकी मुट्‌टी में होगी और आकाश उसके दाएँ हाथ में लिपटे हुए होंगे।" (39 : 67) "और धरती अपने रब के प्रकाश से जगमगा उठेगी और किताब रखी जाएगी और नबियों और गवाहों को लाया जाएगा और लोगों के हड़ के साथ फैसला कर दिया जाएगा। उन पर कोई जुल्म न होगा।" (39 : 69, पृ. 412-413)

समीक्षक-"यदि समग्र पापों को खुदा क्षमा करता है तो जानो सब संसार को पापी बनाता है और दयाहीन है, क्योंकि एक दुष्ट पर दया और क्षमा करने से वह अधिक दृष्टता करेगा और अन्य बहुत धर्मातओं को दुःख पहुंचावेगा। यदि किचिंत भी अपराध क्षमा किया जावे तो अपराध ही अपराध जगत् में छा जावे। क्या परमेश्वर अग्निवत् प्रकाश वाला है? और कर्मपत्र कहाँ जमा रहते हैं? और कौन लिखता है? यदि पैगम्बरों और गवाहों के भरोसे खुदा न्याय करता है तो वह असर्वज्ञ और और असमर्थ है। यदि वह अन्याय नहीं करता, न्याय

ही करता है तो कर्मों के अनुसार करता होगा। वे कर्म पूर्वापर वर्तमान जन्मों के हो सकता हैं। तो फिर क्षमा करना, दिलों पर ताला लगाना और शिक्षा न करना, शैतान से बहकवाना, दौरा सुपुर्द रखना, केवल अन्याय है।" (पृ. 597-598)

3. पैगम्बर मुहम्मद का अल्लाह का सहयोगी बनना

20. "अल्लाह ऐसा नहीं है कि वह तुम्हें परोक्ष की सूचना दे दे। 3. किन्तु अल्लाह इस काम के लिये जिसको चाहता है, चुन लेता है और वे उसके रसूल होते हैं। अतः अल्लाह और उसके रसूल पर ईमान लाओ।" (4 : 179, पृ. 64)

समीक्षक-"जब मुसलमान लोग सिवाय खुदा के किसी के साथ ईमान नहीं लाते और न किसी को खुदा का साझी मानते हैं तो पैगम्बर साहेब को क्यों ईमान में खुदा के साथ शरीक किया? अल्लाह ने पैगम्बर के साथ इमानलाना लिखा इसी से पैगम्बर भी शरीक हो गया, पुन' लाशरीक कहना ठीक न हुआ। यदि इसका अर्थ यह समझा जाए कि मुहम्मद साहेब के पैगम्बर होने पर विश्वास लाना चाहिए तो यह प्रश्न होता है कि मुहम्मद साहेब के पैगम्बर होने की क्या आवश्यकता है? यदि खुदा उनको पैगम्बर किये बिना अपना अभीष्ट कार्य नहीं कर सकता तो अवश्य असमर्थ हुआ।" (पृ. 564-565)

21. "ये अल्लाह की निश्चित की गई सीमाएं हैं जो कोई अल्लाह और उसके रसूल के आदेशों का पालन करेगा उसे अल्लाह ऐसे बागों में दाखिल करेगा जिनके नीचे नहरें बह रही होंगी। उनमें वह सदैव रहेगा।" परन्तु जो अल्लाह और उसके रसूल की अवज्ञा करेगा और उसकी सीमाओं का उल्लंघन करेगा उसे अल्लाह आग में डालेगा जिसमें वह सदैव रहेगा और उकसे लिए अपमानजनक यातना है।" (4 : 13 14, पृ. 69)

समीक्षक-"खुदा ही ने मुहम्मद साहेब पैगम्बर को अपना शरीक कर लिया है और खुद कुरान ही में लिखा है। और देखो ! खुदा पैगम्बर के साथ कैसा फंसा है कि जिसने बहिश्त में रसूल का साझा कर दिया हैं किसी एक बात में भी मुसलमानों का खुदा स्वतन्त्र नहीं तो लाश्रीक कहना व्यर्थ है। ऐसी-ऐसी बातें ईश्वरोक्त पुस्तक में नहीं हो सकती।" (पृ. 565)

22. "अल्लाह की आज्ञा का पालन करो और रसूल की आज्ञा का पालन करो333.।" (5 : 92, पृ. 102)

"देखिये ! यह बात खुदा के शरीक होने की है, फिर खुदा को "लाशरीक" मानना व्यर्थ है।" (पृ. 569)

4. इस्लाम

23. "और हमने मूसा को किताब दी थी और उसके पश्चात् आगे-पीछे निरन्तर रसूल भेजते रहे और मरियम के बेटे ईसा को खुली-खुली निशानियां प्रदान की और पवित्र-आत्मा के द्वारा उसे शक्ति प्रदान की तो यही तो हुआ कि जब भी कोई रसूल तुम्हारे पास वह कुछ लेकर आया जो तुम्हारे जी को पसन्द न था, तो तुम अकड़ बैठे, तो एक गिरोह को तो तुमने झुठलाया और एक गिरोह को कत्ल करते रहे? (2 : 87, पृ. 17)

समीक्षक-"जब कुरान में साक्षी है कि मूसा को किताब दी तो उसका मानना मुसलमानों को आवश्यक हुआ और जो-जो उस पुस्तक में दोष हैं वे भी मुसलमानों के मत में आ गिरे ओर 'मौजिये' अर्थात् दैवी शक्ति की बातें सब अन्यथा हैं, भोले-भाले मनुष्यों को बहकाने के लिए झूठमूठ चला ली हैं क्योंकि सुष्टिक्रम और विद्या से विरुद्ध सब बातें झूठी ही होती हैं। जो उस समय 'मौजिये' थे तो इस समय क्यों नहीं? जो इस समय भी नहीं, तो उस समय भी न थे, इसमें कुछ भी सन्देह नहीं।" (पृ. 553)

24. "दीन (धर्म) तो अल्लाह की दृष्टि से इस्लाम ही है।" (3 : 19, पृ. 46)

समीक्षक-"क्या अल्लाह मुसलमानों ही का है औरों का नहीं? क्या तेरह सौ वर्षों के पूर्व ईश्वरीय मत था ही नहीं? इसी से यह कुरान ईश्वर का बनाया तो नहीं, किन्तु किसी पक्षपाती का बनाया है।" (पृ. 562)

25. "प्रत्येक व्यक्ति को जो उसने कमाया होगा, पूरा-पूरा मिल जाएगा और उनके साथ कोई अन्याय न होगा।" (3 : 25) कहो : "ऐ अल्लाह, राज्य के स्वामी ! जिसे चाहे राज्य दे और जिससे चाहे राज्य छीन ले और जिसे चाहे इज्जत (पभुत्व) प्रदान करे और जिसको चाहे अपमानित कर दे। तेरे ही हाथ में भलाई है निसंदेह तुझे हर चीड़ की समर्थ्य प्राप्त है।" (3 : 26) "तू रात को दिन में पिरोता है और दिन को रात में पिरोता है। तु निर्जीव से सजीव को निकालता है और सजीव से निर्जीव को निकालता है जिसे चाहता है बेहिसाब देता है।" (3 : 27) "ईमानवालों (मुसलमानों) को चाहिए कि वे

गैर-ईमानवालों (गैर-मुसलमानों) से हटकर इंकार करने वालों को अपना मित्र (राफ्दार) न बनाएँ और कोई ऐसा करेगा उसका अल्लाह से कोई सम्बन्ध नहीं।" (3 : 28) "कह दो : यदि तुम अल्लाह से प्रेम करते हो तो मेरा अनुसरण करो, अल्लाह भी तुमसे प्रेम करेगा और तुम्हारे गुनाहों को क्षमा कर देगा।" (3 : 31, पृ. 47-48)

समीक्षक-"जब प्रत्येक जीव को कर्मों का पूरा-पूरा फल दिया जायेगा तो क्षमा नहीं किया जाएगा और जो क्षमा किया जाएगा। तो पूरा फल नहीं दिया जाएगा और अन्याय होगा। जब बिना उत्तम कर्मों के राज्य देगा तो भी अन्याय हो जाएगा और बिना पाप के राज्य और प्रतिष्ठा छीन लेगा तो भी अन्यायकारी हो जाएगा, भला जीवित से मृतक और मृतक से जीवित कभी हो सकता है? क्योंकि ईश्वर की व्यवस्था जिय अभेय है, कभी अदल बदल हनीं हो सकती। अब देखिये पक्षपात की बातें कि जो मुसलमान के मजहब में नहीं हैं उनको कादिर ठहराना, उनमें श्रेष्ठों से भी मित्रता न रखने और मुसलमाना में दुष्टों से भी मित्रता रखने के लिए उपदेश करना ईश्वर को ईश्वरता से बहर कर देता है। इससे यह कुरान, कुरान का खुदा ओर मुसलमान लोग केवल पक्षपात अविद्या के भरे हुए हैं इसीलिए मुसलमान लोग अन्धेरे में हैं और देखिए मुहम्मद साहेब की लीला कि जो तुम मेरा पक्ष करोगे तो खुदा तुम्हारा पक्ष करेगा और जो तुम पक्षपातरूप पाप करोगे उसको क्षमा भी करेगा। इससे सिद्ध होता हैं कि मुहम्मद साहेब ने कुरान बनाया या बनवाया, ऐसा विदित होता है।" (पृ. 363)

26. "तो यदि वे तुमसे अलग-अलग न रहें और तुम्हारी ओर सुलह का हाथ न बढ़ाएं और अपने हाथ न रोकें तो तुम उन्हें पकड़ों और कत्ल करो, जहाँ कहीं भी तुम उन्हें पाओ। उनके विरुद्ध हमने तुम्हें खुला अधिकार दे रखा है।" (4 : 91) "किसी ईमानवाले का यह काम नहीं कि वह किसी ईमानवाले (मुसलमान) की हत्या करे। भूल-चूक की बात और है और कोई व्यक्ति यदि गलती से किसी ईमानवाले की हत्या कर दे तो एक मोमिन गुलाम को आजाद करना होगा।" (4 : 92) "और जो व्यक्ति जान-बूझकर किसी मोमिन की हत्या करे, तो उसका बदला जहन्नम है जिसमें वह सदा रहेगा, उस पर अल्लाह का प्रकोप और उसकी फिटकार है और उसके लिए अल्लाह ने बड़ी यातना तैयार कर रखी है।" (4 : 93, पृ. 79)

समीक्षक-"अब देखिए महापक्षपात की बात ! कि जो मुसलमान न हो उसको जहाँ पाओ मार डालों और मुसलमानों को न मारना। भूल से मुसलमान को मारने में

प्रायश्चित और अन्य को मारने से बहिश्त मिलेगा। ऐसे उपदेश को कूप में डालना चाहिए। ऐसे-ऐसे पुस्तक, ऐसे-ऐसे पैगम्बर, ऐसे-ऐसे खुदा और ऐसे-ऐसे मत से सिवाय हानि के लाभ कुछ भी नहीं ऐसों का न होना अच्छा और ऐसे प्रामादिक मतों से बुद्धिमानों को अलग रहकर वेदोक्त सब बातों को मानना चाहिए, क्योंकि उसमें असत्य किचिंमात्र भी नहीं हे, और मुसलमान को मारे उसको दोजख मिले और दूसरे मतवाले कहते हैं कि मुसलमान को मारे तो स्वर्ग मिले। अब कहो इन दोनों मतों में से किसको मानें, किसकोछोड़ें? किन्तु ऐसे मूढ़ प्रकल्पित मतों को छोड़कर वेदोक्त मत स्वीकार करने योग्य सब मनुष्यों के लिए है कि जिसमें आर्य मार्ग अर्थात् श्रेष्ठ पुरुषों के मार्ग में चलना और दस्यु अर्थात् दुष्टों के मार्ग से अलग रहना लिखा है, सर्वोत्तम है।" (पृ. 566-567)

27. "उनसे युद्ध करो, यहाँ तक कि जितना बाकी न रहे और दीन (धर्म) पूरा-का-पूरा अल्लाह ही के लिए हो जाए।" (8 : 39) "और तुम्हें मालूम हो कि जो कुछ गनीमत (लूट) के रूप में माल तुमने प्राप्त किया है, उसका पांचवा भाग अल्लाह का, रसूल का, नातेदारों का, अनाथों का, मुहताजों और मुसाफिरों का है।" 0188:41, पृ. 152-153)

समीक्षक-"ऐसे अन्याय से लड़ने लड़ाने वाला मुसलमानों के खुदा से भिन्न शान्ति-भंगकर्तृता दूसरा कौन होगा? अब देखिये यह मड़हब कि अल्लाह और रसूल के वास्ते सब जगत् को लूटना लुटवाना लुटेरों का काम नहीं है? और लूट के माल में खुदा का हिस्सेदार बनना जानो डाकू बनना है और ऐसे लुटेरों का पक्षपाती बनना खुदा अपनी खुदाई में बट्टा लगाता है। बड़े आश्चर्य की बात है कि ऐसा पुस्तक, ऐसा खुदा और ऐसा पैगम्बर संसार में ऐसी उपाधि और शान्ति भंग करके मनुष्यों को दुःख देने के लिए कहां से आया? जो ऐसे-ऐसे मत जगत् में प्रचलित न होते तो सब जगत् आनन्द में बना रहता।" (पृ. 573)

5. इस्लाम में गैर-मुसलमानों के साथ पक्षपातपूर्ण व्यवहार

28. "जो लोग अल्लाह के मार्ग में मारे जाते हैं उनके लिए यह मत कहो कि ये मृतक हैं किन्तु वे जीवित हैं। परन्तु तुम्हें एहसास नहीं होता।" (2 : 154, पृ. 25)

समीक्षक-"भला ईश्वर के मार्ग में मरने मारने की क्या आवश्यक है? यह क्यों नहीं कहते हो कि यह बात अपने मतलब सिद्ध करने से न डरेंगे, लूटमार कराने

से ऐश्वर्य प्राप्त होगा, पश्चात् विषयानन्द करेंगे इत्यादि। स्वप्रयोजन के लिए यह विपरीत व्यवहार किया है।" (पृ. 556-557)

29. "और अल्लाह के मार्ग में उन लोगों से लड़ों जो तुमसे लड़ें किन्तु ज्यादती न करो।" (2 : 190) "तुम उनसे लड़ों यहाँ तक कि जितना शेष न रह जाए और दीन (धर्म) अल्लाह के लिए हो जाए।" (2 : 193) 3. "अतः जो तुम पर ज्यादती करे तो जैसी ज्यादती वह तुम पर करे, तुम भी उसी प्रकार उससे ज्यादती का बदला लो।" (2 : 194, पृ. 29-30)

समीक्षक-"जो कुरान में ऐसी बातें न होतीं तो मुसलमान लोग इतना बड़ा अपराध जो कि अन्यमतवालों पर किया है, न करते, और बिना अपराधियों को मारना उन पर बड़ा पाप है। जो मुसलमान के मत का ग्रहण न करना है उसको कुड़ कहते हैं अर्थात् कुफ्र से प्रतल को मुसलमान लोग अच्छा मानते हैं। अर्थात् जो हमारे दीन को न मानेगा उसको हम भूतल करेंगे, सो करते ही आये, मजहब पर लड़ते-लड़ते आप ही राज्य आदि से नष्ट हो गये और उनका मत अन्य मत वालों पर अति कठोर रहता है। क्या चोरी का बदला चोरी है? कि जितना अपराध हमारा चोर आदि करें क्या हम भी चोरी करें? यह सर्वथा अन्याय की बात है। क्या कोई अज्ञानी हम को गालियां दे, क्या हम भी उसको गाली देवें? यह बात न ईश्वर की और न ईश्वर के भक्त विद्वान् की ओर न ईश्वररोक्त पुस्तक की हो सकती है। यह तो केवल स्वार्थी ज्ञानरहित मनुष्य की है।" (पृ. 558)

30. "अल्लाह तो उन लोगों से प्रेम रखता है जो उसके मार्ग में पंक्ति बद्ध होकर लड़ते हैं मानों वे सीसा पिलाई दीवार हैं।" (61 : 4, पृ. 507)

समीक्षक-वाह ठीक है ! ऐसी-ऐसी बातों का उपदेश करके बेचारे अरबवासियों को सबसे लड़ा के शत्रु बनाकर परस्पर दुख दिलाया और मजहब का झंडा खड़ा करके लड़ाई फैलावे, ऐसे कोई बुद्धिमान ईश्वर कभी नहीं मान कसते। जो मनुष्य जाति में विरोध बड़ावे वही सबको दुखदाता होता है।" (पृ. 603)

31. "हे नबी ! इनकार करने वालों और कपटाचारियों से जिहाद करो और उनके साथ सख्ती से पेश आओ। उनका ठिकाना, जहन्नम है और वह अन्ततः पहुँचने की बुरी जगह है।" (66 : 9, पृ. 518)

समीक्षक-"देखिए मुसलमानों के खुदा की लीला ! अन्य मत वालों से लड़ने के लिए पैगम्बर और मुसलमानों को उकसाता है। इसीलिए मुसलमान लोग उपद्रव

करने में प्रवृत रहते हैं। परमात्मा मुसलमानों पर कृपा दृष्टि करे जिससे ये लोग उपद्रव करना छोड़ के सबसे मित्रता से बर्तें।" (पृ. 604)

32. "और जो व्यक्ति इसके पश्चात् भी कि मार्गदर्शन खुलकर उसके सामने आ गया है, रसूल का विरोध करेगा और ईमानवालों के मार्ग के अतिरिक्त किसी और मार्ग पर चलेगा तो उसे हम उसी पर चलने देंगे जिसको उसने अपनाया होगा और उसे जहन्नम मं झोक देंगे और वह बहुत बुरा ठिकाना है।" (4 : 115, पृ. 82)

समीक्षक–"अब देखिए खुदा और रसूल की पक्षपात की बातें ! मुहम्मद साहेब आदि समझते थे कि जो खुदा के नाम से ऐसी हम न लिखेंगे तो अपना मजहब न बढ़ेगा और पदार्थ न मिलेंगे, आनन्दभोग न होगा, इसी से विदित होता है कि वे अपने मतलब करने में पूरे थे और अन्य के प्रयोजन बिगाड़ने में। इससे ये अनाप्त थे। इनकी बात का प्रमाण आप्त विद्वानों के सामने कभी नहीं हो सकता"। (पृ. 567)

33. ऐ ईमानवालों ! उन इंकार करने वालों से लड़ों जो तुम्हारे निकट हैं और चाहिए कि वे तुम में सख्ती पाएं और जान रखो कि अल्लाह डर रखने वालों के साथ है" (9 : 123), "क्या वे देखते नहीं कि प्रत्येक वर्ष के एक या दो बार आमाइश में डाले जाते हैं? फिर भी न तो वे तौबा करते हैं, और न चेतते हैं।" (9 : 126, पृ. 171)

समीक्षक–देखिए ! ये भी एक विश्वासघात की बातें, खुदा मुसलमानों को सिखलाता है कि चाहे पड़ोसी हों या किसी के नौकर हों जब अवसर पावें तभी लड़ाई वा घात करें। ऐसी बातें मुसलमानों में बहुत बन गई हैं इसी कुरान के लेख से। अब तो मुसलमान समझ के इन कुरानोक्त बुराइयों को छोड़ दें, तो बहुत अच्छा है।" (I. 576)

6. भोग विलास के लिए जन्नत के प्रलोभन

34. "कहो : क्या मैं तुम्हें इनसे उत्तम चीड़ का पता दूँ? जो लोग अल्लाह का डर रखेंगे उनके लिए उनके रब के पास बाड़ हैं जिनके नीचे नहरें बह रही होंगी। उनमें वे सदैव रहेंगे। वहाँ पाक-साफ (जोड़े, बीबियां) होंगे ओर अल्लाह की प्रसन्नता प्राप्त होगी।" (3 : 15, पृ. 46)

समीक्षक-भला यह स्वर्ग है किया वेश्यावन? इसको ईश्वर कहना वा स्त्रैण? कोई भी बुद्धिमान ऐसी बातें जिसमें हों उसको परमेश्वर का किया पुस्तक मान सकता है? यह पक्षपात क्यों करता है? जो बीबियां बहिश्त में सदा रहती हैं वे यहाँ जन्म पाके वहाँ गई हैं वा वहीं उत्पन्न हुई हैं? यदि यहाँ जन्म पाकर वहाँ गई हैं और जो

घ्यामत की रात से पहले ही वहाँ बीबियों को बुला लिया तो उनके खाविन्दों को क्यों न बुला लिया? यदि वहीं जन्मी हैं तो घ्यामत तक वे क्यों कर निर्वाह करती हैं? जो उनके लिए पुरुष भी हैं तो यहाँ बहिश्त में जाने वाले मुसलमानों को खुदा बीबियां कहाँ से देगा? और जैसे बीबियां बहिश्त में सदा रहने वाली बनाईं वैसे पुरुषों को वहाँ सदा रहने वाले क्योंकि नहीं बनाया? इसलिए मुसलमानों का खुदा अन्यायकारी, बेसमझ है।" (पृ. 562)

35. "उनके बीच विशुद्ध पेय का पात्र फिराया जाएगा, बिल्कुल साफ उज्ज्वल, पीने वालों के लिए सर्वथा सुस्वादु। न उसमें कोई खुमार होगा और न वे उससे निघल और ममदहोश होंगे। और उनके पास निगाहें बचाए रखने वाली, सुन्दनर आँखों वाली स्त्रियां होगी मानों वे सुरक्षित अंडे हैं, (37 : 45-49) है ना अब ऐसा कि हम मरने के नहीं। हमें जो मृत्यु आनी थी वह बस पहले आ चुकी। और न हमें कोई यातना ही दी जाएगी।" (37 : 58, पृ. 394-395) "और निश्चय ही लूत भी रसूलों में से था। याद करो, जब हमने उसे और उसके सभी लोगों को बचा लिया सिवाय एक बुढिऋया के जो पीछे रह जाने वालों में से थी। फिर दूसरों को हमने तहस-नहस करके रख दिया।" (37 : 133-136, पृ. 398-399)

समीक्षक–"क्योंजी, यहाँ तो मुसलमान लोग शराब को बुरा बतलाते हैं परन्तु इनके स्वर्ग में तो नदियाँ की नदियाँ बहती हैं। इतना अच्छा है कि यहाँ तो किसी प्रकार मद्य पीना छुड़ाया परन्तु यहाँ के बदले वहाँ उनके स्वर्ग में बड़ी खराबी है ! मारे स्त्रियों के वहाँ किसी का चित्त स्थिर नहीं रहता होगा ! और बड़े-बड़े रोग भी होंगे ! यदि शरीर वाले होते होंगे तो अवश्य मरेंगे और जो शरीर वाले न होंगे तो भोग विलास ही न कर सकेंगे फिर उनका स्वर्ग में जाना व्यर्थ है। यदि लूत को पैगम्बर मानते हो तो जो बाइबिल में लिखा है कि उससे उसकी लड़कियों ने समागम करके दो लड़के पैदा किए इस बात को भी मानते हो वा नहीं? जो मानते हो तो ऐसे को पैगम्बर मानना व्यर्थ है और जो ऐसे और ऐसे के संगियों को खुदा मुक्ति देता है तो वह खुदा भी वैसा ही है, क्योंकि बुड़िया की कहानी कहने वाला और पक्षपात से दूसरों को मारने वाला खुदा कभी नहीं हो सकता। ऐसा खुदा मुसलमानों के ही घर में रह सकता है, अन्यत्र नहीं।" (पृ. 595-596)

36. "सदैव रहने के बाड़ हैं जिनके द्वार उनके लिए खुले होंगे। उनमें वे तकिया लगाए होंगे। वहाँ वे बहुत-से मेवे और पेय मंगवाते होंगे और उनके पास

निगाहें बचाए रखने वाली स्त्रियां होगी, जो समान अवस्था की होगी।" (38 : 50-52) "तो सभी फरिश्तों ने सजदा किया, सिवाय इबलीस के। उसने घमण्ड किया ओर इंकार करने वालों में से हो गया। कहा : "ए इबलीस ! तुझे किस चीड़ ने उसके सजदा करने से रोका जिसे मैंने अपने दोनों हाथों से बनाया? क्या तूने घमण्ड किया, या तू कोई ऊँची हस्ती है? " उसने कहा : "मैं उससे उत्तम हूँ। तू ने मुझे आग से पैदा किया और उसे मिट्टी से पैदा किया। कहा : "अच्छा, निकल जा यहां से, क्योंकि तू धुत्कारा हुआ है। और निश्चय ही बदला दिए जाने के दिन तक तुझ पर मेरी लानत है।" उसने कहा : "ऐ मेरे रब ! फिर तू मुझे उस दिन तक के लिए मुहलत दे, जबकि लोग (जीवित करके) उठाए जाएंगें।" कहा : "अच्छा, तुझे ज्ञात एवं निश्चित समय तक मुहलत है।" (38 : 73-82, पृ. 404-406)

समीक्षक–"यदि वहाँ, जैसे कि कुरान में बाग, बगीचे, नेहरें, मकानादि लिखे हैं, वैसे हैं तो वे न सदा से थे, न सदा रह सकते हैं, क्योंकि जो संयोग से पदार्थ होता है वह संयोग के पूर्व न था, अवश्यभावी वियोग के अन्त में न रहेगा। जब यह हिश्त ही न रहेगा तो उसमें रहने वाले सदा क्योंकर रह सकते हैं? क्योंकि लिखा है कि गद्दी, तकिये, मेवे और पीने के पदार्थ वहाँ मिलेंगे, इससे यह सिद्ध होता है कि जिस समय मुसलमानों का महब चला उस समय अरब देश विशेष धनाढ्य न था, इसलिए मुहम्मद साहिब ने तकिए आदि की कथा सुनाकर गरीबों को अपने मत में फंसा लिया और जहाँ स्त्रियाँ हैं, वहाँ निरन्तर सुख कहाँ? ये स्त्रियाँ वहाँ-कहा से आई हैं? अथवा बहिश्त की रहने वाली हैं? यदि आई हैं तो जायेंगी और जो वहीं की रहने वाली हैं तो कयामत के पूर्व क्या करती थी? क्या निकम्मी अपनी उम्र को बहा रही थीं?

अब देखिए खुदा का तेज कि जिसका हुक्म अन्य सब फरिश्तों ने माना और आदम साहेब को नमस्कार किया, और शैतान ने न माना। खुदा ने शैतान से पूछा, कहा कि मैंने उसको अपने दोनों हाथों से बनाया, तू अभिमान मत कर। इससे सिद्ध होता है कि कुरान का खुदा दो हाथों वाला मनुष्य था, इसलिए वह व्यापक वा सर्वशक्तिमान्य कभी नहीं हो सकता। और शैतान ने सत्य कहा कि मैं आदम से उत्तम हूँ। इस पर खुदा ने गुस्सा क्यों किया? क्या आसमान ही में खुदा का घर है, पृथ्वी में नहीं? तो काबे को खुदा का घर प्रथम क्यों लिखा है? भला परमेश्वर अपने में वा सृष्टि में से लग कैसे निकाल सकता है? और वह सृष्टि सब परमेश्वर की है। इससे स्पष्ट विदित हुआ कि कुरान का खुदा बहिश्त का जिम्मेदार था। खुदा ने उसको

लानत धिक्कार दिया और कैद कर दिया। और शैतान ने कहा कि हे मालिक ! मुझको कयामत तक छोड़ दे। खुदा ने खुशामद से कयामत के दिन तक छोड़ दिया। जब शैतान छूटा तो खुदा ने कहा कि जितनों को तू बहकावेगा मैं उनको दोजख में डाल दूँगा और तुझको भी।

अब सज्जन लोगों ! विचारिये कि शैतान को बहकाने वाला खुदा है वा आपसे वह बहका? यदि खुदा ने बहकाया तो वह शैतान का शैतान ठहरा। यदि शैतान स्वयं बहका तो अन्य जीव भी स्वयं बहकेगे, शैतान की जरूरत नहीं। और जिससे इस शैतान बागी को खुदा ने खुला छोड़ दिया, इससे विदित हुआ कि वह भी शैतान का शरीक, अधर्म कराने में हुआ। यदि स्वयं चोरी कराके दण्ड देवे तो उसके अन्याय का कुछ भी पारावार नहीं।" (पृ. 596-597)

"जठित तख्तों पर तकिया लगाए आमने-सामने होंगे। उनके पास किशोर होंगे जो सदैव किशोरावस्था ही में रहेंगे, प्याले और आफताबे (जग) और विशुद्ध पेय से भरा हुआ पात्र लिए फिर रहे होंगे-जिस (के पीने) से न तो उन्हं सिर दर्द होगा ओर न उनकी बुद्धि में विकार आएगा। और (स्वादिष्ट) फल जो वे पसन्द करें और पक्षी का मांस जो वे चाहें और बड़ी आँखों वाली हूरें, मानों छिपाए हुए मोती हों।" (56 : 15-23, पृ. 489)

समीक्षक-"यदि वहाँ लड़के सदा रहते हैं तो उनके माँ बाप भी रहते होंगे और सास-श्वसुर भी रहते होंगे, तब तो बड़ा भारी शहर बसता होगा। फिर मलमूत्रादि के बढ़ने से रोग भी बहुत से होते होंगे। क्योंकि जब मेवे खावेंगे, गिलासों में पानी पीवेंगे ओर प्यालों से मद्य पीवेंगे, न उनका शिर दुखेगा और न कोई विरुद्ध बोलेगा। यथेष्ट मेवा खावेंगे और जानवरों तथा पक्षियों के मांस भी खावेंगे तो अनेक प्रकार के दुःख, पक्षी, जानवर वहाँ होंगे, हत्या होगी और हाड़ जहाँ तहाँ बिरे रहेंगे और कसाईयों की दुकानें भी होंगी। वाह! क्या कहना इनके बहिश्त की प्रशंसा कि वह अरब देश से भी बढ़कर दीखती है !!! और जो मद्य मांस खा पी के उन्मत्त होते हैं इसलिए अच्छी-अच्छी स्त्रियां और लौंडे भी वहाँ अवश्य रहने चाहिए, नहीं तो ऐसे नशेबाजों के शिर में गर्मी चड़ के प्रमत्त हो जावें। अवश्य बहुत स्त्री पुरुषों के बैठने सोने के लिए बिछौने बड़े-बड़े चाहिए। जब खुदा कुमासरियों को बहिश्त में उत्पन्न करता है तभी तो कुमारे लड़कों को भी उत्पन्न करता है। भला कुमारियों का तो विवाह जो यहाँ से उम्मेदवार होकर गये हैं उनके साथ खुदा ने लिखा। पर उन सदा रहने वाले लड़कों का भी किन्हीं कुमारियों के साथ विवाह न लिखा। तो क्या वे भी उन्हीं उम्मेदवारों के साथ कुमारीवत दे दिये जायेंगे? इसकी व्यवस्था कुछ भी नहीं लिखी, यह खुदा से बड़ी भूल क्यों हुई? यदि बराबर अवस्था वाली सुहागिन स्त्रियां पतियोंको पाके बहिश्त में रहती हैं, तो ठीक नहीं हुआ यह क्योंकि स्त्रियों से पुरुष का आयु दूना ढाईगुना चाहिए। यह तो मुसलमानों के बहिश्त की कथा है।" (पृ. 602)

7. मुख्य निष्कर्ष

"अब इस कुरान के विषय को लिख के बुद्धिमानों के सम्मुख स्थापित करता हूँ कि पुस्तक कैसा है? मुझसे पूछो तो यह किताब न ईश्वर, न विद्वान की बनाई और न विद्या की हो सकती है। यह तो बहुत थोड़ा-सा दोष प्रकट किया, इसलिए कि लोग धोखे में पड़कर अपना जन्म व्यर्थ न गवाएं जो कुछ इसमें थोड़ा-सा सत्य

है वह वेदादि विद्या पुस्तकों के अनुकूल होने से जैसे मुझको ग्राह्य है वैसे अन्य भी मड़हब के हठ और पक्षपातरहित विद्वानों और बुद्धिमानों को ग्राह्य है। इसके बिना जो कुछ इसमें है वह सब अविद्या, भ्रमजाल और मनुष्य के आत्मा को पशुवत् बनाकर शान्तिभंग कराके उपद्रव मचा, मनुष्यों में विद्रोह फैला, परस्पर दुःखोन्नति करने वाला विषय है। और पुनरुक्त दोष का तो कुरान जानों भण्डार ही है।

परमात्मा सब मनुष्यों पर कृपा करे कि सबसे सब प्रीति, परस्पर मेल और एक-दूसरे के सुख की उन्नति करने में प्रवृत्त हों। जैसे मैं अपना वा दूसरे मतमान्तरों का दोष पक्षपात रहित होकर प्रकाशित करता हूँ इसी प्रकार यदि सब विद्वान् लोग करें तो क्या कठिनता है कि परस्पर का विरोध छूट मेल होकर आनन्द में एकमत हो के सत्य की प्राप्ति सिद्ध हो। यह थोड़ा-सा कुरान के विषय में लिखा, इसको बुद्धिमान्य धार्मिक लोग ग्रन्थकार के अभिप्राय को समझ लाभ लेवें। यदि कहीं भ्रम से अन्यथा लिखा गया हो तो उसको शुद्ध कर लेवें।" (पृ. 610)048

4

शैक्षिक विचार

स्वामी दयानन्द सरस्वती का जन्म काठियावाड़ गुजरात में टंकारा नामक नगर में सन् 1824 में भाद्र शुक्ला नवमी बृहस्पतिवार को हुआ था। इनके पिता श्री कर्षनजी त्रिवेदी सामवेदी औदिच्य ब्राह्मण थे। दयानन्द सरस्वती को नाम बचपन में मूलशंकर था। इन्हें प्यार से मूलजी कहते थे। 18 वर्ष की आयु में इनका यज्ञोपवीत संस्कार किया गया। चौदह वर्ष की आयु में इन्होंने यजुर्वेद संहिता कंठस्थ कर ली थी। इस आयु में उन्हें व्याकरण का अच्छा ज्ञान प्राप्त हो गया था। इसी आयु में इन्होंने शिवरात्रि का व्रत किया। सब लोग शिवरात्रि के दिन जब सो गये तो एक चूहा शिवमूर्ति पर रखी पूजा सामग्री को खा रहा था। मूलशंकर को यह देखकर आश्चर्य हुआ कि त्रिलोकीनाथ डमरू बजाने वाले सर्वशक्तिमान एक चूहे को भी नहीं भगा सकते, यह देखकर बालक मूलशंकर के मन में शंका हुई और उनका मूर्ति पूजा से विश्वास उठ गया। दो भाई बहिनों की मृत्यु के उपरांत वे मृत्यु के संदर्भ में यह सोचने को विवश हुए कि मृत्यु क्या है? इन सभी घटनाओं ने उन्हें मजबूर कर दिया कि जीवन और मृत्यु क्या है? उन्हें पारिवारिक जीवन से वैराग्य हो गया।

इस ब्राह्मण पुत्र ने सम्पूर्ण जीवन ब्रह्मचारी रह कर संसार का कल्याण करने का संकल्प ले लिया, मथुरा में गुरू विरजानन्द के पास रहकर चारों वेद, धर्म, संस्कृति और हिन्दू धर्म के विकृत रूप को समझ वैदिक धर्म के प्रचार-प्रसार के लिए सम्पूर्ण भारत में भ्रमण कर सनातनी हिन्दू, मुस्लिम, ईसाई धर्मावलम्बी पंडित, मौलवी तथा

पादरियों से शास्त्रार्थ कर उन्हें पराजित किया और वे महर्षि की उपाधि में प्रवेश कर गये। स्वामीजी सिद्धपुर, बम्बई, अजमेर, जोधपुर, बड़ौदा, हरिद्वार, टिहरी, षिकेश, मथुरा, कलकत्ता, बंगाल, बिहार आदि समस्त स्थानों पर भ्रमण करते रहे और लोक-कल्याणकारी आदर्शपूर्ण आध्यात्मिक का प्रवचन करते रहे। स्वामी दयानन्द ने बम्बई में आर्य समाज की स्थापना की। आर्य समाज पूरे देश में स्थापित हो गये। वे मूर्तिपूजा का विरोध करते थे। महर्षि दयानन्द सरस्वती में अद्‌भुत चमत्कारिक व्याकराणिक तथा आध्यात्मिक क्षमता थी।

30 अक्टूबर, 1883 को दीपावली पर टिमटिमाते दीपकों की अनगिनत किरणों के साथ ही इस महर्षि की जीवन-ज्योति अजमेर में बुझ गयी। अनन्त काल तक इस महर्षि के शैक्षिक प्रसंगों को शिक्षा जगत में याद किया जाता रहेगा।

शिक्षा के प्रति मनुष्य के कर्त्तव्य

बालक के तीन उत्तम शिक्षक हैं–माता, पिता एवं आचार्य। इनके द्वारा ही बालक ज्ञानवान होता है। माता-पिता को धार्मिक एवं विद्वान होना चाहिए जिससे कि वे संतान को अपना उपदेश दे सकें। बालक को संस्कारित बनाने के लिए जरूरी है कि उसे जन्म से लेकर प्रौढ़ावस्था तक उचित वातावरण प्रदान किया जाय। संतान को सभ्य बनाने के लिए जरूरी है कि उसे शिक्षा मिले एवं ऐसा प्रयास किया जाना चाहिए कि बालक जितेन्द्रिय, विद्याप्रिय और सत्संग में रुचि ले।

स्वामी दयानन्द सरस्वती के अनुसार, पाँच वर्ष की आयु होने पर देवनागरी अक्षरों का अभ्यास कराया जाय तथा अन्य देशीय भाषाओं के अक्षरों का भी ज्ञान कराया जाय। उसके पश्चात् उसे ऐसी अच्छी शिक्षा, विद्या, धर्म, परमेश्वर, माता-पिता, आचार्य, विद्वान, अतिथि, राजा, प्रजा, परिवार, बंधु, भगिनी, भृत्य आदि से कैसे-कैसे बरतना है। इनसे सम्बन्धित मंत्र, श्लोक, सूत्र, गद्य-पद्य भी अर्थ सहित कण्ठस्थ कराये जाने चाहिए। बालक के जन्म के 5वें वर्ष तक बालक को माता, 6 वर्ष से 8 वर्ष तक पिता शिक्षित करें। 9 वें वर्ष के आरम्भ में पिता अपने बालक/बालिकाओं को विद्याभ्यास के लिए विद्वान आचार्य के पास गुरूकुल ;विद्यालयद्ध में भेज दें। आपने बालकों को ताड़ने ;फटकारने आदि को अमृत पिलाने की संज्ञा दी। दयानन्द सरस्वती ने छात्र के लिए माता-पिता को आचार्य की तरह, तन, मन, धन से सेवा करने को कहा है।

आपने बालक/बालिकाओं को उत्तम शिक्षा, विद्या, गुण, कर्म ओर स्वभावानुरूप आभूषणों का धारण करना माता, पिता, आचार्य और सम्बन्धियों का मुख्य कर्म कहा। आठ वर्ष की आयु होने पर बालक/बालिकाअें को अपनी-अपनी शालाओं में भेज देना चाहिए। शिक्षा देने वाले व्यक्ति विद्यायुक्त धार्मिक हों एवं पढ़ाने में रुचि रखते हों। यथायोग्य यज्ञोपवीत संस्कार के पश्चात् ही लड़के तथा लड़कियों को पाठशाला में विद्याध्ययन के लिए भेजना चाहिए। स्त्रियों की पाठशाला में 5 वर्ष का लड़का और पुरुषों की पाठशाला में 5 वर्ष की लड़की भी नहीं जानी चाहिए अर्थात् दोनों ब्रह्मचारी रहने चाहिए। वे दर्शन, स्पर्शन, एकान्त सेवन, भाषण, शृंगार, विषय कथा, परस्पर क्रीड़ा, विषय का ध्यान और संग इस तरह के आठ मैथुनों से अलग रहें। अध्यापकों आचार्योंद्ध को इन सभी बातों से बचना चाहिए जिससे कि उत्तम विद्या, शिक्षा, शील स्वभाव शरीर और आत्मा बलयुक्त होकर आनन्द में वृद्धि कर सके।

शिक्षा का अर्थ

1. धर्म के अनुकूल कर्म को करना, बुद्धि का विकास करना एवं चरित्र का विकास करना ही शिक्षा।
2. अच्छे आचरणों का प्रादुर्भाव करना, मन की वृत्ति को दोषों से हटाना, ब्रह्मचर्य का पालन करना, मानव कल्याण की बात सोचना सद्शिक्षा के लक्षण हैं।

शिक्षा के उद्देश्य

स्वामी दयानन्द सरस्वती विचार में शिक्षा के निम्नलिखित उद्देश्य हैं–

1. ब्रह्मचर्य व्रत का पालन करें, जिससे कि प्राण, इन्द्रियाँ, अन्तःकरण और आत्मा बलयुक्त हो सके।
2. विद्वानों की सेवा एवं संग करना, ब्रह्मयज्ञ करना, ईश्वर का ध्यान करना आदि जिससे कि अन्तःकरण पवित्र बना रहे और सद्कर्मों की ओर प्रवृत्त रहे।
3. आठवें वर्ष से आगे छत्तीसवें वर्ष पर्यन्त अर्थात् एक-एक वेद के सांगोपांग पढ़ने में बारह-बारह वर्ष मिलकर छत्तीस और आठ मिलकर चवालीस या 48 वर्षों का ब्रह्मचर्य रखें, जब तक कि विद्या पूरी न हो जाय।
4. सत्याचार से सत्य विद्याओं को पढ़ें एवं पढ़ायें, धर्मानुष्ठान करते हुए वेदादि शास्त्रों को पढ़ें और पढ़ायें।

5. सत्य बोलना, अहिंसा, बैर, त्याग, मन, वचन एवं कर्म से चोरी, ब्रह्मचर्य, लोलुपता, अपरिग्रह आदि नियमों का पालन करें।
6. स्वाध्याय धर्म युक्त कर्मों का अनुष्ठानद्ध, ईश्वर भक्ति में आत्मा को अर्पित रखना, वेदों का ज्ञान प्राप्त करना एवं उनके अनुरूप उत्तम कर्म की ओर अग्रसर होना।
7. पंच महायज्ञ द्वारा शरीर को ब्राह्मण्त्व प्रदान करना।
8. अच्छे कर्म कर स्वध्याय में वृद्धि करना। नम्रता, सुशीलता तथा सेवाभाव को विद्वान एवं वृद्धों के लिए बनाये रखना तभी उनकी आयु, बल, विद्या एवं कीर्ति बढ़ सकती है।
9. जो विद्या पढ़कर शिक्षा प्राप्त कर धर्माचरण करता है, वही सम्पूर्ण सुख को प्राप्त होता है।
10. शास्त्रों के प्रमाणादि से परीक्षा करके पढ़ें और पढ़ायें अन्यथा विद्यार्थियों को सत्यबोध नहीं हो सकता, जो ग्रंथ सत्य ठहरें, उन्हीं को पढ़ायें, जो इनके विरुद्ध हों, उन्हें न पढ़ायें।

पाठ्यक्रम

इन्होंने शिक्षण के विषयों में वेदों का अध्ययन ; तत्व, मीमांसाद्ध, शिल्पकला, पदार्थ विज्ञान, स्वास्थ्य विज्ञान, गणित एवं हिन्दी तथा संस्कृत भाषा को पूर्ण स्थान दिया है और ज्योतिष शास्त्र, यंत्रकला, काव्य, भू-गर्भ विज्ञान, भूगोल, खगोल शास्त्र को सीखने के लिए भी जोर दिया।

शिक्षण विधि

इन्होंने प्रश्नोत्तर, व्याख्यान, संवाद आदि विधियों पर जोर दिया। पुरुषों को व्याकरण, धर्म और अपने व्यवहार की विद्या कम से कम अवश्य पढ़नी चाहिए। स्त्रियों को भी व्याकरण, धर्म, गणित, वैद्यक और शिल्प विद्या सीखनी चाहिए, क्योंकि इसके सीखे बिना वे सत्यासत्य का निर्गण, गृहकार्य को उत्तम ढंग से करना, वैद्यक-विद्या से अन्न पान बनाना आदि सीख सकती हैं। शिल्प विद्या के ज्ञान से घर बनवाना, आभूषणों को बनवाना, गणित के ज्ञान से सब हिसाब समझना एवं विद्यादि शास्त्र, विद्याद्ध के द्वारा ईश्वर और धर्म को जाना जा सकता है।

पिंगलाचर्यकृत छन्दोग्रन्थ जिससे वैदिक लौकिक छन्दों का परिज्ञान, नवीन रचना और श्लोक बनाने की रीति भी यथावत् सीखें। इन्हें चार माह में सीखें, पुनः

पढ़ायें। अध्यापक लोग ऐसा यत्न करें कि विद्यार्थी, सत्यवादी, सत्यमानी, सत्यकारी, सभ्य, जितेन्द्रिय, सुशील आदि गुणों से अभिभूत हो सकें।

सब वेदों को पढ़कर आयुर्वेद अर्थात् जो चरक, सुश्रुत आदि ऋषि-मुनि प्रणीत वैद्यक शास्त्र है, उसको अर्थ, क्रिया, शस्त्र छेदन, भेदन, लेप, चिकित्सा, निदान औषधि, पथ्य, शरीर देश, काल और वस्तु के गुण ज्ञानपूर्वक 4 वर्ष के अंदर पढ़े तथा शिष्यों को पढ़ायें। 2 वर्ष तक राजविद्या का ज्ञान देने के पश्चात् गाान विद्या का ज्ञान दिया जाय। इसके अंतर्गत स्वर, राग, रागिनी, समय, ताल, ग्राम, तान, वादित्र, नृत्य गीत का ज्ञान शिष्य को दें। इसके पश्चात् यंत्र काला तथा हस्त क्रिया के बारे में अध्ययन करायें।

शिक्षक को ऐसा प्रयत्न करना चाहिए कि वह 20-21 वर्ष के भीतर समग्र विद्या एवं उत्तम शिक्षा प्रदान कराकर बालक को आनन्दित करें। इसके पश्चात् ऋषि प्रणीत ग्रंथों का अध्ययन भी कराया जा सकता है। छात्रों को व्याकरण में–कातन्त्र सारस्वत, चन्द्रिका, मुग्धबोई, कौमुदी, शेखर, मनोरमा आदि, कोश में–अमरकोश, छन्द ग्रंथ में–वृन्त रत्नाकरादि, शिक्षा में–अर्थ शिक्षा प्रवभ्यामि पाणिनीयं मतं यथा, ज्योतिष में–शीघ्रबोध, मुहूर्त चिन्तामणि, न्याय में–जगदीशी, वेदान्त में–योग-वशिष्ठ पन्चदश्यादि, काव्य में–नायिका भेद, कुवलयानन्द, रघुवंश, माघ, किरातार्जुनीयादि, रोग में–हठप्रदीपिकादि, वैद्यक में–शांगधरादि, आयुर्वेद ग्रंथ। तुलसीदासकृत रामायण, रूक्मिणी मंगल आदि कपोल कल्पित मिथ्या ग्रंथों को नहीं पढ़ना चाहिए।

शिक्षा का माध्यम तथा शिक्षक

शिक्षा का माध्यम मातृभाषा होना चाहिए। इसके लिए उन्होंने हिन्दी को शिक्षा का माध्यम बनाना उचित समझा। सभी विषयों को हिन्दी में पढ़ाया जाना चाहिए। स्वामी दयानन्द ने शिक्षक का स्थान महत्वपूर्ण बताया और कहा कि अध्यापक को वेदों तथा शास्त्रों का ज्ञाता एवं स्वाध्यायी होना चाहिए तभी वह छात्रों को 'विद्या का उचित दान' दे सकता है। वैदिक युग में जो स्थान अध्यापक का गुरुकुलों में था, वही स्थान आज अध्यापक को बनाये रखने के लिए इन्होंने जोर दियां अध्यापक को शास्त्रों के प्रमाणादि से परीक्षा करके तत्पश्चात् छात्रों को पढ़ाना चाहिए। व्याकरण, काव्य, गणित एवं विज्ञान आदि का वह पूर्णज्ञाता होना चाहिए। वह विद्वान, धर्मात्मा, परोपकार प्रिय, सत्यवादी, पुरुषार्थी, जितेन्द्रिय होना चाहिए। शिक्षण के व्यवसाय में ब्राह्मण को प्रमुखता दी जानी चाहिए। सन्यासी

एवं ब्राह्मण सुनियम तथा धर्मयुक्त शिक्षा प्रदान कर सकते हैं। अध्यापक वेदानुकूल स्मृतियों में प्रतिपादित धर्म का आचरण करें, धर्माचार में सदा युक्त रहें और धर्माचरण पर आधारित शिक्षा दें।

आचार्य अन्तेवासी अर्थात् अपने शिष्य और शिष्याओं को इस तरह उपदेश करें कि तू सदा सत्य बोल, धर्माचार कर, प्रमादरहित होकर पढ़, पूर्ण ब्रह्मचर्य से समस्त विद्याओं को ग्रहण कर, प्रमाद से धर्म का त्याग मत कर, प्रमाद से पढ़ने-पढ़ाने को न छोड़, माता-पिता की सेवा में प्रमाद मत कर, विद्वान, माता-पिता एवं अतिथि की सेवा तथा सम्मान कर। आचार्य सभी वर्णों के बालक अथवा बालिकाओं को तुल्य वस्त्र, खान-पान और आसान दें। छात्रों को माता-पिता से मिलने की पूरी छूट होनी चाहिए। जब भ्रमण करने जायें, तब अध्यापक उनके साथ रहें, जिससे वे किसी प्रकार की कुचेष्टा और आलस्य न कर सकें।

अनुशासन

विद्यालय पवित्र स्थान पर होने चाहिए। महर्षि दयानन्द ने ऐसे विचार पर आधारित शिक्षालय गाँव से चार कोस दूर रखने के लिये कहा। पुरुषों के लिए पुरुष अध्यापक एवं महिलाओं के लिए महिला अध्यापिकाएँ नियुक्त करने को कहा। सह-शिक्षा का विरोध किया। ब्रह्मचर्य पर बहुत जोर दिया। बालक एवं बालिका एक-दूसरे का दर्शन एवं स्पर्श न करें। एकान्त सेवन, भाषण, दर्शन, विषय कथा, परस्पर क्रीड़ा, शृंगार विषय का ध्यान और संग, इस तरह के आठ मैथुनों से पृथक रहें। इन बातों से अध्यापक को विद्यार्थियों को बचाये रखना चाहिए। इससे निश्चय ही उन्हें उत्तम विद्या, शिक्षा, शील, स्वभाव, शरीर और आत्मा के बलयुक्त होने का आनन्द प्राप्त होगा। बालक/बालिकाएँ आचार्य से पुत्र जैसा स्नेह पायें। अपने आचार्य की सेवा करें और वहाँ के नियमों के अनुरूप आचरण करें। जीवन का उत्तम शिक्षक मानते हुए आचार्य को आदर दें एवं सेवा करें। संस्कारों को अंकुरित, पुष्पित तथा पल्लवित करने के लिए स्वामी दयानन्द जी ने आरम्भ से ही शिक्षण विविध में कुछ नवीनता की ओर संकेत किया है।

संतान को सभ्य, सुशिक्षित एवं विद्याप्रिय बनाने के लिए जरूरी है कि माता-पिता उसे 5 वर्ष की आयु के पश्चात् गुरूकुल में विद्या ग्रहण के लिए भेजें।

यान्यस्माकं सुचरितानि, त्वयोपास्यानि नो इतराणि।।

इसका तात्पर्य यह है कि माता-पिता एवं आचार्य अपनी संतान एवं शिष्यों को सदा सत्य उपदेश दें एवं धर्मयुक्त कार्यों को ग्रहण करें।

महर्षि दयानन्द सरस्वती और गुरुकुल प्रणाली

महर्षि दयानन्द सरस्वती (1825-1883) आर्य समाज के संस्थापक हैं। आर्य समाज की स्थापना 10 अप्रैल, 1875 को मुम्बई के काकड़वाड़ी स्थान पर हुई थी। इसी स्थान पर संसार का सबसे पुराना आर्य समाज आज भी स्थित है। आर्य समाज की स्थापना का प्रमुख उद्देश्य वेदों का प्रचार व प्रसार था तथा साथ ही वेद पर आधारित धार्मिक तथा सामाजिक क्रान्ति करना भी था जिसमें आर्य समाज आंशिक रूप से सफल हुआ है। चार वेद ऋग्वेद, यजुर्वेद, सामवेद और अथर्ववेद सभी सत्य विद्याओं के ग्रन्थ हैं। यह वेद सृष्टि के आरम्भ में सर्वव्यापक, सर्वज्ञ, सृष्टिकर्ता, सर्वान्तर्यामी परमेश्वर से अमैथुनी सृष्टि में उत्पन्न प्रथम चार ऋषियों अग्नि, वायु, आदित्य और अंगिरा को उनके अन्तःकरण में सर्वव्यापक व सर्वान्तर्यामी ईश्वर की प्रेरणा द्वारा प्राप्त हुए थे। आजकल गुरू अपने शिष्यों को ज्ञान देता है और पहले से भी यही परम्परा चल रही है। वह बोल कर, व्याख्यान व उपदेश द्वारा ज्ञान देते हैं। ज्ञान प्राप्ति का दूसरा तरीका पुस्तकों का अध्ययन है। सृष्टि के आरम्भ में परमात्मा ने ऋषियों वा मनुष्यों को ज्ञान देना था। ईश्वर अन्तरर्यामी है अर्थात् वह हमारी आत्माओं के भीतर भी सदा-सर्वदा उपस्थित रहता है। अतः वह अपना ज्ञान आत्मा के भीतर प्ररेणा द्वारा प्रदान करता है। यह ऐसा ही है जैसे गुरू का अपने शिष्य को बोलकर उपदेश करना। गुरू की आत्मा में जो विचार आता है वह उन विचारों को अपनी वाणी को प्रेरित करता है जिससे वह बोल उठती है। शिष्य के कर्ण उसका श्रवण करके उस वाणी को अपनी आत्मा तक पहुंचाते हैं। इस उदाहरण में गुरू का आत्मा और शिष्य की आत्मायें एक दूसरे से पृथक व दूर हैं अतः उन्हें बोलना व सुनना पड़ता है। परन्तु ईश्वर हमारे बाहर भी है और भीतर भी है। अतः उसे हमें कुछ बताने के लिए बोलने की आवश्यकता नहीं है। वह जीवात्मा के अन्तःकरण में प्रेरणा द्वारा अपनी बात हमें कह देता है और हमें उसकी पूरी यथार्थ अनुभूति हो जाती है। इसी प्रकार से ईश्वर ने सृष्टि के आरम्भ में चार ऋषियों को ज्ञान दिया था।

वर्तमान सृष्टि में वेदोत्पत्ति की घटना को 1,96,08,53,114 वर्ष व्यतीत हो चुके हैं। इस लम्बी अवधि में वेद की भाषा संस्कृत से अनेकों भाषाओं की उत्पत्ति हो चुकी है। वर्तमान में संस्कृत का प्रचार न होने से यह भाषा कुछ लोगों

तक सीमित हो गई। इसके विकारों से बनी भाषायें हिन्दी व अंग्रेजी व कुछ अन्य भाषायें हमारे देश व समाज में प्रचलित हैं। संस्कृत का अध्ययन कर वेदों के अर्थों को जाना जा सकता है। दूसरा उपाय महर्षि दयानन्द एवं उनके अनुयायी आर्य विद्वानों के हिन्दी व अंग्रेजी भाषा में वेद भाष्यों का अध्ययन कर भी वेदों का ज्ञान प्राप्त किया जा सकता है। ईश्वर से वेदों की उत्पत्ति होने, संसार की प्राचीनतम पुस्तक होने, सब सत्य विद्याओं से युक्त होने, इनमें ईश्वर, जीवात्मा व प्रकृति के सत्य स्वरूप का यथार्थ वर्णन होने आदि कारणों से वेद आज व हर समय प्रासंगिक है। इस कारण वेदों का अध्ययन व अध्यापन सभी जागरूक, बुद्धिमान व विवेकी लोगों को करना परमावश्यक है अन्यथा वह इससे होने वाले लाभों से वंचित रहेंगे। वेदों से दूर जाने अर्थात् वेद ज्ञान का अध्ययन व अध्यापन बन्द होने के कारण संसार में अज्ञान व अन्धविश्वास उत्पन्न हुए जिससे हमारे देश व मनुष्यों का पतन हुआ और हम गुलामी व अनेक दुःखों से ग्रसित हुए। महर्षि दयानन्द ने संसार में सत्य ज्ञान वेदों का प्रकाश करने और प्राणी मात्र के हित के लिए वेदों का प्रचार व प्रसार किया और वेदों का पढ़ना-पढ़ाना व सुनना-सुनाना सभी मनुष्यों जिन्हें उन्होंनें आर्य नाम से सम्बोधित किया, उनका परम धर्म घोषित किया।

अब विचार करना है कि वेदों का ज्ञान किस प्रकार से प्राप्त किया जाये। इसका उत्तर है कि जिज्ञासु या विद्यार्थी को वेदों के ज्ञानी गुरू की शरण में जाना होगा। वह बालक को अपने साथ तब तक रखेगा जब तक की शिष्य वेदादि शास्त्रों की शिक्षा पूरी न कर ले। हम जानते हैं कि जब बच्चा जन्म लेता है तो उस समय वह अध्ययन करने के लिए उपयुक्त नहीं होता। लगभग 5 वर्ष की आयु व उसके कुछ समय बाद तक वह माता-पिता से पृथक रहकर ज्ञान प्राप्त करने के लिए योग्य होता है। ऐसे बालकों को उनके माता-पिता किसी निकटवर्ती गुरू के आश्रम में ले जाकर उस गुरू द्वारा बच्चों का प्रारम्भिक अध्ययन से आरम्भ कर सांगोपांग वेदों का अध्ययन करा सकते हैं। उस स्थान पर जहां बालक-बालिकाओं को वेदों का अध्ययन व अध्यापन कराया जाता है "गुरूकुल" कहा जाता हैं। यह गुरूकुल कहां हों, इनका स्वरूप व अध्ययन के विषय आदि क्या हों इस पर विचार करते हैं। अध्ययन करने का स्थान माता-पिता व पारिवारिक जनों से दूर होना चाहिये जहां शिष्य अपने गुरू के सान्निध्य में रह कर निर्विघ्न अपनी शारीरिक व बौद्धिक उन्नति करने के साथ अपने श्रम व तप के द्वारा गुरू की सेवा कर सके। अध्ययन करने का स्थान वा शिक्षा का केन्द्र गुरूकुल किसी शान्त वातावरण में

जहां वन, पर्वत व नदी अथवा सरोवर आदि हों, होना चाहिये। गुरू, शिष्यों व भृत्यों के आवास के लिये कुटियायें आदि उपलब्ध हों। एक गोशाला हों जिसमें गुरूकुल वासियों की आवश्यकता के अनुसार दुग्ध उपलब्ध हो। यदि अन्न आदि पदार्थों की भी व्यवस्था हों, तो अच्छा है अन्यथा फिर भिक्षा हेतु निकट के ग्राम व नगरों में जाना होगा। वर्तमान परिस्थिति के अनुसार भोजन वस्त्र आदि की भी सुव्यवस्था होनी चाहिये और पुस्तकें व अन्य आवश्यक सामग्री भी उपलब्ध होनी चाहिये। यह सब सुव्यवस्था होने पर गुरूजी को पढ़ाना है व बच्चों को पढ़ना है। वेदों का ज्ञान शब्दमय होने से शब्द का ज्ञान शिष्य को गुरू से करना होता है। वेदों के शब्द रूढ़ नहीं हैं। वह सभी धातुज या यौगिक हैं। अतः धातु एवं यौगिक शब्दों के ज्ञान में सहायक पुस्तक व ग्रन्थों का होना आवश्यक है। सम्भवतः यह ग्रन्थ वर्णमाला, अष्टाध्यायी, धातु पाठ, महाभाष्य, निधण्टु व निरूक्त आदि ग्रन्थ होते हैं। गुरूजी को क्रमशः इनका व वेदार्थ में सहायक अन्य व्याकरण ग्रन्थों व शब्द कोषों का ज्ञान कराना है। गुरूकुल में अध्ययन पर कुछ आगे विचार करते हैं। हम जानते हैं कि हम वर्तमान में रहते हैं। बीता हुआ समय भूतकाल और आने वाला भविष्य काल कहलाता है। जब हम भाषा का प्रयोग करते हैं तो क्रिया पद को यथावश्यकता भूत, वर्तमान व भविष्य का ध्यान करते हुए तदानुसार संज्ञा, सर्वनाम आदि का प्रयोग करते हैं। यह व्याकरण शास्त्र के अन्तर्गत आते हैं। अतः गुरूकुल में गुरूजी को शिष्य को पहले वर्णमाला व व्याकरण शास्त्र का ज्ञान कराना होता है। व्याकरण शास्त्र का ज्ञान हो जाने के बाद गुरूजी से प्रकीर्ण विषयों को जानकर वेद के ज्ञान में सहायक इतर अंग व उपांग ग्रन्थों का अध्ययन करते हैं और उसके बाद वेदों का अध्ययन करने पर विद्या पूरी हो जाती है। विद्या पूरी होने पर शिष्य स्नातक हो जाता है। अब वह घर पर रहकर स्वाध्याय आदि करते हुए कृषि, चिकित्सा, ग्रन्थ लेखन, आचार्य व उपदेशक, पुरोहित, सैनिक, राजकर्मी, वैज्ञानिक, उद्योगकर्मी आदि विभिन्न रूपों में सेवा करके अपना जीवनयापन कर सकता है। वेद, वैदिक साहित्य एवं वेद व्याकरण का अध्ययन करने के बाद स्नातक अनेक भाषाओं को सीखकर तथा आधुनिक विज्ञान व गणित आदि विषयों का अध्ययन कर जीवन का प्रत्येक कार्य करने में समर्थ हो सकता है। यह कार्य उसको करने भी चाहिये। हम ऐसे लोगों को जानते हैं जिन्होंने गुरूकुल में अध्ययन किया और बाद में वह आईपीएस, आईएएस आदि भी बने। विश्वविद्यालय के कुलपति, कुलसचित, संस्कृत अकादमियों के निदेशक, सफल उद्योगपति आदि बने, अनेक सांसद भी बने। स्वामी रामदेव और आचार्य बालकृष्ण भी आर्य

गुरूकुलों की देन हैं। अतः वेदों का अध्ययन कर भी जीवन में सर्वांगीण उन्नति हो सकती है, यह अनेक प्रमाणों से सिद्ध है। यह उन लोगों के लिए अच्छा उदाहरण हो सकता है जो अपने बच्चों को धनोपार्जन कराने की दृष्टि से महंगी पाश्चात्य मूल्य प्रधान शिक्षा दिलाते हैं और बाद में आधुनिक शिक्षा में दीक्षित सन्तानें अपने माता-पिता आदि परिवारजनों की उपेक्षा व कर्तव्यहीता करते दिखाई देते हैं।

प्राचीनकाल में गुरुकुल वैदिक शिक्षा के केन्द्र हुआ करते थे जो महाभारत काल के बाद व्यवस्था के अभाव में धीरे धीरे निष्क्रिय हो कर समाप्त हो गये। स्वामी दयानन्द ने सत्यार्थ प्रकाश में गुरूकुलीय शिक्षा पर विस्तार से प्रकाश डाला है। उन्नीसवीं शताब्दी में भारत में स्कूलों में शिक्षा दी जाती थी। इसका उद्देश्य शासक वर्ग अंग्रेजों का भारत के बच्चों को अंग्रेजी के संस्कार देकर उन्हें गुप्त और लुप्त रूप से वैदिक संस्कारों से दूर करना और उन्हें अंग्रेजियत और ईसाईयत के संस्कारों व परम्पराओं के निकट लाना था। स्वामी दयानन्द ने अंग्रेजों की इस गुप्त योजना को समझा था और इसके विकल्प के रूप में गुरूकुलीय शिक्षा प्रणाली का अपने ग्रन्थों में विधान किया जिससे अंग्रेजी शिक्षा के खतरों का मुकाबला किया जा सके। स्वामी श्रद्धानन्द महर्षि दयानन्द सरस्वती के योग्यतम् अनुयायी थे। उन्होंने गुरूकुलीय शिक्षा के महत्व को समझा था और अपना जीवन अपने गुरू की भावना के अनुसार हरिद्वार के निकट एक ग्राम कांगड़ी में सन् 1902 में गुरूकुल की स्थापना में समर्पित किया और उसको सुचारु व सुव्यवस्थित तरीके से संचालित करके दुनियां में एक उदाहरण प्रस्तुत किया। स्वामी श्रद्धानन्द का यह कार्य अपने युग का एक क्रान्तिकारी कदम था। उनके द्वारा स्थापित गुरूकुल ने आज एक विश्वविद्यालय का रूप ले लिया है। आज समय के साथ देशवासियों व आर्य समाजियों का भी वेदों के प्रति वह अनन्य प्रेमभाव दृष्टिगोचर नहीं होता जो हमें महर्षि दयानन्द के साहित्य को पढ़ कर प्राप्त होता है। यहां वेद भी अन्य भाषाओं व उनके साहित्य की ही तरह एक विषय बन कर रह गये हैं और प्रायः अपना महत्व खो बैठे हैं। इसका एक कारण समाज की अंग्रेजीयत तथा आत्मगौरव, स्वधर्म व स्वसंस्कृति के अभाव की मनोदशा है। संस्कृत व वेदों का अध्ययन करने से उतनी अर्थ प्राप्ति नहीं हो पाती जितनी की अन्य विषयों को पढ़ कर होती है। नित्य प्रति ऐसे अनेक लोग सम्पर्क में आते हैं जो संस्कृत पढ़े है और पढ़ा भी रहे हैं परन्तु उनका पारिवारिक व समाजिक जीवन सन्तोषजनक नहीं है। ऐसे लोगों को देखकर लोगों में संस्कृत के प्रति उत्साह में कमी का होना स्वाभाविक है।

हमारे आर्य समाज के विद्वानों व नेताओं को इस समस्या पर गम्भीरता से विचार करना चाहिये। सरकार व निजी प्रतिष्ठानों में आज हिन्दी, अंग्रेजी व क्षेत्रीय भाषाओं का महत्व है जहां संस्कृत प्रायः गौण, उपेक्षित व महत्वहीन है। वर्तमान में संस्कृत केवल धर्म संबंधी कर्मकाण्ड की भाषा बन कर रह गई है। समाज में इस मनोदशा को बदलकर संस्कृत के व्यापक उपयोग के मार्ग तलाशने होंगे। हमें लगता है कि संस्कृत पढ़े हमारे स्नताकों को हिन्दी व अंगेजी भाषा सहित आधुनिक ज्ञान, विज्ञान तथा गणित आदि विषयों का अध्ययन भी करना चाहिये जिससे वह सरकारी सेवा व अन्य व्यवसायों में अन्य अभ्यर्थियों के समान स्थान प्राप्त कर सकें जो सम्प्रति प्राप्त नहीं हो पा रहे हैं। संस्कृत के भविष्य से जुड़े एक प्रसंग का उल्लेख करना भी यहां उचित होगा। कुछ सप्ताह पूर्व वैदिक साधन आश्रम तपोवन देहरादून में पाणिनी कन्या महाविद्यालय, वाराणसी की विदुषी आचार्या डा. नन्दिता शास्त्री ने कहा कि संस्कृत भाषियों की संख्या दिन प्रति घट रही है। विगत जनगणना में यह 15-20 हजार ही थी। यदि यह 10 हजार या इससे कम हो जाती है तो सरकार के द्वारा संस्कृत को मिलने वाली सभी सुविधायें व संरक्षण बन्द हो जायेंगे और यह दिन संस्कृत प्रेमियों के लिए अत्यन्त दुखद होगा। स्वामी श्रद्धानन्द के बाद स्वामी दयानन्द के अनुयायियों ने स्वामी श्रद्धानन्द का अनुकरण कर अनेक गुरुकुल खोले जिनकी संख्या वर्तमान में 500 से अधिक है। यदि यह सभी गुरूकुल सुव्यवस्थित रूप से चलायें जा सकें तो यह वैदिक धर्म की रक्षा और उसके प्रचार प्रसार का सबसे बड़ा साधन सिद्ध हो सकते हैं और भविष्य में भी होंगे। वेद, वैदिक साहित्य, धर्म, संस्कृत और संस्कृति की रक्षा व देश के भावी स्वरूप की दृष्टि से में इन गुरुकुलों की भूमिका महत्वपूर्ण हैं। इसका उन्नयन करना आर्य समाज का तो कार्य है ही साथ ही सरकार में वेदों को मानने वाले लोगों को वेदों की रक्षा व प्रचार के लिए प्रभावशाली योजनायें एवं कार्य करने चाहियें। यदि ऐसा नहीं करेंगे तो 'धर्मो एव हतो हन्ति' की भांति धर्म रक्षा में प्रमाद करने से यह धर्म हमे ही मार देगा।

स्वामी श्रद्धानन्द आर्य समाज के प्रसिद्ध नेता थे। वह आर्य प्रतिनिधि सभा पंजाब तथा सार्वदेशिक सभा के भी प्रधान रहे। शुद्धि आन्दोलन के भी वह प्रमुख सूत्रधार रहे और सम्भवतः यही उनकी शहादत का कारण बना। स्वामी जी का देश की आजादी के आन्दोलन में भी महत्वपूर्ण योगदान था। समाज सुधार के क्षेत्र में उनकी उपलब्धियां अनेकों हैं। हम उनके जीवन को वेदों का मूर्त रूप देखते हैं

जिसमें कहीं कोई कमी हमें दिखाई नहीं देती। काश कि महर्षि दयानन्द अधिक समय तक जीवित रहते तो श्रद्धानन्द उनके सर्वप्रिय शिष्य होते। आर्य समाज व महर्षि दयानन्द की भक्ति के लिए उन्होंने घर फूँक तमाशा देखा। उनका व्यक्तित्व आदर्श पिता, आदर्श पुत्र, आदर्श पति, आदर्श समाज सुधारक, आदर्श नेता, आदर्श स्वतन्त्रता सेनानी, पत्रकार, साहित्यकार, लेखक, विद्वान, शिक्षा शास्त्री, धर्म गुरू, वेदभक्त, वेद सेवक, वेद पुत्र, ईश्वर पुत्र व ईश्वर के सन्देशवाहक का था। 23 दिसम्बर, 1926 को वह एक षडयन्त्र का शिकार होकर एक कातिल अब्दुल रसीद द्वारा शहीद कर दिये गये। हम समझते हैं कि उन्होंने अपने रक्त की साक्षी देकर वैदिक सिद्धान्तों व मान्यताओं की साक्षी दी है। हम उन्हें अपनी श्रद्धाजंलि प्रस्तुत करते हैं। जब तक सृष्टि पर मनुष्यादि प्राणी विद्यमान हैं, विवेकी देशवासी स्वामी श्रद्धानन्द जी के यश, कीर्ति, उनके कार्य और बलिदान को स्मरण कर उनसे प्रेरणा लेते रहेंगे।

हिन्दी के विकास के लिए कार्य

स्वामी दयानंद ने 1857 के स्वाधीनता संग्राम को असफल होते देखा था और उसके असफल होने का मुख्य कारण भारतीय समाज में एकता की कमी होना था। स्वामी दयानंद ने इस कमी को समाप्त करना आवश्यक समझा। उन्होंने चिन्तन-मंथन किया कि अगर भारत देश को एक सूत्र में जोड़ना है तो उसकी एक भाषा होना अत्यंत आवश्यक है। यह रिक्त स्थान अगर कोई भर सकता था तो वह हिंदी भाषा थी। स्वामी दयानंद द्वारा सर्वप्रथम 19 वीं सदी के चौथे चरण में एक राष्ट्र भाषा का प्रश्न उठाया गया और स्वयं गुजराती भाषी होते हुए भी उन्होंने इस हेतु आर्यभाषा (हिंदी) को ही इस पद के योग्य बताया। अपने जीवन काल में स्वामीजी ने भाषण, लेखन, शास्त्रार्थ एवं उपदेश आदि हिंदी में देने आरंभ किये जिससे हिंदी भाषा का प्रचार आरंभ हुआ और सबसे बढ़कर जनसाधारण के समझने के लिए हिंदी भाषा में वेदों का भाष्य किया। इससे हिन्दू साहित्य और भाषा को नये उपादान प्रदान किये और प्रत्येक आर्यसमाजी के लिए हिंदी भाषा को जानना प्रायः अनिवार्य कर दिया गया।

स्वामीजी इससे पहले संस्कृत में भाषण करते थे इसलिए केवल पठित पंडित वर्ग ही उनके विचारों को समझ पाता था। कालांतर में जब उन्होंने हिंदी भाषा में व्याख्यान प्रारंभ किये तो उससे जन साधारण की उपस्थिति न केवल अधिक हो गई

अपितु जनता के लिए उनके प्रवचनों को ग्रहण करना आसान हो गया। स्वामीजी ने अपने संपर्क में आने वाले सभी देशी राजाओं को अपने राजकुमारों को हिंदी के माध्यम से धार्मिक शिक्षा दिलवाने की सलाह दी थी जिससे उनमें देश-भक्ति का सूत्रपात हो सके।

स्वामीजी द्वारा अपने सभी ग्रन्थ हिंदी भाषा में रचे गये जैसे सत्यार्थप्रकाश, ऋग्वेदादिभाष्यभूमिका, वेद-भाष्य आदि। इनके सैकड़ों संस्करण छपे और देश में उनके प्रचार से हिंदी भाषा के प्रचार को जो गति मिली उसका पाठक सहजता से अनुमान लगा सकते हैं।

1882 में भारतीय शिक्षण संस्थाओं में भाषा के निर्धारण को लेकर हन्टर कमीशन के नाम से कोलकता में आयोग का गठन सर विलियम हंटर की अध्यक्षता में किया गया था। स्वामी दयानंद ने इस कमीशन के समक्ष हिंदी को शिक्षा की भाषा निर्धारित करने के लिए आर्यसमाजों को निर्देश दिया कि वे हिन्दी भाषा के समर्थन में हंटर आयोग में अपनी सम्मति भेजें। फर्रुखाबाद, देहरादून, मेरठ, कानपुर, लखनऊ आदि आर्यसमाजों को भी इस विषय पर कोलकता पत्र भेजने को कहा था।

हिंदी भाषा भारतीय जनमानस की मानसिक भाषा है इसलिए उसे ही पाठ्यक्रम की भाषा के रूप में स्वीकृत किया जाये ऐसा समस्त आर्यसमाज द्वारा हिंदी भाषा के प्रचार के लिए प्रयत्न किया गया था। निश्चित रूप से हिंदी भाषा के प्रचार के लिए यह कार्य ऐतिहासिक महत्त्व का था।

स्वामी जी के देहांत के पश्चात् आर्यसमाज के सदस्यों ने हिंदी भाषा के प्रचार प्रसार में दिन रात एक कर दिया। आर्यसमाज के सदस्यों द्वारा लाखों पुस्तकें हिंदी भाषा में अलग अलग विषयों पर लिखी गई। गद्य, पद्य, काव्य, निबन्ध आदि सभी प्रकार के साहित्य की रचना हिंदी भाषा में हुई। हजारों पत्र-पत्रिकाओं का हिंदी भाषा में प्रकाशन हुआ। सैंकड़ों पाठशालाओं, विद्यालयों, गुरुकुलों के माध्यम से हिंदी भाषा का सम्पूर्ण भारत में ही नहीं अपितु विदेशों में जैसे मारीशस, फिजी, दक्षिण अफ्रीका आदि देशों में भी हिंदी भाषा का प्रचार प्रसार हुआ।

आर्य दर्पण (आर्य समाज का सर्वप्रथम हिंदी पत्र), आर्य भूषण, आर्य समाचार, भारतसुदशा प्रवर्तक, वेद प्रकाश, आर्य पत्र, आर्य समाचार, आर्य विनय, आर्य सिद्धांत, आर्य भगिनी आदि अनेक पत्र तो विभिन्न आर्य संस्थाओं द्वारा 20 वीं शताब्दी आरम्भ होने से पहले ही निकलने आरम्भ कर दिए थे। 20 वीं शताब्दी में इनकी संख्या इतनी

थी कि इस लेख में उन्हें समाहित करना संभव नहीं हैं। पाठक इस उल्लेख से समझ सकते हैं कि आर्यसमाज के प्रचार का माध्यम हिन्दी होने के कारण हिंदी भाषा के उत्थान में आर्यसमाज का क्या योगदान था।

स्वामी जी के प्रशंसक भारतेन्दु हरिश्चन्द्र की हिंदी भाषा को देन से साहित्य जगत भली प्रकार से परिचित है। कालांतर में मुंशी प्रेमचंद, कहानीकार सुदर्शन, आचार्य रामदेव, बनारसी दास चतुर्वेदी, इंद्र विद्यावाचस्पति, सुमित्रानंदन पन्त, मैथिलिशरण गुप्त, पदम् सिंह शर्मा आदि से आरंभ होकर हरिवंश राय बच्चन, विष्णु प्रभाकर, क्षितीश वेदालंकार आदि तक हजारों की संख्या में आर्यसमाज से दीक्षित और अनुप्राणित साहित्यकारों ने हिंदी साहित्य की रचना की जिससे हिंदी समस्त भारत की साहित्यिक भाषा के रूप में स्थापित हो गई।

स्वामी श्रद्धानंद ने अपने पत्र सद्धर्म प्रचारक को एक रात में उर्दू से हिंदी में परिवर्तित कर दिया, उन्हें आर्थिक हानि अवश्य उठानी पड़ी पर उनके पत्र की प्रसिद्धि को देखते हुए उसे पढ़ पाने की इच्छा ने अनेकों पाठकों को देवनागरी लिपि सीखने के लिए प्रेरित किया।

पत्रकारिता में नये आयाम आर्यसमाज के सदस्यों के स्थापित किये। पंजाब के सभी प्रसिद्ध अखबार जैसे प्रताप, केसरी, अर्जुन, युगांतर आदि अनेक पत्र हिंदी में ही निकलते थे, जो आर्यसमाजियों ने ही चलाए थे। पंजाब के जन आंचल में उस काल में उर्दू मिश्रित फारसी भाषा बोली जाती थी जिसके प्रचार में उर्दू पत्र जमींदार आदि का पूरा सहयोग था।

सैकड़ों गुरुकुलों, डीएवी स्कूल और कॉलेजों में हिंदी भाषा को प्राथमिकता दी गई और इस कार्य के लिए नवीन पाठ्यक्रम की पुस्तकों की रचना हिंदी भाषा के माध्यम से गुरुकुल कांगड़ी एवं लाहौर आदि स्थानों पर हुई जिनके विषय विज्ञान, गणित, समाज शास्त्र, इतिहास आदि थे। यह एक अलग ही किस्म का हिंदी भाषा में परीक्षण था जिसके वांछनीय परिणाम निकले।

विदेशों में भवानी दयाल सन्यासी, भाई परमानन्द, गंगा प्रसाद उपाध्याय, डॉ. चिरंजीव भारद्वाज, मेहता जैमिनी, आचार्य रामदेव, पंडित चमूपति आदि ने हिंदी भाषा का प्रवासी भारतीयों में प्रचार किया जिससे वे मातृभूमि से दूर होते हुए भी उसकी संस्कृति, उसकी विचारधारा से न केवल जुड़े रहे अपितु अपनी विदेश में जन्मी सन्तति को भी उससे अवगत करवाते रहे।

आर्यसमाज द्वारा न केवल पंजाब में हिंदी भाषा का प्रचार किया गया अपितु सुदूर दक्षिण भारत में, आसाम, बर्मा आदि तक हिंदी को पहुँचाया गया। न्यायालय में दुष्कर भाषा के स्थान पर सरल हिंदी भाषा के प्रयोग के लिए भी स्वामी श्रद्धानंद द्वारा प्रयास किये गये थे।

वीर सावरकर हिंदी भाषा को स्वामी दयानंद के देन पर लिखते हैं- महर्षि दयानंद द्वारा लिखित सत्यार्थ प्रकाश में जिस हिंदी के दर्शन हमें मिलते हैं, वही हिंदी हमें स्वीकार है। यह सरल, अनावश्यक विदेशी शब्दों से अलिप्त होकर भी अत्यंत अर्थ वाहक तथा प्रवाही है। महर्षि दयानंद ही सर्वप्रथम नेता थे, जिन्होंने हिंदुस्तान के अखिल हिन्दुओं की राष्ट्र भाषा हिंदी है। ऐसा उद्‌घोष व प्रयास किया था।

(सन्दर्भ-वीर वाणी पृष्ठ 64)

शहीद भगत सिंह ने पंजाब की भाषा तथा लिपि विषयक समस्या के विषय में अपने विचार भाषण के रूप में प्रस्तुत करते हुए हिंदी भाषा के समर्थन में कहा था कि-

बहुत से आदर्शवादी सज्जन समस्त जगत को एक राष्ट्र, विश्व राष्ट्र बना हुआ देखना चाहते हैं। यह आदर्श बहुत सुंदर हैं। हमको भी इसी आदर्श को सामने रखना चाहिए। उस पर पूर्णतया आज व्यवहार नहीं किया जा सकता, परन्तु हमारा हर एक कदम, हमारा हर एक कार्य इस संसार की समस्त जातियों, देशों तथा राष्ट्रों को एक सुदृढ़ सूत्र में बांधकर सुख वृद्धि करने के विचार से उठना चाहिए। उससे पहले हमको अपने देश में यही आदर्श कायम करना होगा। समस्त देश में एक भाषा, एक लिपि, एक साहित्य, एक आदर्श और एक राष्ट्र बनाना पड़ेगा, परन्तु समस्त एकताओं से पहले एक भाषा का होना जरुरी है, ताकि हम एक दूसरे को भली भाँति समझ सके। एक पंजाबी और एक मद्रासी इकट्ठे बैठकर केवल एक-दूसरे का मुँह ही न ताका करें, बल्कि एक-दूसरे के विचार तथा भाव जानने का प्रयत्न करें। परन्तु यह पराई भाषा अंग्रेजी में नहीं, बल्कि हिंदुस्तान की अपनी भाषा हिंदी में होना चाहिए।

महात्मा गाँधी हिंदी भाषा के कितने बड़े समर्थक थे इसका पता उनके इस कथन से मिलता है जब उन्होंने कहा था की जगदीश चन्द्र बसु आदि विद्वानों के आविष्कार जनता की भाषा में प्रकट किये जाते तो जिस प्रकार तुलसी रामायण जनता की भाषा में लिखी होने के कारण अपनी चीज बनी हुई हैं, उसी प्रकार से विज्ञान की चर्चायें, विज्ञान के आविष्कार जनता के जीवन को प्रभावित करते।

स्वामी दयानंद और आर्यसमाज की हिंदी भाषा को देन निश्चित रूप से अविस्मरणीय एवं अनुकरणीय है।

स्वामी दयानंद कि शिक्षाओं का महत्व

विदेशियों के आर्यावर्त में राज्य होने का कारण आपस कि फुट-मतभेद, ब्रह्मचर्य का सेवन न करना, विद्या न पढ़ना पढ़ाना, बाल्यावस्था में अस्वयंवर विवाह, विषयासक्ति कुलक्षण, वेद-विद्या का अप्रचार आदि कुकर्म हैं–स्वामी दयानंद।

स्वामी जी द्वारा कहे गये इस कथन पर पाठक गौर करेंगे तो पायेगे कि पराधीन भारत और स्वाधीन भारत में सामाजिक और राजनैतिक परिस्तथियों में कुछ विशेष अंतर नहीं हैं, क्योंकि हम तब भी गुलाम थे और आज भी गुलाम हैं।

स्वामी जी द्वारा प्रथम कारण भारतीयों में एकता कि कमी होना बताया गया हैं। भारतदेश की जन व्यवस्था का अगर वृहद् रूप से आंकलन किया जाये तो हम पायेंगे कि यहाँ पर अनेक स्थलों पर भिन्न भिन्न प्रकार से फुट और भेद प्रचलित हैं। कहीं हिन्दू-मुस्लिम के बीच में धर्म के नाम पर भेद हैं, कहीं स्वर्ण-दलित के नाम पर जातिगत भेद हैं, कहीं हिंदी अथवा प्रांतीय भाषा के आधार पर भेद हैं, कहीं तेलंगाना, गोरखालैंड, हरित प्रदेश आदि के नाम पर प्रान्त भेद हैं, कहीं इतिहास के नाम पर आर्य-अनार्य अथवा उत्तर भारतीय बनाम दक्षिण भारत का भेद हैं, कहीं क्षेत्रवाद के नाम पर नागालैंड आदि प्रांतों में भेद हैं, कहीं नक्सलवाद के नाम पर आदिवासी, शहरी आदि का भेद हैं, कहीं अधिकार के नाम पर दक्षिणपंथी अथवा साम्यवादी आदि का भेद हैं, कहीं आस्तिक और नास्तिक का भेद हैं, कहीं विभिन्न सम्प्रदायों अथवा मत मतान्तरों का आपसी भेद हैं, कहीं बहुसंख्यक अथवा अल्पसंख्यक का आपसी भेद हैं। कहने का अर्थ हैं कि जितने भेद, उतनी दूरियाँ, जितनी दूरियाँ उतने मन मुटाव, जितने मन मुटाव, उतनी आपसी कड़वाहट, जितनी आपसी कड़वाहट उतना विरोध, जितना विरोध उतना परस्पर मेल की कमी, जितनी मेल की कमी उतनी एकता की कमी और अंत में जितनी एकता कि कमी, उतना मुट्ठी भर स्वार्थी, संकीर्ण मानसकिता रखने वाले, अवसरवादी, दूर दृष्टि से रहित, गैर ईमानदार, गैर जिम्मेदार लोगों द्वारा सामाजिक एकता कि कमजोरी का फायदा उठाते हुए देश कि जनता पर राज करने का और अपनी मनमानी करने का अवसर प्राप्त होना हैं। यह किसकी कमी हैं पाठक निष्पक्ष भाव से अगर चिंतन करेगे तो उत्तर मिलेगा कि स्वयं का ही दोष हैं। इन सभी भेदों को विभिन्न विभिन्न

स्तरों पर प्रोत्साहन दिया जाता हैं जिससे भेद बने रहे और फूट डालो और राज करो की नीति फलती फूलती रहे।

स्वामी जी द्वारा दूसरा कारण ब्रह्मचर्य का सेवन न करना, बाल्यावस्था में अस्वयंवर विवाह और विषयासक्ति कुलक्षण आदि बताया गया हैं। इतिहास की एक घटना मुझे स्मरण होती हैं। चीन देश पर राज करने के लिये अंग्रेजों ने वहाँ के नागरिकों को अफीम कि लत लगा दी थी, जिससे उस देश के वासी अफीमची बन जाये और उनमें प्रतिरोध करने कि क्षमता न रहे। अंत में चीन के सम्राट ने अंग्रेजों की इस कुटिल नीति का विरोध किया जिसके फलस्वरूप अंग्रेजों और चीनी सम्राट के बीच में युद्ध हुआ था। इस युद्ध को वचपनजूंत अर्थात अफीम युद्ध भी कहते हैं। आज भी उसी नीति का अनुसरण किया जा रहा हैं। पहले मीडिया के विभिन्न प्रकल्पों समाचार पत्र, सिनेमा, पत्रिकाए, टेलीविजन आदि के माध्यम से अश्लीलता का नशा आधुनिकता के नाम पर परोसा जाता हैं। इसके अनेक दुष्प्रभाव होते हैं। इस अंधी दौड़ का कोई अंत नहीं हैं। इस सनक के पीछे पड़ने वाला स्वयं को बर्बाद कर लेता हैं और बर्बाद व्यक्ति भला क्या राष्ट्रहित की बात करेगा? जो खुद से चलने में आत्म निर्भर नहीं हैं वह क्या दूसरे को सहारा देगा? अश्लीलता के दुष्प्रभाव के कारण 2 माह की बच्ची से लेकर 85 वर्ष की वृद्धा तक को दरिंदगी का शिकार बनाया जाता हैं। फिर उस दरिंदगी को न्यूज बनाकर ब्रेकिंग न्यूज के रूप में चटकारे लेकर दिखाया जाता हैं। बात जहाँ आरम्भ होती हैं वही रह जाती हैं। युवक युवतियाँ जिन्हें देश की शक्ति के रूप में विकसित होना था, अंततः भोगवाद की अंधी गलियों में फँस कर समाप्त अथवा प्रभावहीन हो जाते हैं। इन्हीं के सरों पर पाँव रखकर कुछ अवाँछित लोग आगे बढ़कर देश का नेतृत्व ग्रहण कर लेते हैं। इस भोगवाद के कितने दुष्परिणाम हैं सोचिये। शिक्षा काल में अपने लक्ष्य से भटक कर, अपनी क्षमता को पूरा मौका देने से पहले, दोनों के गुण, कर्म और स्वाभाव के प्रतिकूल, अनैतिक सम्बन्ध बनाते हैं और इस सम्बन्ध में माता पिता की इच्छा के विरुद्ध घर से भागने से लेकर, विवाहपूर्व माँ बनने से लेकर, आर्थिक स्तर पर कमी होने के कारण पति पत्नी के दांपत्य में सामंजस्य की कमी से लेकर, तलाक तक की आपदा आना सामान्य सी बात बन गई हैं। ऐसे परिवार जो खुद का भला नहीं कर पा रहे हैं वह भला देश और समाज का क्या भला करेगे?

कहने का अर्थ यह हुआ कि आधुनिकता के नाम पर भोगवाद का नशा युवक युवतियों को पिलाया जा रहा हैं जिससे वे आपकी मनमानी के आगे कभी प्रतिरोध न बन सके और राज करने वाले आसानी से अपना कार्य करते रहे।

स्वामी दयानंद ने तीसरा कारण विद्या न पढ़ना पढ़ाना एवं वेद-विद्या का अप्रचार बताया हैं।

विद्या से सबसे बड़ा परिवर्तन मनुष्य की सोचने समझने की शक्ति का विकास होना हैं। मनुष्य उसी को कहते हैं जो चिंतनशील हैं, मनन करने वाला हैं। मनन करने वाला व्यक्ति समाज के हित कि सोचता हैं। समाज में जो कुछ भी अन्याय, अत्याचार हो रहा हैं उसका समाधान करना उसकी स्वाभाविक प्रवृति हो जाती हैं। वेद विद्या के ज्ञाता के चिंतन में राष्ट्रवाद और जनकल्याण कि भावना सर्वोपरि होती हैं। सर्वहित के स्थान पर परहित उनका मुख्य ध्येय बन जाता हैं। अंग्रेज जाति बड़ी चालाक थी। उन्हें ज्ञात था कि अगर सोई हुई आर्य जाति को अपने धर्म ग्रंथों में वर्णित राष्ट्रवाद और अध्यात्मवाद के विषय में ज्ञात हो गया तो वे दो दिन भी इस देश पर राज्य नहीं कर सकेगे। इसलिए उन्होंने सुनियोजित षड्यंत्र रचा। उन्होंने वेदों को जादू टोने की पुस्तक, यज्ञ में पशुबली का समर्थन करने वाली, आर्य और दस्यु के मध्य युद्ध का वर्णन करने वाली, अश्लीलता को प्रोत्साहन देने वाली, बहुदेवतावाद और कर्म कांड कि पुस्तक घोषित करने का कुटिल प्रयास किया जिससे भारतीयों को वेदों से आस्था समाप्त हो जाये और वे लक्ष्य विहीन नौका के समान भटकते रहे। भला हो स्वामी दयानंद का जिन्होंने अंग्रेजों के इस षड्यंत्र का पर्दाफाश कर दिया। स्वतंत्र भारत में स्वामी दयानंद द्वारा बताये गई शिक्षा प्रणाली का अनुसरण नहीं किया गया। जिस अन्धकार से भारतवासियों को निकालने का स्वामी जी ने आवाहन किया था उसी अविद्या के अन्धकार में जनता को दोबारा से धकेल दिया गया। स्वामी दयानंद की शिक्षाओं से जन जागरण तो हुआ जिससे भारत देश स्वतंत्र तो हो गया मगर इस जन चेतना को स्वतंत्रता के पश्चात प्रोत्साहन देने के स्थान पर उसे पीछे की ओर धकेला जाने लगा। वेदों को भारत देश के पाठ्य क्रम में वह स्थान में नहीं दिया गया। उसके स्थान पर पाश्चात्य शिक्षा विधि को अपनाया गया जो मैकाले के कुटिल मस्तिष्क कि उपज थी और जिसका उद्देश्य पढ़े लिखे क्लर्क रुपी गुलाम बनाना था।

आज का समय में भी अंग्रेजों कि व्यवस्था सुचारु रूप से जारी हैं। जिससे पैदा हुआ पढ़ा लिखा समाज बौद्धिक गुलाम होने के कारण किसी भी प्रकार का विरोध करने कि योग्यता नहीं रखता।

संक्षेप में भारत देश की समर्थ जनता कि सोच को मानसिक गुलाम बना लिया गया, जो गुलाम नहीं बन सके उन्हें आपसी फूट और भेदभाव के खेल में उलझा दिया गया, नवीन पीढ़ी इस व्यवस्था को देखकर विरोधी न हो जाये इसलिये उन्हें भोगवाद कि अंधी दौड़ में उलझा दिया गया। बाकि जो बचे वे असमर्थ हैं और खाने कमाने के ही फेर में उलझे उलझे उनका जीवन निकल जाता हैं।

135 वर्ष पूर्व कहे गये स्वामी दयानंद का कथन आज भी कितना प्रासंगिक और व्यवहारिक हैं, यह न केवल स्वामी जी कि दूर दृष्टि का उद्‌बोधक हैं अपितु ऋषि चिंतन का साक्षात प्रमाण हैं।

हमने एक बार स्वामी जी के सन्देश का पालन किया हम स्वराज्य प्राप्त कर गये, हम एक बार और स्वामी जी के सन्देश का पालन कर ले हम सुराज भी प्राप्त कर लेंगे।

5

समाज-सुधार के कार्य

भारतीय समाज में ऐसे कई समाज सुधारक हुए जिन्होंने समाज के ढाँचे को पूरी तरह बदल कर रख दिया। ऐसे ही समाज सुधारकों में से एक हैं आर्य समाज के संस्थापक और महान समाज सुधारक स्वामी दयानंद सरस्वती महर्षि स्वामी दयानन्द सरस्वती आर्य समाज के प्रवर्तक और प्रखर सुधारवादी सन्यासी थे। दयानंद सरस्वती ने भारतीय समाज को पिछड़ेपन से दूर करने के लिए पुराने रीति रिवाजों को बंद करने का आह्वान तो किया ही साथ ही उन्होंने ज्ञान से लिए संस्कृत भाषा का भी प्रयोग किया जो यह दिखाता है कि वह नए और पुराने में सामंजस्य बना कर रखते थे।

स्वामी दयानन्द सरस्वती का जन्म गुजरात के भूतपूर्व मोरवी राज्य के एक गाँव में सन 1824 ई. में हुआ था। इनका प्रारंभिक नाम मूलशंकर तथा पिता का नाम अम्बाशंकर था। स्वामी दयानन्द बाल्यकाल में शंकर के भक्त थे। यह बड़े मेधावी और होनहार थे। ब्रह्मचर्यकाल में ही ये भारतोद्धार का व्रत लेकर घर से निकल पड़े।

गृह त्याग के बाद मथुरा में स्वामी विरजानंद के शिष्य बने। शिक्षा प्राप्त कर गुरु की आज्ञा से धर्म सुधार हेतु 'पाखण्ड खण्डिनी पताका' फहराई। स्वामी जी के जीवन की कुछ अहम घटनाएं घटी जिनकी उनके जीवन पर बेहद असर पड़ा।

चौदह वर्ष की अवस्था में मूर्तिपूजा के प्रति विद्रोह (जब शिवचतुर्दशी की रात में इन्होंने एक चूहे को शिव की मूर्ति पर चढ़ते तथा उसे गन्दा करते देखा)

किया और इक्कीस वर्ष की आयु में विवाह का अवसर उपस्थित जान, घर से निकल पड़े। घर त्यागने के पश्चात 18 वर्ष तक इन्होंने सन्यासी का जीवन बिताया। इन्होंने बहुत से स्थानों में भ्रमण करते हुए कतिपय आचार्यों से शिक्षा प्राप्त की।

इस तरह बचपन से ही दयानंद सरस्वती ने आध्यात्म की तरफ रुख मोड़े रखा। धर्म सुधार हेतु अग्रणी रहे दयानंद सरस्वती ने 1875 में मुंबई में आर्य समाज की स्थापना की थी। वेदों का प्रचार करने के लिए उन्होंने पूरे देश का दौरा करके पंडित और विद्वानों को वेदों की महत्ता के बारे में समझाया। स्वामी जी ने धर्म परिवर्तन कर चुके लोगों को पुनः हिंदू बनने की प्रेरणा देकर शुद्धि आंदोलन चलाया। सन् 1886 में लाहौर में स्वामी दयानंद के अनुयायी लाला हंसराज ने दयानंद एंग्लो वैदिक कॉलेज की स्थापना की थी। हिन्दू समाज को इससे नई चेतना मिली और अनेक संस्कारगत कुरीतियों से छुटकारा मिला। स्वामी जी एकेश्वरवाद में विश्वास करते थे। उन्होंने जातिवाद और बाल-विवाह का विरोध किया और नारी शिक्षा तथा विधवा विवाह को प्रोत्साहित किया। उनका कहना था कि किसी भी अहिन्दू को हिन्दू धर्म में लिया जा सकता है। इससे हिंदुओं का धर्म परिवर्तन रुक गया।

समाज सुधारक होने के साथ ही दयानंद सरस्वती जी ने अंग्रेजों के खिलाफ भी कई अभियान चलाए। "भारत, भारतीयों का है' यह अँग्रेजों के अत्याचारी शासन से तंग आ चुके भारत में कहने का साहस भी सिर्फ दयानंद में ही था। उन्होंने अपने प्रवचनों के माध्यम से भारतवासियों को राष्ट्रीयता का उपदेश दिया और भारतीयों को देश पर मर मिटने के लिए प्रेरित करते रहे।

उनके इस तीखे उत्तर से तिलमिलाई अँग्रेजी सरकार में उन्हें समाप्त करने के लिए तरह-तरह के षड्यंत्र रचे जाने लगे। स्वामी जी का देहांत सन् 1883 को दीपावली के दिन संध्या के समय हुआ। स्वामी दयानंद सरस्वती ने अपने विचारों के प्रचार के लिए हिन्दी भाषा को अपनाया। उनकी सभी रचनाएं और सर्वाधिक महत्त्वपूर्ण ग्रंथ 'सत्यार्थ प्रकाश' मूल रूप में हिन्दी भाषा में लिखा गया। आज भी उनके अनुयायी देश में शिक्षा आदि का महत्त्वपूर्ण कार्य कर रहे हैं।

आर्य समाज

19वीं सदी के सुधारवादी आन्दोलनों में आर्य समाज अपना प्रमुख स्थान रखता है। इसकी स्थापना 10 अप्रेल, 1875 ई को स्वामी दयानन्द सरस्वती ने बम्बई में

की थी। वह वैदिक धर्म पर आधारित था। स्वामी दयानन्द के अवतीर्ण होने से पूर्व हिन्तुत्व जर्जर हो चुका था एवं उसमें अनेक आडम्बरों, कर्मकाण्डों एवं रूढ़ियों ने प्रवेश कर लिया था। ईसाई और इस्लाम धर्म प्रचारक हिन्दू धर्म का खुला उपहास उड़ा रहे थे एवं अपने धर्म का प्रचार कर रहे थे। केशवचन्द्र सेन के ब्रह्म समाज का झुकाव भी ईसाई धर्म की तरफ था।

इन परिस्थितियों में दयानन्द ने हिन्दू धर्म में व्याप्त बुराईयों को दूर करते हुए हिन्दुओं का ध्यान उनके धर्म के मूल स्वरूप की ओर आकृष्ट किया। उन्होंने इस बात पर बल दिया कि भारतीय संस्कृति विश्व की श्रेष्ठतम् संस्कृति है। उनकी धारणा थी कि हिन्दू धर्म ही सच्चा धर्म है तथा वेद ज्ञान के भण्डार है। स्वामी दयानन्द का मानन था कि यदि वैदिक धर्म की बुराइयों को दूर कर उसे पुनः प्रतिष्ठित किया जाए, तो भारत पुनः विश्व का गुरू बनने में सक्षम है। इस प्रकार जहाँ राजा राममोहन राय का झुकाव ईसाई धर्म की तरफ था, वहीं स्वामी दयानन्द का झुकाव हिन्दू धर्म की तरफ था। उन्होंने हिन्दू धर्म में एक नए प्राण फूंक दिए। रोमा रोलां के शब्दों में, दयानन्द इलियड् अथवा गीता के प्रमुख वाचक के समान थे, जिसने हरक्युलिस की शक्ति के साथ हिन्दू अन्धविश्वासों पर प्रबल प्रहार किया। वस्तुतः शंकराचार्य के बाद इतनी महान् बुद्धि का सन्त दूसरा नहीं जन्मा। रवीन्द्रनाथ टैगोर के अनुसार, स्वामी दयानन्द सरस्वती आधुनिक भारत के एक महान् पथ-दर्शक थे।

स्वामी दयानन्द सरस्वती संस्कृत के महान विद्वान थे। 1872 ई. में उन्होंने ब्रह्म समाज के साथ मिलकर कार्य करने का प्रयत्न किया, किन्तु प्रयत्न विफल रहा, क्योंकि ब्रह्म समाज के सदस्यों का वेदों की प्रामाणिकता तथा पुनर्जन्म के सिद्धान्त में कोई विश्वास नहीं था एवं उनका झुकाव पाश्चात्य संस्कृति तथा ईसाई धर्म की तरफ था। स्वामी दयानन्द सरस्वती ने केशवचन्द्र सेन के परामर्श पर संस्कृत भाषा के स्थान हिन्दी भाषा में अपने विचारों का प्रचार करना आरम्भ कर दिया। स्वामीजी ने 10 अप्रेल, 1875 ई. को बम्बई में आर्य समाज की स्थापना की। यहाँ से दिल्ली गए, जहाँ सत्य की खोज हेतु हिन्दू, ईसाई एवं मुस्लिम धर्म प्रचारकों का सम्मेल बुलाया गया था। इस सम्मेलन में दो दिन तक वाद-विवाद होता रहा, किन्तु सम्मेलन किसी निर्णय पर न पहुँच सका। स्वामी जी ने इसके बाद पंजाब में जाकर अपने विचारों का प्रचार किया। इसके परिणामस्वरूप पंजाब में स्थान-स्थान पर आर्य समाज की शाखाएँ स्थापित हुए। इसके बाद वे ग्वालियर, राजस्थान, उत्तर प्रदेश, गुजरात आदि स्थानों पर आर्य समाज का प्रसार किया।

स्वामी दयानन्द सरस्वती ने तीन ग्रन्थों की रचना की–

1. प्रथम ग्रन्थ ऋग्वेदादि भाष्य में उन्होंने वेदों के सम्बन्ध में विचार व्यक्त किए।
2. द्वितीय ग्रन्थ में वेद भाष्य में उन्होंने ऋग्वेद तथा यजुर्वेद के सम्बन्ध में टीका लिखी।
3. स्वामी दयानन्द का तीसरा ग्रन्थ सत्यार्थ प्रकाश था, जो बहुत अधिक प्रसिद्ध है। इस ग्रन्थ में उन्होंने सभी धर्मों के दोषों पर प्रकाश डालते हुए यह प्रामाणित करने का प्रयत्न किया है कि वैदिक धर्म ही सभी धर्मों श्रेष्ठ है। इसमें उन्होंने इस्लाम तथा ईसाई धर्म के आडम्बरों तथा कर्मकाण्डों की भी खुलकर आलोचना की है। इससे हिन्दू इन धर्मों के दोषों से परिचित हुए तथा वे समझ गए कि ये धर्म हिन्दू धर्म से श्रेष्ठ नहीं है। इससे हिन्दुओं का विश्साव इन धर्मों से उठने लगा तथा पुनः हिन्दू धर्म की तरफ आकर्षित होने लगा। उन्होंने ईसाई एवं इस्लाम धर्म की श्रेष्ठता पर पानी फेर दिया। यह उनकी महान् देन थी। डॉ. ताराचन्द ने लिखा है कि, दयानन्द को आपत्ति तो इस बात पर थी कि इस्लामी और ईसाई तत्त्व हिन्दू धर्म पर आक्रमण करने से बाज नहीं आ रहे थे और इसलिए अपने धर्म के बचाव में उन्होंने प्रत्याक्रमण के शस्त्र का सहारा लिया, ताकि हिन्दू धर्म पर हमले के बजाय उन्हें अपनी स्थिति बचाने की फिक्र हो। एम.ए. चमूपति ने लिखा है कि, मुल्लाओं और पादरियों ने पहली बार यह अनुभव किया कि अनेक विश्वास की बिना किसी संकोच के आलोचना हो सकती है।

स्वामी दयानन्द सरस्वती का अन्तिम समय राजस्थान में व्यतीत हुआ। उनके उपदेशों से प्रभावित होकर यहाँ के अनेक राजा तथा सामन्त उनके भक्त बन गए। उनके राजनीतिक विचार बड़े उँचे थे। उन्होंने सत्यार्थ प्रकाश में लिखा है कि, विदेशी राज्य से स्वराज्य हर प्रकार से अच्छा है। स्वामी जी ने जोधपुर के व्यसनी नरेश महाराज जसवन्त सिंह को खूब लताड़ा था, अतः महाराज की कृपापात्र नन्हीं जान ने स्वामी जी के भोजन में विष मिला दिया, जिसके कारण 30 अक्टूबर 1883 ई. को स्वामी जी की अजमेर में मृत्यु हो गई। उनकी मृत्यु के सम्बन्ध में मादाम ब्लोवाट्स्की ने लिखा था कि, यह बिल्कुल सही बात है कि शंकराचार्य के बाद भारत में कोई भी ऐसा व्यक्ति नहीं हुआ, जो स्वामी जी से बडा संस्कृतज्ञ, उनसे बड़ा दार्शनिक, उनसे अधिक तेजस्वी वक्ता तथा कुरीतियों पर टूट पड़ने में उनसे अधिक निर्भीक रहा हो। दी थियोसोफिस्ट ने स्वामी जी की मृत्यु के बाद प्रशंसा में लिखा था कि, उन्होंने जर्जर हिन्दुत्व के गतिहीन जन-समूह पर भारी बम प्रहार किया और अपने भाषणों से लोगों के हृदय में आग लगा दी। सारे भारत वर्ष में उनके समान

हिन्दी और संस्कृत का वक्ता दूसरा कोई नहीं था। पाल रिचार्ड ने लिखा है कि, स्वामी दयानन्द निःसन्देह एक ऋषि थे। उनका प्रादुर्भाव लोगों को कारागार से मुक्त करने और जाति बन्धन तोड़ने के लिए हुआ था। मैक्समूलर ने लिखा है कि, स्वामी दयानन्द सरस्वती ने हिन्दू धर्म के सुधार का बड़ा कार्य किया। जहां तक समाज सुधार का सम्बन्ध है, वे बड़े उदार हृदय थे। वे अपने विचारों को वेदों पर आधारित और उन्हें ऋषियों के ज्ञान पर अवलम्बित मानते थे।

इन्होंने वेदों पर बड़े-बड़े भाष्य किए, जिससे मालूम होता है कि वे पूर्ण विद्वान थे। उनका स्वाध्याय बड़ा व्यापक था। रोमा रोला ने लिखा है कि, ऋषि दयानन्द उच्चतम् व्यक्तित्व के पुरूष थे। दयानन्द ने अपह्व व अछूतपन के अन्याय को सहन न किया और उससे अधिक उनके अपह्यत अधिकारों का उत्साही समर्थक दूसरा कोई न हुआ। भारत में स्त्रियों की शोचनीय दशा को सुधारने में भी दयानन्द ने बड़ी उदारता व साहस से काम लिया। वास्तव में राष्ट्रीय भावना और जाग्रति के विचार को क्रियात्मक रूप देने से सबसे अधिक प्रबल शक्ति उन्हीं की थी। वह नव-निर्माण और राष्ट्रीय संगठन की जो मशाल जलाई थी, उसका कोई जवाब नहीं था। वे जो कुछ कर रहे थे, उसका उत्तर न तो मुसलमान दे सकते थे, न ईसा, न पुराणों पर पलने वाले हिन्दू पण्डित और विद्वान। हिन्दू पुनर्जागरण अब पूरे प्रकाश में आ गया था और उनके समझदार लोग यह अनुभव करने लगे कि सच ही पौराणिक धर्म में कोई सार नहीं है। एर्मसन ने लिखा है, यह स्वीकार महत्त्वपूर्ण है। उनकी मान्यताओं और सिद्धान्तों ने एक बार तो हीनभाव ग्रस्त इस जाति को अपूर्व उत्साह से भर दिया। श्री ए. ओ. ह्यूम ने लिखा है, स्वामी दयानन्द के सिद्धान्तों के विषय में कोई मनुष्य कैसी ही सम्मति स्थिर कर ले, परन्तु वह सबको मान लेना पड़ेगा कि स्वामी दयानन्द अपने देश के लिए गौरव रूप थे। दयानन्द को खोकर भारत को महान् हानि उठानी पड़ी है। वह एक महान और श्रेष्ठ मनुष्य थे। डॉ. राजेन्द्र प्रसाद ने लिखा है, महर्षि दयानन्द के उपदेशों ने करोड़ों लोगों को नवजीवन नई चेतना और नया दृष्टिकोण प्रदान किया। उन्हें श्राद्धांजिल अर्पित करते हुए हमें व्रत लेना चाहिए कि उनके बताए हुए मार्ग पर चलकर हम देश को शान्त और वैभवपूर्ण बनाएँगे। डॉ. राधाकृष्ण ने लिखा है कि, स्वामी दयानन्द एक महान् सुधारक और प्रखर क्रान्तिकार महापुरूष तो थे ही, साथ ही उनके हृदय में सामाजिक अन्यायों को उखाड़ फेंकने की प्रचण्ड अग्नि भी विद्यमान थी। उनकी शिक्षाओं का हम सबके लिए भारी महत्त्व है। उन्होंने हमे यह महान संदेश दिया हि हम सत्य को कसौटी पर कसकर ही किसी बात को स्वीकार करे।

आर्य समाज के सिद्धान्त

स्वामी दयान्नद सरस्वती ने अपनी पुस्तक सत्यार्थ प्रकाश में आर्य समाज के 10 सिद्धान्तों का वर्ण किया है, जो इस प्रकार हैं–

1. ईश्वर ही ज्ञान का मुख्य कारण है। सभी सत्य, विद्या एवं जो पदार्थ विद्या से जाने जाते है, उन सबका मूल कारण परमेश्वर है।
2. ईश्वर सच्चिदानन्द, सर्वशक्तिमान, सर्वव्यापक, न्यायकारी, अजन्मा, दयालु, अनादि, अजर, अमर, अभय, नित्य पवित्र, सृष्टिकर्ता एवं निर्विकार है। हम सभी को उसकी भक्ति व उपासना करनी चाहिए।
3. वेद ज्ञान के भण्डार हैं। अतः प्रत्येक आर्य का कर्तव्य है कि वह वेदों को पढ़े और सुने।
4. असत्य का त्याग करने तथा सत्य को ग्रहण करने हेतु सदैव उद्धत रहना चाहिए।
5. सबसे धर्मानुसार, प्रेमपूर्वक एवं यथायोग्य व्यवहार करना चाहिए।
6. विद्या का सृजन एवं अविद्या का नाश करना चाहिए।
7. सभी कार्य सत्य एवं असत्य पर विचार करने ही करने चाहिए।
8. समाज का उद्देश्य सभी व्यक्तियों की शारीरिक, आत्मिक एवं सामाजिक उन्नति के लिए प्रयत्ना करना है।
9. प्रत्येक व्यक्ति को अपनी उन्नति से सन्तुष्ट न रहते हुए दूसरों की उन्नति को भी अपनी उन्नति समझना चाहिए।
10. व्यक्तिगत हित सम्बन्धी कार्यों में सभी व्यक्तियों को स्वतन्त्रता होनी चाहिए। किन्तु सार्वजनिक हित सम्बन्धी विषयों पर आपसी मतभेद भुलाकर परस्पर सहयोग से कार्य करना चाहिए।

आर्य समाज आंदोलन

आर्य समाज एक हिन्दू सुधार आंदोलन हैं। जिसकी स्थापना स्वामी दयानंद सरस्वती ने 1875 में बंबई में मथुरा के स्वामी विरजानंद की प्रेरणा से की थी। यह आंदोलन पाश्चात्य प्रभावों की प्रतिक्रिया स्वरूप हिंदू धर्म में सुधार के लिए प्रारंभ हुआ था। आर्य समाज में शुद्ध वैदिक परम्परा में विश्वास करते थे तथा मूर्ति पूजा, अवतारवाद, बलि, झूठे कर्मकाण्ड व अंधविश्वासों को अस्वीकार करते थे। इसमें छुआछूत व जातिगत भेदभाव का विरोध किया तथा स्त्रियों व शूद्रों को भी यज्ञोपवीत

धारण करने व वेद पढ़ने का अधिकार दिया था। स्वामी दयानन्द सरस्वती द्वारा रचित सत्यार्थ प्रकाश नामक ग्रन्थ आर्य समाज का मूल ग्रन्थ है। आर्य समाज का आदर्श वाक्य है–कृण्वन्तो विश्वमार्यम, जिसका अर्थ है–विश्व को आर्य बनाते चलो।

प्रसिद्ध आर्यसमाजी जनों में स्वामी दयानन्द सरस्वती, स्वामी श्रद्धानन्द, महात्मा हंसराज, लाला लाजपत राय, भाई परमानन्द, पंडित गुरुदत्त, स्वामी आनन्दबोध सरस्वती, स्वामी अछूतानन्द, चौधरी चरण सिंह, पंडित वन्देमातरम रामचन्द्र राव, बाबा रामदेव, तथ्य वांछित, आदि आते हैं।

सिद्धांत

आर्य शब्द का अर्थ है श्रेष्ठ और प्रगतिशील। अतः आर्य समाज का अर्थ हुआ श्रेष्ठ और प्रगतिशीलों का समाज, जो वेदों के अनुकूल चलने का प्रयास करते हैं। दूसरों को उस पर चलने को प्रेरित करते हैं। आर्यसमाजियों के आदर्श मर्यादा पुरुषोत्तम राम और योगिराज कृष्ण हैं। महर्षि दयानंद ने उसी वेद मत को फिर से स्थापित करने के लिए आर्य समाज की नींव रखी। आर्य समाज के सब सिद्धांत और नियम वेदों पर आधारित हैं। आर्य समाज की मान्यताओं के अनुसार फलित ज्योतिष, जादू-टोना, जन्मपत्री, श्राद्ध, तर्पण, व्रत, भूत-प्रेत, देवी जागरण, मूर्ति पूजा और तीर्थ यात्रा मनगढ़ंत हैं, वेद विरुद्ध हैं। आर्य समाज सच्चे ईश्वर की पूजा करने को कहता है, यह ईश्वर वायु और आकाश की तरह सर्वव्यापी है, वह अवतार नहीं लेता, वह सब मनुष्यों को उनके कर्मानुसार फल देता है, अगला जन्म देता है, उसका ध्यान घर में किसी भी एकांत में हो सकता है।

इसके अनुसार दैनिक यज्ञ करना हर आर्य का कर्तव्य है। परमाणुओं को न कोई बना सकता है, न उसके टुकड़े ही हो सकते हैं। यानी वह अनादि काल से हैं। उसी तरह एक परमात्मा और हम जीवात्माएं भी अनादि काल से हैं। परमात्मा परमाणुओं को गति दे कर सृष्टि रचता है। आत्माओं को कर्म करने के लिए प्रेरित करता है। फिर चार ऋषियों के मन में 20,378 वेदमंत्रों का अर्थ सहित ज्ञान और अपना परिचय देता है। सत्यार्थ प्रकाश आर्य समाज का मूल ग्रन्थ है। अन्य माननीय ग्रंथ हैं - वेद, उपनिषद, षड् दर्शन, गीता व वाल्मीकि रामायण इत्यादि। महर्षि दयानंद ने सत्यार्थ प्रकाश में इन सबका सार दे दिया है। 18 घंटे समाधि में रहने वाले योगिराज दयानंद ने लगभग आठ हजार किताबों का मंथन कर अद्भुत और क्रांतिकारी सत्यार्थ प्रकाश की रचना की।

मान्यताएँ

ईश्वर का सर्वोत्तम और निज नाम ओम् है। उसमें अनंत गुण होने के कारण उसके ब्रह्मा, महेश, विष्णु, गणेश, देवी, अग्नि, शनि वगैरह अनंत नाम हैं। इनकी अलग-अलग नामों से मूर्ति पूजा ठीक नहीं है। आर्य समाज वर्णव्यवस्था यानी ब्राह्मण, क्षत्रिय, वैश्य व शूद्र को कर्म से मानता है, जन्म से नहीं। आर्य समाज स्वदेशी, स्वभाषा, स्वसंस्कृति और स्वधर्म का पोषाक है।

आर्य समाज सृष्टि की उत्पत्ति का समय चार अरब 32 करोड़ वर्ष और इतना ही समय प्रलय काल का मानता है। योग से प्राप्त मुक्ति का समय वेदों के अनुसार 31 नील 10 खरब 40 अरब यानी एक परांत काल मानता है। आर्य समाज वसुधैव कुटुंबकम् को मानता है। लेकिन भूमंडलीकरण को देश, समाज और संस्कृति के लिए घातक मानता है। आर्य समाज वैदिक समाज रचना के निर्माण व आर्य चक्रवर्ती राज्य स्थापित करने के लिए प्रयासरत है। इस समाज में मांस, अंडे, बीड़ी, सिगरेट, शराब, चाय, मिर्च-मसाले वगैरह वेद विरुद्ध होते हैं।

आर्य समाज के दस नियम

1. सब सत्यविद्या और जो पदार्थ विद्या से जाने जाते हैं, उन सबका आदिमूल परमेश्वर है।
2. ईश्वर सच्चिदानंदस्वरूप, निराकार, सर्वशक्तिमान, न्यायकारी, दयालु, अजन्मा, अनंत, निर्विकार, अनादि, अनुपम, सर्वाधार, सर्वेश्वर, सर्वव्यापक, सर्वांतर्यामी, अजर, अमर, अभय, नित्य, पवित्र और सृष्टिकर्ता है, उसी की उपासना करने योग्य है।
3. वेद सब सत्यविद्याओं का पुस्तक है। वेद का पढ़ना-पढ़ाना और सुनना-सुनाना सब आर्यों का परम धर्म है।
4. सत्य के ग्रहण करने और असत्य के छोडने में सर्वदा उद्यत रहना चाहिये।
5. सब काम धर्मानुसार, अर्थात सत्य और असत्य को विचार करके करने चाहियें।
6. संसार का उपकार करना इस समाज का मुख्य उद्देश्य है, अर्थात शारीरिक, आत्मिक और सामाजिक उन्नति करना।
7. सबसे प्रीतिपूर्वक, धर्मानुसार, यथायोग्य वर्तना चाहिये।
8. अविद्या का नाश और विद्या की वृद्धि करनी चाहिये।
9. प्रत्येक को अपनी ही उन्नति से संतुष्ट न रहना चाहिये, किंतु सब की उन्नति में अपनी उन्नति समझनी चाहिये।

10 सब मनुष्यों को सामाजिक, सर्वहितकारी, नियम पालने में परतंत्र रहना चाहिये और प्रत्येक हितकारी नियम पालने सब स्वतंत्र रहें।

आर्य समाज और भारत का नवजागरण

आर्य समाज ने भारत में राष्ट्रवादी विचारधारा को आगे बढ़ाने में महत्त्वपूर्ण योगदान किया है। इसके अनुयायियों ने भारतीय स्वतंत्रता आंदोलन में बढ-चढ कर भाग लिया। आर्य समाज के प्रभाव से ही भारतीय राष्ट्रीय कांग्रेस के भीतर स्वदेशी आन्दोलन आरंभ हुआ था। आर्य समाज ने हिन्दू धर्म में एक नयी चेतना का आरंभ किया था। स्वतंत्रता पूर्व काल में हिंदू समाज के नवजागरण और पुनरुत्थान आंदोलन के रूप में आर्य समाज सर्वाधिक शक्तिशाली आंदोलन था। यह पूरे पश्चिम और उत्तर भारत में सक्रिय था तथा सुप्त हिन्दू जाति को जागृत करने में संलग्न था। यहाँ तक कि आर्यसमाजी प्रचारक फिजी, मारीशस, गयाना, ट्रिनिडाड, दक्षिण अफ्रीका में भी हिंदुओं को संगठित करने के उद्देश्य से पहुँच रहे थे। आर्य समाजियों ने सबसे बड़ा कार्य जाति व्यवस्था को तोड़ने और सभी हिन्दुओं में समानता का भाव जागृत करने का किया।

शिक्षा का प्रसार

दयानंद एंग्लो वैदिक विद्यालय

दयानंद एंग्लो वैदिक विद्यालय अविभाजित भारत के कुछ भागों (मुख्यतः पंजाब) में आरम्भ किये गये विद्यालयों एवं महाविद्यालयों की एक शृंखला का नाम है। इसे आर्य समाज के महान सदस्य एवं शिक्षाविद महात्मा हंसराज ने आरम्भ किया था। ये विद्यालय भारतीय चिंतन और भारतीय संस्कृति के साथ आधुनिक प्रौद्योगिकी के संगम हैं।

उन्नीसवीं शताब्दी के उत्तरार्ध में स्वामी दयानन्द सरस्वती ने आर्य समाज की स्थापना की जिसका लक्ष्य भारतीय समाज को बौद्धिक, वैचारिक (मउवजपवदंससल) एवं आध्यात्मिक रूप से पुनर्जीवित करना था। उन्होने वेदों की ओर वापस जाने का आह्वान किया जिसका वास्तविक अर्थ शिक्षा का प्रसार करना था। स्वामी दयानन्द का विश्वास था कि शिक्षा के प्रसार के द्वारा ही देश के कोने-कोने में जागृति आयेगी।

महर्षि दयानन्द के सपनो को साकार करने के लिये उनके कुछ ज्ञानी, समर्पित एवं त्यागी अनुयियों ने दयानन्द ऐंग्लो वैदिक कॉलेज ट्रस्ट तथा

प्रबन्धन समिति की स्थापना की। 01 जून सन् 1886 में इस समिति का पंजीयन (रजिस्ट्रेशन) हुआ। 1886 में ही समिति का पहला डीएवी स्कूल लाहौर में स्थापित हुआ और लाला हंसराज इसके अवैतनिक प्रधानाचार्य बनाये गये। इस प्रकार एक शैक्षिक आन्दोलन की नींव पड़ी। अनेक दूरदर्शी एवं राष्ट्रवादी जैसे लाला लाजपत राय, भाई परमानन्द, लाला द्वारका दास, बक्शी रामरतन, बक्शी टेक चन्द आदि ने इस आन्दोलन को आगे बढ़ाया और इसे पूरे देश में फैलाया।

हिन्दी-सेवा

आर्य समाज से जुडे लोग भारत की स्वतन्त्रता के साथ-साथ भारत की संस्कृति, भाषा, धर्म, शिक्षा आदि के क्षेत्र में सक्रिय रूप से जुडे रहे। स्वामी दयानन्द की मातृभाषा गुजराती थी और उनका संस्कृत का ज्ञान बहुत अच्छा था, किन्तु केशव चन्द्र सेन के सलाह पर उन्होने सत्यार्थ प्रकाश की रचना हिन्दी में की। दयानंद ने सत्यार्थ प्रकाश जैसा क्रांतिकारी ग्रंथ हिंदी में रचकर हिंदी को एक प्रतिष्ठा दी। आर्यसमाज ने हिन्दी को आर्यभाषा कहा और सभी आर्यसमाजियों के लिये इसका ज्ञान आवश्यक बताया। दयानन्द जी वेदों का की व्याख्या संस्कृत के साथ-साथ हिन्दी में भी की। स्वामी श्रद्धानन्द ने हानि उठाकर भी अनेक पत्र-पत्रिकाओं का प्रकाशन देवनागरी लिपि में लिखी हिन्दी में किया जबकि उनका प्रकाशन पहले उर्दू में होता था।

आर्यसमाज का योगदान

आर्य समाज शिक्षा, समाज-सुधार एवं राष्ट्रीयता का आन्दोलन था। भारत के 85 प्रतिशत स्वतंत्रता संग्राम सेनानी, आर्य समाज ने पैदा किया। स्वदेशी आन्दोलन का मूल सूत्रधार आर्यसमाज ही है।

स्वामी जी ने धर्म परिवर्तन कर चुके लोगों को पुनः हिंदू बनने की प्रेरणा देकर शुद्धि आंदोलन चलाया।

आज विदेशों तथा योग जगत में नमस्ते शब्द का प्रयोग बहुत साधारण बात है। एक जमाने में इसका प्रचलन नहीं था - हिन्दू लोग भी ऐसा नहीं करते थे। आर्यसमाजियो ने एक दूसरे को अभिवादन करने का ये तरीका प्रचलित किया। ये एक समय समाजियों की और अब भारतीयों की पहचान बन चुका है।

स्वामी दयानंद ने हिंदी भाषा में सत्यार्थ प्रकाश पुस्तक तथा अनेक वेदभाष्यों की रचना की। एक शिरोल नामक एक अंग्रेज ने तो सत्यार्थ प्रकाश को ब्रिटिश साम्राज्य की जड़ें खोखली करने वाला लिखा था।

सन् 1886 में लाहौर में स्वामी दयानंद के अनुयायी लाला हंसराज ने दयानंद एंग्लो वैदिक कॉलेज की स्थापना की थी।

सन् 1901 में स्वामी श्रद्धानंद ने कांगड़ी में गुरुकुल विद्यालय की स्थापना की।

आर्य-समाज आन्दोलन स्वामी दयानंद सरस्वती द्वारा प्रारम्भ किया गया था। यह आन्दोलन ब्रह्म समाज आन्दोलन से भिन्न था। संस्कृत के प्रकांड विद्वान और संन्यासी होने से वह राममोहन से कुछ बातों में अलग थे। उनका वेदों की उच्चता, पुनर्जन्म और कर्म सिद्धांत में अटूट विश्वास था। पूजा विधि में भी उन्होंने पुरानी पद्धति को ही अपनाया। वह अंग्रेजी भाषा से अपरिचित थे। उनका प्रचार कार्य केवल अंग्रेजी पढ़े-लिखे लोगों तक ही सीमित न होकर सामान्य जनता तक फैला हुआ था।

दयानंद हिन्दू धर्म के एक प्रमुख आलोचक थे विभिन्न स्थानों पर धार्मिक शास्त्रार्थ में प्रचलित हिंदू धर्म के समर्थकों को उन्होंने बहुत बुरा-भला कहा। ईसाई मिशनरियों की गतिविधियाँ कुछ अधिक व्यापक हो गई थीं। वे अपने धार्मिक प्रचार के साथ-साथ हिंदू धर्म के पास 'पवित्र पुस्तक' का अभाव बताकर उन्हें ईसाई धर्म में परिवर्तित करना चाहते थे। इसलिए स्वामी दयानंद ने वेदों को अमोघ तथा ईश्वरीय कहा। वेदों के सर्वगुण संपन्न होने से उन्हें आंतरिक उत्साह तथा प्रेरणा मिलती थी और वेदों के बताए हुए मार्ग को ही वह सत्य मानते थे, इसलिए हिंदू धर्म पर आक्षेप करने वालों को उन्हीं के स्तर पर उत्तर देते थे। दयानंद यह समझते थे कि केवल हिंदू धर्म की प्रतिरक्षा के लिए उसके आलोचकों की आलोचना आवश्यक थी। वह चाहते थे कि हिंदुओं को भी प्रचार तथा धर्म परिवर्तन के कार्य में योगदान देना चाहिए। उनका विश्वास था कि वेदों में निहित सत्य केवल हिंदुओं के लिए ही नहीं बल्कि विश्व भर के समाज के लिए है। प्राचीन काल में आर्यों ने अन्य विचारों के लोगों को वैदिक धर्म का अनुयाई बना ही लिया था।

दयानंद सरस्वती की मौलिकता चारों वेदों को समस्त ज्ञान तथा सत्य का भंडार बताने में थी। विश्व में उस समय जितना ज्ञान व्याप्त था अथवा विकास हो सकता है वह सब वेदों में निहित था। इन वेदों में निहित ज्ञान की व्याख्या ब्राह्मणों, वेदांगों, उपांगों, उपवेदों में की गई है। लेकिन इन ग्रंथों में की गई व्याख्या मूल ग्रंथ से अधिक महत्त्वपूर्ण नहीं हो सकती। इसलिए यदि टीकाकारों ने वेदों की कुछ ऐसी व्याख्या

की जो वर्तमान ज्ञान से भिन्न थी तब उन्होंने वेदों का अर्थ समझने में अवश्य ही गलती की। अन्य टीकाकारों की अपेक्षा दयानंद ने वेदों में एकेश्वरवाद की कल्पना को प्रमुख माना। वेदों में वर्णित यज्ञों और अन्य संस्कारों की नई व्याख्या की गई। हवन का लक्ष्य सामान्य वायुमंडल को स्वच्छ करना था, यज्ञों के माध्यम से ज्ञान प्रसार, तीर्थयात्रा से सत्संग और अच्छे मूल्यों का प्रसार होता था। अधिकांश विद्वान स्वामी द्वारा की गयी वेदों की व्याख्या के पक्ष में नहीं है। लेकिन स्वामी जी की विद्वत्ता और महत्त्व इस बात में है कि उन्होंने प्रत्येक आर्य को वेदों के पठन-पाठन और व्याख्या का अधिकार दिया जो अपने में क्रांतिकारी था।

दयानंद द्वारा चलाए गए आंदोलन ने साम्राज्यवादियों द्वारा पश्चिमी ज्ञान तथा ईसाई धर्म प्रचारकों द्वारा अपने धर्म की उच्चता के प्रचार से प्रस्तुत चुनौती का उचित प्रतिउत्तर प्रस्तुत किया। यद्यपि उनकी वेदों की व्याख्या पर अधिक लोग उनसे सहमत नहीं हुए, कुछ ने उनकी मजाक उड़ाई लेकिन कालांतर में उनकी व्याख्या काफी ठीक दिखाई पड़ी। श्री अरविंद ने लिखा : 'दयानंद का विचार कि वेदों में धर्म तथा ज्ञान के सत्यों का भंडार है विचित्र अथवा असंगत नहीं है, दयानंद ने वैदिक बुद्धि और ज्ञान भंडार के संबंध में अतिशयोक्ति से नहीं बल्कि अल्पानुमान से ही काम लिया।'

स्वामी द्वारा की गयी वेदों की व्याख्या से वेदों का वास्तविक रूप देखने में मदद मिली है। इतना अवश्य कहा जा सकता है कि उन्होंने उपनिषदों तथा गीता के महत्त्व का उचित मूल्यांकन नहीं किया। दयानंद ने अपना संदेश केवल वेदों तक ही सीमित रखा। इसका यह प्रभाव अवश्य हुआ कि उनका प्रचार अधिक वेग से हुआ और हिंदू धर्म में विभिन्न प्रचलित दोषों को समाप्त करने का प्रयत्न किया गया। आर्यसमाज द्वारा वेदों के आधार पर हिंदू धर्म को पुनः स्थापित करने के प्रयत्न को पुनरुत्थानवादी आंदोलन कहा जाता है। 19वीं सदी तक शताब्दियों से मिले हुए अनावश्यक परंपराओं तथा तत्त्वों को धर्म से अलग करने और हिंदू धर्म को उसके असली रूप में प्रस्तुत करने के लिए इससे अच्छा अन्य कोई प्रयत्न नहीं हो सकता था। आर्यसमाज आंदोलन किसी बाह्य तथ्यों की अपेक्षा अपने ही मूल रूप से प्रेरित था। यूरोप में प्रोटेस्टेंट धर्म सुधार आंदोलन भी बाइबिल के पुनः अध्ययन के आधार पर अत्यधिक प्रभावशाली बना था। वेदों के अध्ययन पर महत्त्व देकर दयानंद ने कई दूरगामी परिवर्तनों का सूत्रपात किया। पहले वेदों का अध्ययन केवल ब्राह्मणों का ही एकाधिकार था। दयानंद ने सब वर्णों को वेदों के अध्ययन तथा व्याख्या का अधिकार दिया।

आर्यसमाज का विकास : आर्यसमाज वास्तव में स्वामी दयानंद का वृहत रूप तथा उनके बहुमुखी व्यक्तित्त्व का प्रतिबिंब है। स्वामी दयानंद का 1883 में देहान्त हो जाने के कारण आन्दोलन का विकास कुछ अवरुद्ध हो गया था। हालांकि असंख्य आर्य समाजियों ने मिलकर कार्य करने का दृढ़ संकल्प किया लेकिन फिर भी कुछ विषयों पर मतभेद के कारण आर्यसमाज के अनुयायियों में 1892 ई. में दो दल बन गए। यह मतभेद इस मौलिक समस्या को लेकर आरंभ हुआ कि क्या एक आर्यसमाजी के लिए केवल 10 सिद्धांतों का ही मानना आवश्यक था अथवा दयानंद के विभिन्न आदेशों एवं वेदों की व्याख्या को मानना भी आवश्यक था? यह विवाद दयानंद द्वारा दिए गए व्याख्या अधिकार से संबंधित था। क्या एक आर्यसमाजी अपनी व्यक्तिगत जीवन पद्धति में स्वतंत्र है अथवा बहुमत के अधीन है। यह समस्या 10 सिद्धांतों के अतिरिक्त व्यक्तिगत व्याख्या और विश्वासों के स्वतंत्रता की थी। कालांतर में शिक्षा के क्षेत्र में दो दल बन गए। प्रथम वह जो प्राचीन गुरुकुल आश्रम के आधार पर शिक्षा प्रसार चाहते थे द्वितीय वह जो आधुनिक अंग्रेजी शिक्षा का समर्थक था। आर्यसमाज के ये दोनों दल अपने-अपने मार्ग पर चलते हुए भी कालांतर में मिलकर कार्य करते रहे।

आर्य समाज की सामाजिक क्षेत्र में देन

स्वामी दयानंद सरस्वती द्वारा स्थापित किये गये आर्य समाज की सामाजिक क्षेत्रों में दिये गये कुछ प्रमुख योगदानों को निम्न बिन्दुओं द्वारा स्पष्ट किया जा सकता है–

1. आर्यसमाज के प्रभाव से प्रमुख दूरगामी आंदोलन : शुद्धी से अभिप्राय उस संस्कार से है जिससे गैर हिंदुओं, अछूतों, दलित वर्गों तथा धर्म परिवर्तन हिंदुओं को पुनः हिंदू धर्म में स्वीकार कर लिया जाता था।

संगठन का अभिप्राय हिंदुओं को अपनी रक्षा के लिए संगठित करना था। ये दोनों आंदोलन 20वीं सदी के आरंभ में प्रमुख बन गए।

लेकिन शिक्षा प्रसार का कार्य स्वामी जी की मृत्यु के तुरंत बाद ही आरंभ कर दिया गया।

स्वामी जी ने सबसे अधिक महत्त्व वेदों के अध्ययन पर दिया और भारत के पिछड़ेपन का एक प्रमुख कारण व्यापक अज्ञानता बताया। आर्यसमाज के 10

सिद्धांतों में से एक ज्ञान प्रसार और अज्ञानता के दूर करने के प्रयत्न से संबंधित था। आर्यसमाज के इस क्षेत्र में कार्य का अनुमान इस बात से लगाया जा सकता है कि अंग्रेजी सरकार के अतिरिक्त पंजाब, यू.पी. में अन्य किसी भी संस्था ने छात्रों और छात्राओं की शिक्षा के लिए इसके समान प्रयत्न नहीं किया। आर्यसमाज द्वारा दो प्रकार की शिक्षा संस्थाएँ स्थापित की गई।

(i) वे शिक्षा संस्थाएँ जो सरकारी शिक्षा पद्धति से संबंधित थीं (डी.ए.वी. संस्थाएँ),

(ii) वे शिक्षा संस्थाएँ जो सरकारी नियंत्रण से मुक्त थीं (गुरुकुल संस्थाएँ)। 1886 ई. में लाहौर में डी.ए.वी. स्कूल की स्थापना की गई और लाला हंसराज ने अपनी अवैतनिक सेवाएँ इसमें लगा दीं। 1902 में मुंशीराम के नेतृत्व में हरिद्वार में गुरुकुल की स्थापना हुई। डी.ए.वी. संस्थाएँ अन्य प्रांतों में तेजी से फैलीं, जबकि गुरुकुल पद्धति इतनी लोकप्रिय नहीं हुई।

2. जाति व्यवस्था की आलोचना : हिंदू समाज में जाति व्यवस्था शताब्दियों से प्रचलित रही है। एक ओर इस प्रथा को हिंदू धर्म की प्रतिरक्षा का श्रेय है, दूसरी ओर इसको हिंदुओं के राजनीतिक और सामाजिक पतन के लिए भी उत्तरदायी माना जाता है। 19वीं सदी में जन्म पर आधारित जाति व्यवस्था प्राचीन वर्ण व्यवस्था से भिन्न थी। वर्ण व्यवस्था जन्म पर आधारित न होकर स्वभाव एवं कार्यों के आधार पर गठित थी। योग्यता तथा क्षमता के आधार पर एक वर्ण के लोग दूसरे वर्ण में जा सकते थे। स्वामी दयानंद ने जन्म पर आधारित जाति व्यवस्था की कटु आलोचना की। उनके अनुसार समाज में प्रत्येक व्यक्ति को समान अवसर उपलब्ध होने चाहिए। यह संभव है कि कुछ लोग अपनी शारीरिक अथवा मानसिक दुर्बलताओं से उच्चतम स्थान तक पहुँच न सकें लेकिन उन्हें जन्म से ही ऐसे अवसरों से वंचित नहीं किया जाना चाहिए। दयानंद ने वर्ण व्यवस्था को उचित ठहराते हुए जाति व्यवस्था का खंडन किया।

3. महिलाओं की स्थिति में सुधार : वैदिक काल के सामाजिक ढाँचे तथा संगठन की प्रशंसा से स्त्रियों को समाज में उच्च स्थान दिलवाने के लिए स्वाभाविक प्रयत्न हुए। वैदिक काल में स्त्रियों को उच्च शिक्षा तथा सामाजिक जीवन में पूरी तरह से भाग लेने का अधिकार था। आर्यसमाज ने स्त्री शिक्षा की ओर सबसे अधिक ध्यान दिया। स्त्रियों की गिरी हुई दशा के लिए बहु विवाह प्रथा तथा बाल विवाह प्रथाएँ उत्तरदायी थीं। वैदिक युग में ये दोनों प्रथाएँ प्रचलित नहीं थीं, इसलिए आर्यसमाज आंदोलन ने बाल विवाह का विरोध और स्त्री शिक्षा पर बल दिया और 16 वर्ष से कम आयु की लड़कियों का विवाह बंद करने की बात कही।

आर्यसमाज आंदोलन की अन्य देन

सामाजिक एवं आध्यात्मिक जगत में विभिन्न सुधार आन्दोलनों का निष्कर्ष यह निकला कि आर्यसमाजियों में प्रत्यक्ष रूप से और भारतवासियों में परोक्ष रूप से आत्मविश्वास और स्वाभिमान का विकास हुआ। आत्मविश्वास का विकास ही अंग्रेजी नौकरशाही को पसंद नहीं आया, भारतीयों में स्वावलंबन के विकास के प्रति विदेशी साम्राज्यवादी शक्ति का दृष्टिकोण कठोर था। ऐसा आंदोलन जो सरकार की सहायता के बिना विभिन्न क्षेत्रों में सफलतापूर्वक कार्य कर सके, जो भारतवासियों को श्रम और त्याग के लिए प्रेरित कर सके, सदा ही साम्राज्यवादी सत्ता द्वारा संदिग्ध होगा। इसलिए कुछ अंग्रेज लेखकों एवं अधिकारियों तथा ईसाई प्रचारकों ने आर्यसमाज के राजनीतिक लक्ष्यों के संबंध में उल्टे-सीधे प्रचार किए हैं। वेलेंटाइन शिरोल ने दयानंद का उद्देश्य सुधार की अपेक्षा हिंदू धर्म को विदेशी प्रभावों से मुक्त करना बताया। शिरोल के आक्षेपों का प्रभावशाली उत्तर लाजपतराय ने अपनी पुस्तक 'हिस्ट्री ऑफ दी आर्यसमाज' में दिया है। दूसरी ओर कुछ अंग्रेज अधिकारियों ने यह भी स्वीकार किया कि आर्यसमाज एक धार्मिक संस्था है। आर्यसमाज को अंग्रेज विरोधी समझे जाने का एक प्रमुख कारण यह था कि यह संस्था ईसाई मिशनरियों के विरुद्ध था।

स्पष्ट रूप से कहा जा सकता है कि आर्यसमाज ने प्राचीन भारत की महानता की चर्चा तथा स्वावलंबन के विकास को प्रोत्साहन दिया जिससे देश-प्रेम और राष्ट्रीयता को बल मिला। दयानंद सरस्वती ने वेदकालीन भारत की चर्चा करते समय उस युग को इसलिए अत्यंत गौरवमय बताया कि उस समय भारत में स्वराज्य था। प्राचीन वैभव की चर्चा से भारतवासियों के मन से वह हीनता की भावना बहुत कम हो गई जो भारत पर विदेशी आक्रांताओं की सफलता से सहज ही पैदा हो जाती थी। एक उच्चकोटि के स्वावलंबन की भावना पंजाब और उत्तर प्रदेश के आर्यसमाज में मिलती है। आर्यसमाज आंदोलन का प्रभाव मध्यम वर्ग के भारतवासियों पर अधिक हुआ। वे स्वभाव से राजनीति में रुचि रखते थे। आर्यसमाज ने भारत के अतीत के संबंध में एक निश्चित विचारधारा लोगों के समक्ष प्रस्तुत की, जिससे उनका अंग्रेजी साम्राज्य के प्रति दृष्टिकोण प्रभावित हुए बिना नहीं रह सकता था।

हिंदी भाषा और साहित्य को प्रोत्साहन देकर इस आंदोलन ने अंग्रेजी भाषा पर निर्भरता कम करने का प्रयत्न किया। त्याग, आत्मविश्वास, स्वावलंबन आदि को बढ़ावा देकर दयानंद ने राष्ट्रीयता की भावना को अधिक व्यापक बनाया। आर्यसमाज

की अपील केवल हिंदुओं के लिए ही थी लेकिन इसे सांप्रदायिकता की संज्ञा देना गलत है क्योंकि राष्ट्रीयता का अर्थ उस राष्ट्र की प्रत्येक इकाई के प्रेरणा स्रोतों को समाप्त करना नहीं है। एक राष्ट्र में विभिन्न पृथक-पृथक वर्ग होते हैं, जिनके प्रेरणा स्रोत भिन्न हो सकते हैं। हरेक वर्ग अपने स्रोतों से प्रेरणा प्राप्त करके राष्ट्रप्रेम तथा देशभक्ति में योगदान दे सकता है। हिंदुओं का वैदिक वैभव से प्रेरणा प्राप्त करना भारत के अन्य किसी भी वर्ग के विरुद्ध नहीं था। इसलिए आर्यसमाज को प्रतिक्रियावादी, पुनरुत्थानवादी अथवा सांप्रदायिकतावादी आंदोलन कहना अनुचित है।

आर्य समाज के सुधार–आर्य समाज के निम्नलिखित सुधार किए–

सामाजिक सुधार

स्वामी दयानन्द सरस्वती एक महान् सामाजिक सुधारक थे। उन्होंने बाल विवाह, बहु विवाह, पर्दा प्रथा, सती प्रथा, जाति प्रथा, छुआछूत, अशिक्षा आदि का विरोध करते हुए स्त्री शिक्षा, विधवा विवाह एवं अन्तर्जातीय विवाह पर बल दिया।

स्वामी जी का मानना था कि लड़कों का विवाह 25 वर्ष तथा लडकियों का विवाह 16 वर्ष की आयु से पहले नहीं करना चाहिए। उन्होंने अन्तर्जातीय विवाह एवं विधवा विवाह पर बल दिया। वे नियोग प्रथा के भी समर्थक थे, जिसके अनुसार विधवा स्त्री अपने पति के छोटे भाई अथवाछोटा भाई न होने पर परिवार के किसी सदस्य के साथ मिलकर सन्तान उत्पन्न कर सकती थी, जिससे उसे सम्पत्ति में अधिकार मिल जाता था। आर्य समाज ने हजारों विधवाओं का विवाह करवाया।

स्वामी दयानन्द सरस्वती ने स्त्रियों की शिक्षा तथा स्त्रियों को पुरुषों के समान अधिकार दिए जाने पर बल दिया। उनका मानना था कि स्त्रियों को भी वेदों का अध्ययन करने एवं यज्ञोपवीत धारण करने का अधिकार है। उन्होंने स्त्रियों की शिक्षा हेतु अनेक पाठशालाओं की स्थापना करवाई।

स्वामी दयानन्द ने वर्ण व्यवस्था, जाति-पाँति एवं ऊँच-नीच का विरोध करते हुए सामाजिक समानता पर बल दिया। उन्होंने वर्ण व्यवस्था को जन्म के स्थान पर कर्म पर आधारित माना और कहा कि हमें मनुष्य के जन्म से नही, उसके कर्म से धृणा करनी चाहिए। उन्होंने ब्राह्मणों के प्रभुत्व का विरोध करते हुए सभी वेदों के अध्ययन का अधिकार दिया। उन्होंने अछूतों के उद्धार के लिए अथक् प्रयास किया,

अतः उन्हें समाज में कुछ सम्मान प्राप्त हुआ। दिनकर ने लिखा है कि, उन्होंने धीरे-धीरे पपडियों (सामाजिक कुरीतियों की पपड़ियाँ) तोड़ने काम न करके उन्हें एक ही चोट के धक कर देने का निश्चय किया।...दयानन्द के अन्य समकालीन सुधारक केवल सुधारक मात्र थे, किन्तु दयानन्द क्रान्ति के वेग से आए।

शुद्धि आन्दोलन

स्वामी दयानन्द सरस्वती ने शुद्धि आन्दोलन चलाया। ऐसे हिन्दू को बलपूर्वक ईसाई अथवा ईस्लाम धर्म में दीक्षित कर दिए गए थे एवं जो पुनः हिन्दू धर्म ग्रहण करना चाहते थे, उन्हें शुद्ध कर हिन्दू धर्म की दीक्षा दी जाती थी। यह आन्दोलन शुद्धि आन्दोलन कहलाया। दिनकर ने लिखा है, यह केवल सुधार की वाणी नहीं थी, जाग्रत हिन्दुत्व का समरनाद था। इसके फलस्वरूप लाखों हिन्दुओं ने, जिन्होंने इस्लाम तथा ईसाई मत धारण कर लिया था, पुनः हिन्दू बन गए। इस प्रकार इन आन्दोलन ने हिन्दू धर्म की रक्षा की। आगे चलकर हिन्दू समाज के उद्धार का कार्य लाल हंसराज तथा स्वामी श्रद्धानन्द ने किया।

धार्मिक सुधार

दयानन्द ने हिन्दू धर्म में व्याप्त मूर्तिपूजा, बहुदेववाद, बलि प्रथा, प्रचलित मत-मतान्तरों, अवतारवाद, आडम्बरों, अन्धविश्वास आदि की आलोचना करते हुए एकेश्वरवाद, यज्ञ, हवन, मन्त्रपाठ इत्यादि पर बल दिया। उनका माना था कि कोई भी व्यक्ति सत्कर्म, ब्रह्मचर्य एवं ईश्वर की उपासना का सहारा लेकर मोक्ष प्राप्त कर सकता है। स्वामी जी का मानना था कि वैदिक धर्म श्रेष्ठतम् है क्योंकि यह वेदों पर आधारित है, जो ईश्वरीय देन है, उन्होंने ईसाई धर्म तथा इस्लाम के साथ-साथ हिन्दू धर्म की बुराइयों पर भी प्रकाश डाला। मृतकों के श्राद्ध का विरोध करते हुए कहा कि परलोक में मृतक की आत्मा की शान्ति हेतु यहाँ दान देना एवं भोजन करवाना मूर्खता है। इस प्रकार आर्य समाज ने हिन्दू धर्म में सुधार करते हुए उसकी पुनः श्रेष्ठता स्थापित करने का प्रयत्न किया।

साहित्यिक तथा शैक्षणिक देन

साहित्य एवं शिक्षा के क्षेत्र में स्वामी जी का योगदान बहुत ही महत्त्वपूर्ण रहा है। उन्होंने हिन्दी भाषा में अनेक ग्रन्थों की रचना की। वे संस्कृत के महत्त्व को पुनः स्थापित करना चाहते थे तथा स्त्रियों को शिक्षा दिए जाने के प्रबल समर्थक थे। वे

प्राचीन गुरुकुल शिक्षा प्रणाली के समर्थक थे, ताकि विद्यार्थी उचित ढंग से शिक्षा प्राप्त कर सके। वे शिक्षण संस्थाओं में सभी बच्चों के साथ समान व्यवहार किए जाने के समर्थक थे।

स्वामी दयानन्द की मृत्यु के बाद शिक्षा के प्रश्न को लेकर आर्य समाज दो भागों में विभाजित हो गया। एक के नेता लाल हंसराज तथा दूसरे के नेता महात्मा मुन्शीराम थे। लाला हंसराज पर पाश्चात्य शिक्षा का बहुत प्रभाव था। उनके प्रयत्नों से अनेक स्थानों पर डी.ए.वी. (दयानन्द एंग्लो वैदिक) के नाम से स्कूलों एवं कॉलेजों की स्थापना हुई। महात्मा मुन्शीराम प्राचीन गुरूकुल प्रणाली के समर्थक थे। उनके प्रयत्नों से 1900 ई. में गुरूकुल कांगड़ी नामक संस्था की स्थापना हुई, जो आगे चलकर विख्यात विश्वविद्यालय बन गया। महात्मा मुन्शीराम स्वामी श्रद्धानन्द के नाम से लोकप्रिय हुए। उन्होंने भी शुद्धि आन्दोलन को बहुत लोकप्रिय तथा प्रबल बनाया, अतः एक मुसलमान ने उनकी हत्या कर दी। आर्य समाज ने कई अनाथालयों, गो-शालाओं एवं विधवाश्रमों की स्थापना की, जो आज भी समाज सेवा के कार्य में संलग्न हैं।

राष्ट्रीय आन्दोलन में योगदान

स्वामी दयानन्द सरस्वती ने राष्ट्रीय आन्दोलन में भी महत्त्वपूर्ण योगदान दिया। उनके दो प्रमुख नारों भारत भारतीयों का है तथा वैदिक सभ्यता को अपनाइए ने भारतीयों में नवीन उत्साह भर दिया। स्वामी दयानन्द सरस्वती ने हिन्दू समाज में नवचेतना का संचार किया और हिन्दुओं में आत्म-सम्मान की भावना जाग्रत की। उन्होंने हिन्दुओं को यह बताया कि उनकी संस्कृति विश्व की प्राचीन और महान् संस्कृति है। इस पर वे अपनी संस्कृति पर गर्व करने लगे। आर्य समाज ने नमस्ते शब्द को प्रचलित किया, जो आज भी भारत तथा विदेशों में लोकप्रियता प्राप्त किए हुए है। स्वामी जी ने भारतवासियों में भी राजनीतिक चेतना जाग्रत की। स्वामी दयानन्द सरस्वती की जीवनी के एक लेखक ने उनके बारे में लिखा है, दयानन्द का मुख्य लक्ष्य राजनीतिक स्वतन्त्रता था। वास्तव में वह प्रथम व्यक्ति थे, जिन्होंने विदेशी वस्तुओं का बहिष्कार करना तथा स्वदेशी वस्तुओं का उपयोग करना सिखाया। वह प्रथम व्यक्ति थे, जिन्होंने हिन्दी को राष्ट्रभाषा स्वीकार किया। जयसवाल ने लिखा है, सन्यासी दयानन्द ने हिन्दुओं की आत्मा को उसी प्रकार स्वतन्त्रता प्रदान की, जिस प्रकार लुथर ने यूरोपियन आत्मा को प्रदान की थी और उन्होंने इस स्वतन्त्रता का निर्माण भीतर से अर्थात् हिन्दू साहित्य के आधार पर किया। उन्होंने हिन्दुओं में

देशप्रेम की भावना उत्पन्न करते हुए कहा कि विदेशी राज्य कभी स्वराज्य का मुकाबला नहीं कर सकता कर्नल आल्काट ने लिखा है, दयानन्द ने अपने अनुयायियों पर बड़ा भारी राष्ट्रीय प्रभाव डाला। एनीबेसेण्ट ने लिखा है,

दयानन्द पहले व्यक्ति थे, जिन्होंने लिखा कि भारत भारतीयों के लिए है। स्वामी जी ने हिन्दुओं में स्वाभिमान और स्वदेश प्रेम की भावना जाग्रत की थी। उन्होंने अपनी पुस्तक सत्यार्थ प्रकाश में लिखा है कि अच्छा से अच्छा विदेशी राज्य स्वदेशी राज्य का मुकाबला नहीं कर सकता है। इस प्रकार, स्वामी जी ने भारतीयों में देशभक्ति की भावना का संचार किया और उन्हें अपनी सभ्यता से प्रेम करना सिखाया।

1855 में हरीद्वार में विशाल कुम्भ मेला लगा। स्वामी दयानन्द भी इस मेले में भाग लेने के लिए हरिद्वार पहुँचे। इस समय अंग्रेजों के अत्याचारों के कारण सम्पूर्ण देश की जनता में उनके विरूद्ध भयंकर असंतोष व्याप्त था। नाना साहब अजीमुल्ला खाँ, तात्या टोपे, कुँवरसिंह, महारानी लक्ष्मीबाई आदि मेले में भाग लेने के लिए के लिए हरिद्वार पहुँचे। वहाँ वे स्वामी जी से मिले। स्वामी जी ने उन्हें अंग्रेजों के विरूद्ध कान्ति करने के लिए प्रेरित किया।

1857 की क्रान्ति का पूर्ण नियोजित तथा संगठित थी। क्रान्ति के प्रमुख सेनानायकों ने 31 मई, 1857 की तिथि विद्रोह के लिए तय की थी और इसकी सूचना देश भर की छावनियों में बड़े ही गोपनीय ढंग से पहुँचा दी गई थी, किन्तु दुर्भाग्यवश कुछ घटनाओं के कारण वह क्रान्ति निर्धारित तिथि से पूर्व ही प्रारम्भ हो गई थी। पहली घटना कलकत्ता के पाक बैरकपुर छावनी में 23 जनवरी को चर्बी वाले कारतूसों के प्रयोग के विरुद्ध हुई। बैरकपुर के सैनिकों ने चर्बी वाले कारतूसों का प्रयोग करने से इन्कार कर दिया। ब्रिटिश अधिकारियों ने इसे अनुशासनहीनता का अपराध समझकर सैनिकों को दण्ड दिया। 29 मार्च, 1857 ई. को एक ब्राह्मण सैनिक मंगल पाण्डे ने चर्बी वाले कारतूसों की आज्ञा से कुर्द्ध होकर अपने अन्य साथियों के सहयोग से कुछ अंग्रेज सैनिक अधिकारियों को मौत के घाट उतार दिया। परिणामस्वरूप मंगल पाण्डे तथा उसके साथियों को फाँसी के तख्ते पर लटका दिया गया।

मई, 1857 को मेरठ छावनी में कुछ सैनिकों ने चर्बी वाले कारतूसों का प्रयोग करने से इन्कार कर दिया। इसलिए उन्हें 9 मई को प्रातः 5-5 वर्ष की कैद की सजा सुनाई। इस पर 10 मई, 1857 ई. को मेरठ के सैनिकों ने विद्रोह कर दिया। जेल खानें में बन्दी सिपाहियों को छुड़ा लिया गया और मेरठ की सेना ने दिल्ली की ओर

कूच कर दिया। क्रान्तिकारियों ने दिल्ली पर अधिकार कर बहादुरशाह को पुनः सम्राट घोषित कर दिया।

इसके पश्चात क्रान्ति देश के अन्य भागों में फैलती गई। उत्तर भारत के अनेक राज्यों पर क्रान्तिकारियों ने अधिकार कर लिया। इसी समय लार्ड केनिंग ने एक ओर हिन्दुओं और मुसलमानों में फूट पैदा कर दी तथा दूसरी ओर क्रान्ति को कुचलने के लिए पटियाला, नाभा, जीन्द, नेपाल, हैदराबाद और ग्वालियर के शासकों से सहायता प्राप्त की। सिक्खों और गोरखों ने इस क्रान्ति को दबाने हेतु ब्रिटिश सरकार को पूरी-पूरी सहायता दी। फलस्वरूप 24 सितम्बर, 1857 ई. को ब्रिटिश सेना का दिल्ली पर अधिकार हो गया। मुगल सम्राट बहादुरशाह को बन्दी बना लिया गया और उसके दो पुत्रों को नंगा करके मौत के घाट उतार दिया गया तथा उनके सिर काटकर सम्राट के पास भेंट के रूप में भेजे गए। अंग्रेजी सेना ने एक सप्ताह तक दिल्ली में जी भरकर लूटमार की तथा कत्लेआम किया। उत्तर भारत के गाँव के गाँव मशीनगनों से स्वाहा कर दिए गए। बहादुरशाह पर मुकदमा चलाया गया और उसे उम्र कैद की सजा देकर रंगून भेज दिया गया, जहाँ 1862 में उसकी मृत्यु हो गई।

1857 ई. की क्रान्ति का केन्द्रस्थल उत्तर भारत ही रहा। दिल्ली के अतिरिक्त मेरठ, आगरा, इलाहाबाद, अवध, पटना एव रूहेलखण्ड आदि आस-पास के प्रदेशों के क्रान्तिकारियों ने अपनी सरकारों की स्थापना की और कुछ क्षेत्रो में तो थोड़े समय के लिए ब्रिटिश शासन समाप्त ही हो गया। नाना साहब, बहादुरशाह, तात्या टोपे, झाँसी की रानी लक्ष्मीबाई, कुँवरसिंह, मौलवी अहमदशाह, बेगम हजरत महल एवं खान बहादुर खाँ आदि नेताओं ने जगह-जहग पर क्रान्ति का नेतृत्व किया। झाँकी रानी लक्ष्मीबाई वीरतापूर्वक लड़ती हुई 18 जून, 1857 ई. में ग्वालियर के युद्ध में शहीद हुई। तात्या टोपे को उसके साथी मानसिंह ने धोखे से अलवर में बन्दी बनवा दिया। अंग्रेज सरकार ने तात्या टोपे को फाँसी पर लटका दिया। मौलवी अहमदशाह की हत्या कर दी गई। इस प्रकार, इस क्रान्ति को अंग्रेजों ने कुचल दिया। इस क्रान्ति में लगभग 30 हजार भारतीय सैनिक और एक लाख नागरिक मारे गए। क्रान्ति को कुचलने के बाद अंग्रेजों ने क्रान्ति में भाग लेने वाले भारतीयों पर अमानवीय अत्याचार किए। उन्होंने बदला लेने के उद्देश्य से लूटमार तथा कत्लेआम करने की खुले रूप से घोषणा कर दी। इस क्षेत्र में तो उन्होंने नादिरशाह को भी मात कर दिया था।

स्वामी दयानन्द सरस्वती ने 1857 से 1883 तक के काल में भारतीय जनता में राष्ट्रीय चेतना जाग्रत करने का हर सम्भव प्रयास किया। 1857 की क्रान्ति की

असफलता के बारे में स्वामी जी का विचार था कि यदि देशी रियासतों के नरेशों ने भी स्वाधीनता संग्राम में सहयोग दिया होता, तो भारत 1857 में ही स्वतन्त्र हो जाता, परन्तु कुछ देशी रियासतों के शासकों ने क्रान्ति का साथ देने के स्थान पर क्रान्ति को कुचलने के लिए अंग्रेजों को सहायता दी।

स्वामी दयानन्द सरस्वती 1872 में कलकत्ता पहुँचे। वहाँ उनकी तात्कालीन गवर्नर लार्ड नार्थ बुर्क से भेंट की। लार्ड नाथ ब्रूक ने स्वामी जी से कहा कि आप अपने भाषणों में अखण्ड अंग्रेजी साम्राज्य की स्थापना पर बल दिया करें, परन्तु स्वामी जी ने कहा कि मै तो हमेशा भारत की स्वतन्त्रता और अंग्रेजी राज्य की समाप्ति के लिए कहता हूँ। इस प्रकार वार्ता भंग हो गई। इसके पश्चात् लार्ड नार्थ ब्रुक ने स्वामी जी को अंग्रेजों का शत्रु समझकर उनके पीछे गुप्तचर लगा दिए। इस पर स्वामी जी ने अपने प्रचार कार्य जारी रखा। उन्होंने अपनी पुस्तक सत्यार्थ प्रकाश में लिखा है कि, प्रभो हमारे देश में कभी विदेशी राजा का राज न रहे। उन्होंने आगे लिखा कि, कोई कितना ही करे, परन्तु जो स्वदेशीय राज होता है, वह सर्वोपरि उत्तम होता है ...प्रजा पर माता-पिता के समान कृपा, न्याय एवं दया के साथ विदेशियों का राज्य भी पूर्ण सुखदायक नहीं है।

इन भूले बिसरे क्रांतिकारियों के बारे में राष्ट्रीय अभिलेखागारों से जानकारी प्राप्त हुई है। इसके अतिरिक्त शोधकर्ता भी कुछ अज्ञात क्रांतिकारियों को प्रकाश में लाए हैं।

स्वामी जी ने पराधीनता के जुए को उतार फेंकने की बात उस समय की कही, जबकि अंग्रेजी सरकार की जड़ें पाताल तक पहुँच चुकी थी। जब स्वतन्त्रता की माँग करना राजद्रोह माना जाता था। डॉ. श्याम प्रसाद मुखर्जी ने स्वामी जी के सम्बन्ध में कहा है कि, महर्षि दयानन्द सरस्वती ने सत्यार्थ प्रकाश में एक स्वतन्त्र भारत की कल्पना की थी, जिसमें स्वकीय संस्कृति तथा सभ्यता की अमूल्य परम्पराएँ अक्षुण्ण रहे। तिलक ने स्वामी जी को स्वराज्य का प्रथम सन्देश वाहक कहा था और सावरकर ने उन्हें स्वाधीनता संग्राम का सर्वप्रथम यौद्धा।

स्वामी जी पहले व्यक्ति थे, जिन्होंने स्वधर्म, स्वदेशी, स्वभाषा व स्वसंस्कृति का प्रचार किया। उनका कहना था कि अच्छा से अच्छा विदेशी राज्य स्वराज्य का मुकाबला नहीं कर सकता है। उन दिनों सरकारी कार्यालयों में देशी जूते पहनकर जाने पर प्रतिबन्ध था। स्वामी जी को यह बात बहुत बुरी लगी। उन्होंने अपने ग्रन्थ सत्यार्थ प्रकाश में इस सम्बन्ध में एक स्थान पर लिखा है कि, जब इन लोगों को हमारे देश के बने हुए जूतों से भी इतनी घृणा है, तब हमारे देश के मनुष्यों से तो

पता नहीं कितनी घृणा इन्हें होगी। अंग्रेजों द्वारा लूटी जा रही भारत की सम्पत्ति के बारे में स्वामी जी ने अनपे ग्रन्थ में एक अन्य स्थान पर लिखा है कि हमने सुना है, पारस पत्थर नाम का कोई पत्थर होता है, जिसके स्पर्श से लोहा सोना हो जाता है, परन्तु आज तक यह पत्थर किसी के देखने में नहीं आया। हमारा तो अनुमान यह कि भारत देश ही वह पारस पत्थर है, जिसमें बाहर से जो भी दरिद्र विदेशी लोहा बनकर आए, वे यहाँ से सोना बनकर ही गए।

1857 के स्वतन्त्रता संग्राम का एक प्रमुख कारण गाय का प्रश्न था। इस समय सैनिकों को ऐसे कारतूस दिए गए, जिनमें गाय की चर्बी का प्रयोग होता था। बन्दूक भरने से पूर्व सिपाहियों को कारतूस का खोल मुँह से काटना पड़ता था। जब सिपाहियों को यह पता चला कि अंग्रेजों द्वारा (कारतूस में गाय की चर्बी का प्रयोग कर) उनका धर्म भ्रष्ट किया जा रहा है, तो उन्होंने इसका विरोध भी किया, पर उन्हें उपेक्षित सफलता नहीं मिली। स्वामीजीने 1857 के बाद गोकरूणानिधि नामक एक पुस्तक लिखी, जिसमें गाय की उपयोगिता पर प्रकाश डाला गया था। इस पुस्तक में स्वामी जी ने एक स्थान पर तो यहाँ तक लिख दिया था कि, जो गाय के रक्षक नहीं, भक्षक है, वे म्लेच्छ हैं। भारत की पुण्य भूमि में एक क्षण भी म्लेच्छों को रहने का अधिकार नहीं है। स्वामी जी ने उन दिनों गोवध बन्द करवाने के लिए एक स्मृति पत्र भी महारानी विक्टोरियो को भिजवाया था।

स्वामी जी पहले व्यक्ति थे, जिन्होने हिन्दी को राष्ट्रभाषा बनाने की आवश्यकता पर बल दिया। वे अंग्रेजी से अनभिज्ञ थे। अतः इस सम्बन्ध में केशवचन्द्र सेन ने उनसे कहा कि महाराज, आपने एक बहुत बड़ी भूल की जो अंगेजी नहीं पढ़ी। यदि आप अंग्रेजों जानते, तो वेदों का संदेश अमेरिका, इंग्लैण्ड और जर्मनी में जाकर देते। इस पर स्वामी जी ने हँसकर उत्तर दिया कि, केशव बाबू, एक भूल आपसे भी हुई। आपने संस्कृत नहीं पड़ी। यदि आप संस्कृत जानते, तो पहले हम दोनों मिलकर अपने घर का सुधार करते, बाद में समय रहता तो बाहर भी चलते। सारांश यह कि स्वामी दयानन्द सरस्वती ने अपने लेखों और उपदेशों से जनता में जाग्रति उत्पन्न कर दी थी। इस प्रकार, निःसन्देह वे एक महान् राष्ट्र-निर्माता थे। डॉ. आर.सी. मजूमदार ने स्वामी जी और उनके आर्य समाज के बारे में ठीक ही लिखा है कि, स्वामी दयानन्द के आर्य समाज की शिक्षाएँ, सार्वभौम हिन्दुत्व के आदेश से चाहे जितनी भिन्न हों, किन्तु वह यह मानना पड़ेगा की आर्य समाज ने ब्रह्म समाज के बुद्धिवादी आन्दोलन की अपेक्षा नई राष्ट्रीय चेतना के

विकास में अधिक महत्त्वपूर्ण योग दिया है। आर्य समाज के महान् कार्यों में हम वैदिक धर्म का उद्धार, समाज सुधार, शुद्धि आन्दोलन, जाति भेद, अछूतोद्धार, राष्ट्रीय शिक्षा पद्धति, हिन्दी का प्रसार और राष्ट्रीय जागरण का उल्लेख कर सकते है।

शुद्धि आंदोलन

स्वामी दयानंद सरस्वती जी ने धर्म परिवर्तन कर चुके लोगों को पुनः हिंदू बनने की प्रेरणा देकर शुद्धि आंदोलन चलाया था।

1. 'शुद्धीकरण' की व्याख्या

छल-कपट से, बलप्रयोग से अथवा प्राणभय से, अन्य धर्म स्वीकारनेवाले धर्मभ्रष्ट जनोंको स्वधर्ममें लेनेकी प्रकियाको 'शुद्धीकरण' कहते हैं।

2. शुद्धीकरण के विषय में धर्मशास्त्र का क्या कथन है?

स्वधर्मको त्याग परधर्म स्वीकारना, हिंदु धर्म में पाप माना गया है। धर्मशास्त्र में आचारशुद्धि को विशेष महत्त्व दिए जानेके कारण धर्म-परिवर्तन अथवा परधर्मियों के साथ दीर्घकालतक अनेक प्रकारसे संपर्क में रहे धर्म भ्रष्टों से हिंदु समाज अंतर रखकर आचरण करता है। तथापि धर्मशास्त्र के रचनाकारों ने यह नहीं कहा कि, 'कोई हिंदु परधर्म में जानेपर हिंदू धर्म से सदाके लिए वंचित हो जाता है।' प्रायश्चित लेकर महापाप से भी मुक्त होने की सुविधा धर्मशास्त्र के निर्माताओंने उपलब्ध करवाई है।

2 अ. अथर्ववेद

इसमें, हमारे प्राचीन वैदिक पूर्वजोंने, 'व्रात्यस्तोम संस्कार' कर अवैदिकों को अपने धर्म में सम्मानपूर्वक समाविष्ट कर लिया, इसका स्पष्ट उल्लेख है। इससे स्पष्ट होता है कि व्रात्यस्तोम संस्कारसे व्यक्ति शुद्ध होता है।

2 आ. मनुस्मृति

मनुने कहा है, बलपूर्वक लादे गए, अन्याय से भोगे हुए, छलकपट से लिखवाए गए कृत्य 'अकृत' हैं अर्थात् 'ये हुए ही नहीं', ऐसा मान लिया जाए। (मनुस्मृति, अध्याय 8, श्लोक 168) अर्थात्, उपरोक्त प्रकार से हुए धर्मांतरण का दोष प्रायश्चित से दूर किया जा सकता है। इस विषयमें मनु का वचन इस प्रकार है

अकामतः कृतं पापं वेदाभ्यासेन शुध्यति।
कामतस्तु कृतं मोहात् प्रायश्चितैः पृथग्विधैः।।

मनुस्मृति, अध्याय 11, श्लोक 45

अर्थ : बिना लोभ अथवा बिना मोह के (अकामतः) किया हुआ पाप, वेदाभ्याससे नष्ट होता है, तथा लोभ एवं मोहके वशमें आकर किए गए पाप विविध प्रकारके प्रायश्चितोंसे नष्ट होते हैं। (और वह मनुष्य शुद्ध होता है।)

2 इ. याज्ञवल्क्यस्मृति

इसमें महापातकों की सूचीके साथ 39 उपपातकों की (अल्पस्तर के पातकों की) सूची दी है। स्वधर्मका त्याग, यह इस सूची में दिया हुआ 34 वां उपपातक है। इस उपपातक से मुक्त होनेके लिए याज्ञवल्क्य ने प्रायश्चित बताया है, जो इस प्रकार है–

उपपातकशुद्धिः स्यादेवं चान्द्रायणेन वा।
पयसा वापि मासेन पराकेणाथ वा पुनः।।
याज्ञवल्क्यस्मृति, अध्याय 3, श्लोक 265

अर्थ : उपपातक की शुद्धि, एक मास चांद्रायण व्रत करने से, एक माहतक दुग्धपान पर रहने से, अथवा पराक (बारह दिनोंतक भोजन न करना) प्रायश्चित करने से होती है।

2 ई. देवलस्मृति

वर्ष 732 में मुहम्मद कासिम ने हिंदुस्थान पर चढाई कर सिंध और कश्मीर के हिंदुओं का धर्म-परिवर्तन किया। उस समय धर्मभ्रष्टों के शुद्धीकरण का प्रश्न प्रथम ही उत्पन्न हुआ था। उस समय गुजरातके महर्षि देवलने मुख्यतः धर्मभ्रष्टोंको शुद्ध करने हेतु ही देवलस्मृति की रचना की। उसमें नाना प्रकारके म्लेच्छसंसर्गोंका उल्लेख कर उनके लिए प्रायश्चित भी बताया गया है।

(देवलस्मृति, अध्याय 7, श्लोक 23)

शुद्धीकरण संस्कारमें सबसे महत्त्वपूर्ण प्रश्न बलात्कारित स्त्रीका था। इस विषयमें देवलस्मृतिने स्पष्ट कहा है कि, बलात्कारित लड़की अथवा स्त्री इस घटनाके पश्चात् अगला रजोदर्शन (मासिक-धर्म) होनेपर दोषमुक्त होकर पूर्वके समान ही शुद्ध हो जाती है।

2 उ. पराशरस्मृति, बृहस्पतिस्मृति और यमस्मृति

मुसलमान अथवा ईसाई का अन्न (पाव आदि) ग्रहण करनेपर मनुष्य का धर्म-परिवर्तन होता है, यह धारणा मध्यकाल में सर्वत्र रूढ थी। किंतु, इससे भी विकट

प्रश्न गोमांस भक्षण के पाप से भी मुक्त होने का मार्ग पराशर स्मृति, बृहस्पति स्मृति और यम स्मृति ने दिखाया।

2 ऊ. शुद्ध होने के इच्छुकों की

शुद्धि न करना, धर्मशास्त्रानुसार पाप ही!

धर्मशास्त्र के निर्माताओं ने दृढ़ता पूर्वक कहा है कि, 'मुझे प्रायश्चित बताकर शुद्ध कर लीजिए', यह विनती करनेवाले को जो शुद्ध नहीं करता, वह उस अशुद्ध व्यक्ति के पाप में सहभागी होता है।'

3. शुद्धीकरणकी विविध पद्धतियां एवं विधियां

३ अ. गोमय और गोमूत्रद्वारा शुद्धि संस्कार करना

वर्ष 1000 में इस्लामी आक्रमणकारियों द्वारा धर्मांतरित किए गए हिंदुओं के शुद्धीकरण हेतु तत्कालीन ब्राह्मणों ने उन्हें गोमय और गोमूत्रसे स्नान करवाकर शुद्ध किया एवं स्वधर्ममें प्रवेश दिया', यह इस्लामी इतिहासकार अल्-बिरूनीने लिखा है।

३ आ. प.पू. करपात्री स्वामीजीद्वारा अपनाई गई शुद्धीकरण पद्धति

'प.पू. करपात्री स्वामीजीने धर्मांतरित हिंदुओंको शुद्ध करनेके लिए उनसे विष्णुसहस्रनाम और श्रीमद्‌भगवद्‌गीताके 12 वें अध्यायका पाठ एवं श्रीरामका त्रयोदश अक्षरी जप करनेकी साधना बताकर तुलसीदल और तीर्थ दिया। इस प्रकार साधना करनेवाले हिंदु धर्म में सम्मिलित हुए।' गुरुदेव डॉ. काटे स्वामीजी (उच्च आध्यात्मिक स्तर के संतों की सात्त्विकता अथवा संकल्प से ही शुद्धि होती है। वे उपचार के रूप में कर्मकांड करनेके लिए कहते हैं। संकलनकर्ता)

३ इ. धर्मशास्त्र में वर्णित शुद्धि संस्कार की विधियां

'धर्मभ्रष्ट हिंदुओंको शुद्ध कर हिंदु धर्म में पुनः लेने के लिए जो धार्मिक अनुष्ठान धर्मशास्त्र में वर्णित है, उसे शुद्धि संस्कार कहते हैं। यह शुद्धीकरण विधि, प्रायश्चितका ही एक प्रकार है।

इसमें आगे दिए अनुसार कृत्य करने पडते हैं–

1. प्रायश्चित-कथन, 2. आचमन, 3. संकल्प, 4. क्षौर, 5. पंचगव्य सेवन, 6. दंडप्रदान इसमें कृच्छ्रत्रय प्रायश्चित करना पडता है। यह करना असंभव हो, तो ब्राह्मण को यथा शक्ति द्रव्यदान करें, 7. जलाभिमंत्रण, 8. महाभिषेक इसमें 'सर्व देवता, सर्व ग्रह, ऋषि, गाएं, वृक्ष, नाग, दैत्य, अप्सरा, नदियां, तीर्थ, ये सब तुम्हारा अभिषेक करें', इस अर्थ का मंत्र कहकर पवित्र वृक्षोंके पत्तों से जलप्रोक्षण (जल का छिड़काव) करना होता है, 9. तिलक धारण, 10. इष्ट देवता की पूजा, 11. नामकरण, 12. अभिवादन परमेश्वर को नमस्कार, 13. तीर्थप्राशन (सेवन), 14. मंत्रोपदेश आवश्यकतानुसार, 15. पुनरुपनयन और 16. होम (हवन)।

यह अनुष्ठान सरल है तथा धर्मशास्त्रज्ञोंने भी इसका समर्थन किया है। इसके लिए किसी बडे विद्वान पुरोहित की आवश्यकता नहीं। यह अनुष्ठान सरल है, इसे कोई भी कर सकता है।' म.म. सिद्धेश्वरशास्त्री चित्राव (शुद्धीसंस्कार, 1927)

4. धर्मांतरण कर हिंदु बननेवालों के लिए साधनामार्ग

4 अ. धर्मभ्रष्ट लोग श्रीविष्णुके नामस्मरण से पवित्र होते हैं, यह भागवत महापुराणमें कहा गया है।

4 आ. 'धर्म-परिवर्तन कर हिंदु धर्म में आनेवाले वैष्णव पंथीय होंगे। भागवतमें बताया भक्तिमार्ग उनके लिए है। इससे हिंदू समाज प्रबल, तेजस्वी एवं ऐश्वर्यशाली होगा।' गुरुदेव डॉ. काटेस्वामीजी

५. ुद्धीकरण के विषय में स्वामी विवेकानंद द्वारा किया गया ंका समाान!

'धर्मांतरित हिंदू और मूलतः अहिंदुओं का शुद्धीकरण' इस विषय पर एक नियतकालिक 'प्रबुद्ध भारत'ने वर्ष 1899 में स्वामी विवेकानंद से वार्तालाप किया था। उस समय 'प्रबुद्ध भारत' के प्रतिनिधि द्वारा पूछी गई शंकाओं पर स्वामी विवेकानंद द्वारा दिया उत्तर यहां सार रूप में दिया है।

5 अ. धर्मांतरित हिंदुओंका शुद्धीकरण आवश्यक!

प्रतिनिधि : क्या धर्मांतरितोंको शुद्धीकरणद्वारा हिंदू धर्म में पुनः लेना चाहिए?

स्वामी विवेकानंद : 'निःसंशय धर्मांतरित हिंदुओं का शुद्धीकरण करना ही चाहिए। यदि ऐसा नहीं किया गया, तो हिंदुओंकी संख्या दिन-प्रतिदिन घटती ही जाएगी। फरिश्ता नामक प्राचीन मुसलमान इतिहासकार कहता है, मुसलमान इस देशमें प्रथम आए, उस समय हिंदुओं की संख्या साठ करोड थी। आज (वर्ष 1899 में) वह घटकर केवल बीस करोड़ रह गई है। अधिकांश धर्म-परिवर्तन मुसलमान और ईसाई धर्मियोंने तलवार के बल पर किया है। आज के परधर्मीय हिंदू उस काल में धर्मांतरित हिंदुओंके ही वंशज हैं। ऐसे लोगोंको दूर रखना हितकर नहीं। स्वेच्छा से परधर्म अपनानेवालों को भी पुनः मूल धर्म में आनेकी इच्छा हो, तो उन्हें भी शुद्ध करना चाहिए। अत्याचारोंके कारण धर्म-परिवर्तनके लिए विवश हुए मूल हिंदुओंको हिंदु धर्म में पुनः प्रवेश देते समय कोई प्रायश्चित न बताया जाए।

5 आ. अहिंदुओंको हिंदु धर्म ने स्वीकारा यह इतिहास है!

प्रतिनिधि : क्या मूलतः अहिंदुओंका शुद्धीकरण अर्थात् हिंदुकरण करना चाहिए?

स्वामी विवेकानंद : भूतकालमें ऐसे अनेक परवंशीय हमारे हिंदु धर्म में अपनाए गए हैं। अबतक राष्ट्र की सीमा पर स्थित अनेक वन्य जातियों को हिंदु धर्म ने

आत्मसात किया। मुसलमानों से पूर्व आए शक, हूण, कुशाण इत्यादि सर्व विदेशी आक्रमणकारियों को भी हिंदू धर्मने स्वीकारा है। रक्त से पृथक ऐसे अन्य धर्मियों को **हिंदु धर्ममें प्रवेश देते समय कोई प्रायश्चित न हो।**

5 इ. धर्मांतरित हिंदु शुद्धीकरण के पश्चात् अपनी पूर्वकी जाति अपनाएं, तथा अहिंदु हिंदु धर्म स्वीकारनेके पश्चात् वैष्णव पंथीय बनें! प्रतिनिधि : जिनका शुद्धीकरण हो जाए, वे किस जाति में हों? स्वामी विवेकानंद : बलपूर्वक धर्मांतरित लोग जब पुनः स्वधर्ममें लौटेंगे, उस समय उन्हें उनकी पूर्वकी जाति मिलेगी। हिंदु धर्ममें जो नए प्रवेश करेंगे, उन सबको मिलकर एक नई ही जाति बनानी पड़ेगी। यह जाति वैष्णव पंथीय होगी (वर्णसंकरसे बचने के लिए)। वे आपस में विवाह करें। अपना नाम हिंदुओं की भांति रखें। क्योंकि, वे हिंदुत्वके परिचायक हैं तथा उनमें चौतन्य है। 'प्रबुद्ध भारत' (अप्रैल 1899)

6. हिंदु समाज को आवाहन

6 अ. हिंदु समाजको जीवित रखनेके लिए शुद्धीकरण आंदोलन चलाएं !

'व्यक्ति अथवा कुछ व्यक्तियों को शुद्ध कर लेने मात्रसे क्या साध्य होगा', ऐसा कुछ लोग बडे आवेश में पूछते हैं। 'जिस प्रकार बूंद-बूंद से घड़ा भरता है, उसी प्रकार, खाली भी होता है', यह नियम यहां क्रियाशील हिंदुओं को ध्यान में रखना चाहिए। इस संदर्भ में नासिक निवासी 'भोसले सैनिक विद्यालय' के संस्थापक और हिंदु समाज के तेजस्वी नेता स्व. डॉ. बालकृष्ण शिवराम मुंजे कहते हैं, "गोजरके सहस्र पांव होने पर भी एक-एक कर पांव टूटने लगे, तो क्या वह जीवित रहेगा? हिंदु समाज की भी यही स्थिति होगी। हिंदु समाजकी क्षात्रवृत्ति जीवित रहे, ऐसे लगता है, तो शुद्धीकरण आंदोलन चलाइए।" श्री. संजय मुळ्ये, रत्नागिरी, महाराष्ट्र।

6 आ. धर्मांतरितोंके शुद्धीकरण का

विषय हिंदुओंको अपनी कार्यसूचीमें लेना चाहिए !

'टीपू सुलतानको अंग्रेजी सेना सहित समाप्त कर मराठोंकी सेना जब पुणे की ओर लौट रही थी, उस समय टीपू द्वारा धर्मांतरित अनेक हिंदु परिवार मार्गके दोनों किनारे खडे होकर, हाथ जोड़कर मराठा सेनापति हरिपंत फड़केसे विनती कर रहे थे, 'हमें हिंदू धर्म में पुनः ले लें'। वे हिंदु धर्म में लौटना चाहते थे।

परंतु, मराठोंकी कार्यसूची में शुद्धीकरण विषय नहीं था। आज भी, हिंदुओं की कार्यसूची में यह विषय नहीं है। महर्षि देवल, छत्रपति शिवाजी महाराज, स्वातंर्न्य वीर

सावरकर, प.पू. मसूरकर महाराज, स्वामी श्रद्धानंद आदि के छिटपुट कालखंडोंको छोड़ दें, तो ऐसा दिखाई देता है कि हिंदुओं ने शुद्धीकरण की अक्षम्य उपेक्षा की है। स्वातंर्न्य वीर सावरकर ने इस संबंधमें स्पष्ट कहा था, 'शुद्धिका यह कार्य केवल धार्मिक नहीं, राजनीतिक भी है।' इस कारण आजकी राजनीतिक भाषामें कहना हो, तो हिंदुओं की कार्यसूची में धार्मिक प्रत्यावर्तन, अर्थात् 'शुद्धीकरण' यह विषय होना चाहिए !' श्री अरविंद विठ्ठल कुळकर्णी (मासिकपत्र 'लोकजागर', अमरनाथ यात्रा विशेषांक, 2008)

6 इ. हिंदुस्थान में धर्मांतरित

हिंदुओं के शुद्धीकरणका आंदोलन गतिमान हो !

प.पू. मसूरकर महाराजने कहा था, 'हिंदुस्थानमें सर्वत्र बलपूर्वक धर्मांतरित हिंदुओं के वंशजों को पुनः हिंदू धर्म में लाकर उन्हें धार्मिकरूपसे मुक्त करना, यही आजके युगमें काशी की यात्रा से भी अधिक पवित्र कार्य है।' यह पवित्र कार्य केवल धर्मांतरित वनवासी क्षेत्रोंमें ही नहीं, अपितु प्रत्येक अहिंदू क्षेत्र में जाकर करना चाहिए। जिस प्रकार सुन्नत हुए बिना मुसलमान नहीं बन सकते, बप्तिस्मा लिए बिना कोई ईसाई नहीं बन सकता उसी प्रकार शुद्धि संस्कार के बिना धर्मांतरित लोग हिंदू नहीं बन सकते। इसीलिए हिंदुस्थान में धर्मांतरित हिंदुओं के शुद्धीकरण का आंदोलन गतिमान होना चाहिए। देवालयों के विध्वंससे भी हिंदुओं का धर्म-परिवर्तन है। तोड़े गए देवालय पुनः बनाए जा सकते हैं परंतु, परधर्म में गए लोग पुनः नहीं आएंगे। इतना ही नहीं, उनके वंशज आगे जाकर कट्टर हिंदूदेषी होंगे और वे ही नए देवालय पुनः ध्वस्त करेंगे। इस दुष्चक्रको रोकनेके लिए प्रत्येक हिंदुको धर्मांतरितों के हिंदुकरणका दायित्व उठाना ही होगा।

'ईश्वरका अधिष्ठान रखकर समाजमें धर्मसंस्थापना करनेके लिए प्रबोधन अथवा आवश्यकता पड़नेपर दंडनीतिका अवलंबन करना चाहिए।' समर्थ रामदासस्वामीजी के इस कथनके अनुसार हिंदुओंको धर्मकी रक्षा हेतु शुद्धीकरण का शंखनाद पूरे हिंदुस्थानमें करना होगा !

6

स्वतंत्रता संग्राम में भूमिका

महर्षि दयानन्द ने तत्कालीन समाज में व्याप्त सामाजिक कुरीतियों तथा अन्धविश्वासों और रूढियों-बुराइयों को दूर करने के लिए, निर्भय होकर उन पर आक्रमण किया। वे संन्यासी योद्धा कहलाए। उन्होंने जन्मना जाति का विरोध किया तथा कर्म के आधार वेदानुकूल वर्ण-निर्धारण की बात कही। वे दलितोद्धार के पक्षधर थे। उन्होंने स्त्रियों की शिक्षा के लिए प्रबल आन्दोलन चलाया। उन्होंने बाल विवाह तथा सती प्रथा का निषेध किया तथा विधवा विवाह का समर्थन किया। उन्होंने ईश्वर को सृष्टि का निमित्त कारण तथा प्रकृति को अनादि तथा शाश्वत माना। वे तैत्रवाद के समर्थक थे। उनके दार्शनिक विचार वेदानुकूल थे। उन्होंने यह भी माना कि जीव कर्म करने में स्वतन्त्र हैं तथा फल भोगने में परतन्त्र हैं। महर्षि दयानन्द सभी धर्मानुयायियों को एक मूंच पर लाकर एकता स्थापित करने के लिए प्रयत्नशील थे। उन्होंने इन्द्रप्रस्थ (दिल्ली) दरबार के समय 1878 में ऐसा प्रयास किया था। उनके अमर ग्रंथ सत्यार्थ प्रकाश, संस्कार विधि और ऋग्वेदादि भाष्य भूमिका में उनके मौलिक विचार सुस्पष्ट रूप में प्राप्य हैं।

वे योगी थे तथा प्राणायाम पर उनका विशेष बल था। वे सामाजिक पुनर्गठन में सभी वर्णो तथा स्त्रियों की भागीदारी के पक्षधर थे। राष्ट्रीय जागरण की दिशा में उन्होंने सामाजिक क्रान्ति तथा आध्यात्मिक पुनरुत्थान के मार्ग को अपनाया। उनकी शिक्षा

सम्बन्धी धारणाओं में प्रदर्शित दूरदर्शिता, देशभक्ति तथा व्यवहारिकता पूर्णतया प्रासङ्गिक तथा युगानुकूल है। महर्षि दयानन्द समाज सुधारक तथा धार्मिक पुनर्जागरण के प्रवर्तक तो थे ही, वे प्रचण्ड राष्ट्रवादी तथा राजनैतिक आदर्शवादी भी थे।

विदेशियों के आर्यावर्त में राज्य होने के कारण आपस की फूट, मतभेद, ब्रह्मचर्य का सेवन न करना, विधान पढ़ना-पढ़ाना व बाल्यावस्था में अस्वयंवर विवाह, विषयासक्ति, मिथ्या भाषावादि, कुलक्षण, वेद-विद्या का प्रचार आदि कुकर्म हैं, जब आपस में भाई-भाई लड़ते हैं, और तभी तीसरा विदेशी आकर पंच बन बैठता है। उन्होंने राज्याध्यक्ष तथा शासन की विभिन्न परिषदों एवं समितियों के लिए आवश्यक योग्यताओं को भी गिनाया है। उन्होंने न्याय की व्यवस्था ऋषि प्रणीत ग्रन्थों के आधार पर किए जाने का पक्ष लिया। उनके विचार आज भी प्रासंगिक हैं।

1857 की क्रान्ति के प्रमुख सूत्रधार

स्वामी दयानन्द सरस्वती को सामान्यतः केवल आर्य समाज के संस्थापक तथा समाज-सुधारक के रूप में ही जाना जाता है। राष्ट्रीय स्वतन्त्रता के लिए किये

गए प्रयत्नों में उनकी उल्लेखनीय भूमिका की जानकारी बहुत कम लोगों को है। वस्तुस्थिति यह है कि पराधीन आर्यावर्त (भारत) में यह कहने का साहस सम्भवतः सर्वप्रथम स्वामी दयानन्द सरस्वती ने ही किया था कि "आर्यावर्त (भारत), आर्यावर्तीयों (भारतीयों) का है"। हमारे प्रथम स्वतन्त्रता समर, सन् 1857 की क्रान्ति की सम्पूर्ण योजना भी स्वामी जी के नेतृत्व में ही तैयार की गई थी और वही उसके प्रमुख सूत्रधार भी थे। वे अपने प्रवचनों में श्रोताओं को प्रायः राष्ट्रीयता का उपदेश देते और देश के लिए मर मिटने की भावना भरते थे। 1855 में हरिद्वार में जब कुम्भ का मेला लगा था तो उसमें शामिल होने के लिए स्वामी जी ने आबू पर्वत से हरिद्वार तक पैदल यात्रा की थी। रास्ते में उन्होंने स्थान-स्थान पर प्रवचन किए तथा देशवासियों की नब्ज टटोली। उन्होंने यह महसूस किया कि लोग अब अंग्रेजों के अत्याचारी शासन से तंग आ चुके हैं और देश की स्वतन्त्रता के लिए संघर्ष करने को आतुर हो उठे हैं।

स्वतंत्रा क्रान्ति की आधारभूमि का निर्माण

स्वामी दयानन्द सरस्वती ने हरिद्वार पहुँच कर वहां एक पहाड़ी के एकान्त स्थान पर अपना डेरा जमाया। वहीं पर उन्होंने पाँच ऐसे व्यक्तियों से मुलाकात की, जो आगे चलकर सन् 1857 की क्रान्ति के कर्णधार बने। ये पाँच व्यक्ति थे नाना साहेब, अजीमुल्ला खां, बाला साहब, तात्या टोपे तथा बाबू कुंवर सिंह। बातचीत काफी लम्बी चली और यहीं पर यह तय किया गया कि फिरंगी सरकार के विरुद्ध सम्पूर्ण देश में सशस्त्र क्रान्ति के लिए आधारभूमि तैयार की जाए और उसके बाद एक निश्चित दिन सम्पूर्ण देश में एक साथ क्रान्ति का बिगुल बजा दिया जाए। जनसाधारण तथा आर्यावर्तीय (भारतीय) सैनिकों में इस क्रान्ति की आवाज को पहुँचाने के लिए रोटी तथा कमल की भी योजना यहीं तैयार की गई। इस सम्पूर्ण विचार विमर्श में प्रमुख भूमिका स्वामी दयानन्द सरस्वती की ही थी।

स्वाधीनता संग्राम हेतु साधू सन्यासियों के संगठन निर्माता दयानंद

विचार विमर्श तथा योजना-निर्धारण के उपरान्त स्वामी जी तो हरिद्वार में ही रुक गए तथा अन्य पांचो राष्ट्रीय नेता योजना को यथार्थ रूप देने के लिए अपने-अपने स्थानों पर चले गए। उनके जाने के बाद स्वामी जी ने अपने कुछ विश्वस्त साधु संन्यासियों से सम्पर्क स्थापित किया और उनका एक गुप्त संगठन बनाया। इसका मुख्यालय इन्द्रप्रस्थ (दिल्ली) में महरौली स्थित योगमाया मन्दिर में

बनाया गया। इस मुख्यालय ने स्वाधीनता समर में उल्लेखनीय भूमिका निभायी। स्वामी जी के नेतृत्व में साधुओं ने भी सम्पूर्ण देश में क्रान्ति का अलख जगाया। वे क्रान्तिकारियों के सन्देश एक स्थान से दूसरे स्थान पर पहुँचाते, उन्हें प्रोत्साहित करते सन् 1857 की क्रान्ति की सम्पूर्ण अवधि में राष्ट्रीय नेता, स्वामी दयानन्द सरस्वती के निरन्तर सम्पर्क में रहे।

स्वतन्त्रता-संघर्ष की असफलता पर भी स्वामी जी निराश नहीं थे। उन्हें तो इस बात का पहले से ही आभास था, कि केवल एक बार प्रयत्न करने से ही स्वतन्त्रता प्राप्त नहीं हो सकती। इसके लिए लम्बी प्रक्रिया चलानी होगी। हरिद्वार में ही 1855 की बैठक में बाबू कुंवर सिंह ने जब अपने इस संघर्ष में सफलता की संभावना के बारे में स्वामी जी से पूछा तो उनका बेबाक उत्तर था, “स्वतन्त्रता संघर्ष कभी असफल नहीं होता।” भारत धीरे-धीरे एक सौ वर्ष में परतन्त्र बना है। अब इसको स्वतन्त्र होने में भी एक सौ वर्ष लग जाएंगे। इस स्वतन्त्रता प्राप्ति में बहुत से अनमोल प्राणों की आहुतियां डाली जाएंगी।” स्वामी जी की यह भविष्यवाणी कितनी सही निकली, इसे बाद की घटनाओं ने प्रमाणित कर दिया। स्वतन्त्रता-संघर्ष की असफलता के बाद जब तात्या टोपे, नाना साहब तथा अन्य राष्ट्रीय नेता स्वामी जी से मिले तो उन्हें भी उन्होंने निराश न होने तथा उचित समय की प्रतीक्षा करने की ही सलाह दी।

1857 की क्रान्ति के दो वर्ष बाद स्वामी जी ने स्वामी विरजानन्द को अपना गुरु बनाया और उनसे दीक्षा ली। स्वामी विरजानन्द के आश्रम में रहकर उन्होंने वेदों का अध्ययन किया, उन पर चिन्तन किया और उसके बाद अपने गुरु के निर्देशानुसार वे वैदिक ज्ञान के प्रचार-प्रसार में जुट गए। इसी उद्देश्य की प्राप्ति के लिए उन्होंने आर्य समाज की भी स्थापना की और उसके माध्यम से समाज-सुधार के अनेक कार्य किए। छुआछूत, सती प्रथा, बाल विवाह, नर बलि, धार्मिक संकीर्णता तथा अन्धविश्वासों के विरुद्ध उन्होंने जमकर प्रचार किया और विधवा विवाह, धार्मिक उदारता तथा आपसी भाईचारे का उन्होंने समर्थन किया। इन सबके साथ स्वामी जी लोगों में देशभक्ति की भावना भरने से भी कभी नहीं चूकते थे।

स्वधर्म, स्वभाषा, स्वराष्ट्र, स्वसंस्कृति और स्वदेशोन्नति के अग्रदूत स्वामी दयानन्द जी का शरीर सन् 1883 में दीपावली के दिन पंचतत्व में विलीन हो गया और वे अपने पीछे छोड़ गए एक सिद्धान्त, कृण्वन्तो विश्वमार्यम् अर्थात सारे संसार को श्रेष्ठ मानव बनाओ।

मातृशक्ति के सजग प्रहरी के रूप में

स्वामी दयानन्द सरस्वती राजा राममोहन राय से लेकर जवाहरलाल नेहरु तक ऐसे आधुनिक भारतीय नेताओं और समाजसुधारकों से नितान्त भिन्न थे, जो अपनी सद्भावनाओं और समाज कल्याण की योजनाओं को क्रियान्वित करते हुए भी भारतीय समाज का आधुनिकीकरण और उत्थान का मार्ग प्रत्येक प्रकार से पश्चिमीकरण से होकर प्रशस्त होता देखते रहे। स्वामी दयानन्द सरस्वती के समक्ष भारतीय समाज के उत्थान, पुनरुद्धार और प्रगति का उपाय अपनी ही संस्कृति में अन्तर्निहित शक्ति और ऊर्जा का अनुसन्धान था। इसी शक्ति और ऊर्जा के अनुसन्धान के माध्यम से उन्होंने भारतीय समाज में प्रचलित अन्धविश्वासों, रूढियों और परम्पराओं पर वज्र प्रहार किया। स्वामी दयानन्द सरस्वती का कुरीतियों पर वज्र प्रहार भारतीय समाज को गौरवान्वित करने के लिए, उसका मोहभंग करने के लिये, उसको बुद्धि और तर्कसंगत तथा वैज्ञानिक चिन्तन प्रदान करने के लिये ही किया गया था।

स्वामी दयानन्द सरस्वती के कार्यकाल में भारतीय जनजीवन में अनेक कुरीतियाँ अपना विषाक्त प्रभाव छोड़ रही थीं। इस विषाक्त प्रभात के उन्मूलन की कहानी ही स्वामी दयानन्द सरस्वती के जीवन की कहानी है। इस कहानी का आरम्भ शिव है और अन्त भी एक कण्ठ विषपायी शिव है, जो कि समाज कल्याण के लिए स्वयं विष पीकर औरों के जीवन में अमृत बरसा गया। उन्होंने सच्चे शिव की आदिशक्ति मातृशक्ति के प्रति समाज की उपेक्षा को जघन्य अपराध माना है। स्वामी दयानन्द सरस्वती के कार्यकाल में भारतीय समाज में नारी के प्रति विचित्र और भ्रान्त मान्यतायें प्रचलित थीं। इन मान्यताओं में नारीजाति को समाज में वरेण्य और श्रेष्ठ स्थान प्राप्त नहीं था। बालविवाह और अनमेल विवाह की प्रथा रूढप्राय हो गई थी। इस प्रथा के पीछे चाहे कोई भी कारण हो, परन्तु यह निश्चित है कि इस प्रथा ने नर और नारी को अपरिपक्वावस्था में ही कामासक्ति की प्रेरणा देकर भारतीय जनजीवन में मृत्यु की दर में वृद्धि की है और मनुष्य की शतायु को घटाया है।

भारत में अंग्रेजी राज्य स्थापित होने पर उन्नीसवीं शताब्दी में जनजागरण तथा सामाजिक सुधार के जो आन्दोलन चले, उनमें बालविवाह तथा अनमेल विवाह की समस्याओं पर भी समुचित ध्यान दिया गया। इस सन्दर्भ में महर्षि दयानन्द का योगदान अविस्मरणीय है। स्वामी दयानन्द सरस्वती ने सत्यार्थप्रकाश के चौथे समुल्लास में लिखा है–जिस देश में ब्रह्मचर्य, विद्याग्रहणरहित बाल्यवस्था में और अयोग्यों का विवाह होता है, वह दुःख में डूब जाता है।

स्वामी दयानन्द सरस्वती ने बालविवाह के सन्दर्भ में पौराणिकों की इस मान्यता को कि लड़की की आठवें वर्ष में गौरी, नवमें वर्ष में रोहिणी, दसवें वर्ष में कन्या और उसके आगे रजस्वला संज्ञा होती है। दसवें वर्ष तक विवाह न करके

रजस्वला कन्या को माता-पिता और उसका बड़ा भाई ये तीनों देखकर नरक में गिरते हैं का खण्डन बड़े प्रभावशाली ढंग से किया है। विवाह के सम्बन्ध में स्वामी दयानन्द सरस्वती की मान्यता वैज्ञानिक एवं तर्कसंगत है। स्वामी दयानन्द सरस्वती से जब विवाह की आयु के विषय में प्रश्न किया गया तो उन्होंने कहा-सोलहवें वर्ष से लेकर चौबीसवें वर्ष तक लड़की और पच्चीसवें वर्ष से लेकर अड़तालीसवें वर्ष तक पुरुष का विवाह समय उत्तम है। अपने इन्हीं विचारों को ऋग्वेद के मन्त्रों पर भाष्य लिखते हुए स्वामी दयानन्द सरस्वती ने इसे इस प्रकार प्रकट किया है- विद्याओं में प्रवृत्ति करते हुए कुमार और कुमारियों की रक्षा कर विद्या और अच्छी शिक्षा उनको दिलवानी चाहिए। बालकपन में अर्थात् पच्चीस वर्ष के भीतर पुरुष और सोलह वर्ष के भीतर स्त्री के विवाह को रोके। इसके उपरान्त अड़तालीस वर्ष के भीतर पुरुष और चौबीस वर्ष पर्यन्त स्त्री का स्वयंवर विवाह कराकर सबसे आत्मा और शरीर के बल को पूर्ण करना चाहिए।

उन्नीसवीं शताब्दी के सामाजिक पुनरुत्थान के चिन्तकों एवं समाजसुधारकों ने यह अनुभव किया कि बालविवाह के कारण समाज में विधवाओं की संख्या बहुत अधिक है। अल्पायु में विधवा बनी अबोध बालिकाओं को समाज त्याज्य एवं बहिष्कृत मानता है। परिवार उन्हें असह्य कष्ट देता है। इस प्रकार के घुटन और तपन भरे वातावरण से मुक्ति पाने के लिए वे असामाजिक तत्त्वों के हाथ में पड़ जाती हैं और वेश्या जीवन व्यतीत करने के लिए बाधित हो जाती हैं। इस नारकीय जीवन से छुटकारा दिलाने के लिए स्वामी दयानन्द सरस्वती ने विधवा विवाह का नाद निनादित किया। इस नाद से भारतीय संस्कृति के झूठे ठेकेदारों और अवैज्ञानिक चिन्तकों में खलबली मच गई। क्योंकि उनकी दृष्टि में विधवा-विवाह का श्रीगणेश होने पर पौराणिक मान्यताओं, अन्ध-विश्वासों और रूढियों की इतिश्री हो जायेगी। अतः इस सामाजिक सुधार का प्रतिरोध होना निश्चित था।

स्वामी दयानन्द के काल में दो प्रकार की विधवायें थी। प्रथम प्रकार में वे विधवायें आती थीं, जिनके पति की मृत्यु बाल्यावस्था में हो जाती थी और जो युवती होने से पहले ही विधवा जीवन की शिकार बन जाती थीं। दूसरे प्रकार की विधवायें वे थीं जो पति से सहवास कर चुकी थीं और युवती होने के उपरान्त विधवा हुईं थीं। स्वामी दयानन्द सरस्वती ने बाल-विधवाओं के पुनर्विवाह की स्वीकृति प्रदान करके भारतीय समाज को यथाशक्ति चारित्रिक पतन से बचाने के प्रयास के साथ-साथ नारी

को सम्मानित जीवन जीने के लिए एक क्षेत्र तैयार किया। स्वामी दयानन्द सरस्वती सत्यार्थप्रकाश के चौथे समुल्लास में लिखते हैं– जिस स्त्री वा पुरुष का पाणिग्रहण मात्र संस्कार हुआ हो और संयोग न हुआ हो, अर्थात् अक्षत योनि स्त्री अक्षत वीर्य पुरुष हों उनका अन्य स्त्री वा पुरुष के साथ पुनर्विवाह होना चाहिए। इस स्वीकृति के पीछे भ्रष्टाचार को समाप्त करना था। स्वामी दयानन्द सरस्वती के समय में विधवाओं का पुनर्विवाह नहीं होता था। पुनर्विवाह के न होने के दुष्परिणामों को उन्होंने एक व्याख्यान में इस प्रकार प्रकट किया है-

आजकल के आर्यों में जो-जो भ्रष्टचार फैला हुआ है, वह आप लोग देख ही रहे हैं। हजारों गर्भ गिराये जाते हैं, खूब हत्यायें होती हैं। एक गर्भ गिराने से एक ब्रह्महत्या का पाप होता है। सोचो कि इस देश में कितनी ब्रह्महत्यायें प्रतिदिन होती हैं। क्या कोई उनकी गणना कर सकता है? इन सब पापों का बोझ हमारे सिर पर है। देवालयों, मठों और मन्दिरों में पाप की भरमार हो रही है। न जाने कितने गर्भ गिराये जाते होंगे।

उन्नीसवीं शताब्दी के मध्यकाल तक यह अन्धविश्वास पूर्णतः जड़ पकड़ चुका था कि स्त्रियों को शिक्षा देना असामाजिक है और पारिवारिक मर्यादाओं के अनुकूल नहीं है। स्वामी दयानन्द सरस्वती ने भारतीय समाज में फैले इस अन्धविश्वास को तर्कसंगत प्रमाणों से झकझोरना आरम्भ किया। उन्होंने सत्यार्थप्रकाश में लिखा है कि सब वर्णों के स्त्री-पुरुषों में विद्या और धर्म का प्रचार अवश्य होना चाहिए। क्या स्त्री और शूद्र भी वेद पढें? जब यह प्रश्न स्वामी दयानन्द सरस्वती से किया गया तो उसका उत्तर सत्यार्थप्रकाश में देते हुए उन्होंने लिखा सब स्त्री और पुरुष अर्थात् मनुष्यमात्र को पढ़ने का अधिकार है। इसके प्रमाण में यजुर्वेद का प्रमाण देते हैं और लिखते हैं कि देखो परमेश्वर स्वयं कहता है कि हमने ब्राह्मण, क्षत्रिय, वैश्य, शूद्र और अपने भृत्य वा स्त्री आदि और अतिशूद्रादि के लिए भी वेदों का प्रकाश किया है। अर्थात् सब मनुष्य वेदों को पढ़-पढ़ा और सुन-सुनाकर विज्ञान को बढ़ाके अच्छी बातों का ग्रहण और बुरी बातों का त्याग करके दुःखों से छूटकर आनन्द को प्राप्त हों। अपने मन्तव्य की पृष्टि में वे सत्यार्थप्रकाश में लिखते हैं भारतवर्ष की स्त्रियों में भूषणरूप गार्गी आदि वेदादि शास्त्रों को पढ़के पूर्ण विदुषी हुई थी। भला जो पुरुष विद्वान और स्त्री अविदुषी और स्त्री विदुषी और पुरुष अविद्वान हो तो नित्य प्रति देवासुर संग्राम घर में मचा रहे, फिर सुख कहाँ? इसलिये जो स्त्री न पढे तो कन्याओं की पाठशाला में अध्यापिका क्योंकर हो सके? तथा राजकीय, न्यायाधीशत्व आदि, ग्रहाश्रम का कार्य

जो पति का स्त्री को और स्त्री का पति को प्रसन्न रखना, घर के सब काम स्त्री के अधीन रहना इत्यादि काम बिना विद्या के अच्छे प्रकार कभी नहीं हो सकते।

स्वामी दयानन्द सरस्वती की यह प्रबल कामना थी कि मातृशक्ति का सुधार हो। उनमें धर्म-प्रचार हो और शिक्षा का प्रसार हो। इसलिये उन्होंने अपने से पूर्व आचार्यों के स्त्रियों के प्रति कहे गये अनादरसूचक और अपमानजनक वाक्यों का सप्रमाण खण्डन किया। उन्होंने इनके लिये समान अधिकारों की घोषणा की। अतः वर्तमान सन्दर्भ में नारी जागरण की दिशा में आर्यसमाज की नितान्त प्राथमिकता बनी रहेगी।

7

मूल्यांकन

महर्षि स्वामी दयानन्द सरस्वती (1824-1883) आधुनिक भारत के महान चिन्तक, समाज-सुधारक व देशभक्त थे। उनका बचपन का नाम मूलशंकर था। उन्होंने ने 1875 में एक महान आर्य सुधारक संगठन - आर्य समाज की स्थापना की। वे एक सन्यासी तथा एक महान चिंतक थे। उन्हों ने वेदों की सत्ता को सदा सर्वोपरि माना। स्वामीजी ने कर्म सिद्धान्त, पुनर्जन्म, ब्रह्मचर्य तथा सन्यास को अपने दर्शन के चार स्तम्भ बनाया।

स्वामीजी प्रचलित धर्मों में व्याप्त बुराइयों का कड़ा खण्डन करते थे चाहे वह सनातन धर्म हो या इस्लाम हो या ईसाई धर्म हो। अपने महान ग्रंथ सत्यार्थ प्रकाश में स्वामीजी ने सभी मतों में व्याप्त बुराइयों का खण्डन किया है। पर वह सनातन धर्म का खंडन नहीं कर पाए उनके सत्यार्थ प्रकाश का खंडन स्वामि करपात्री ने वेदार्थ पारिजात नाम के पुस्तक में किया और ज्वाला प्रसाद मिश्र ने दयानंदतिमिरभास्कर में किया है, जिसका अब तक किसी ने खंडन नहीं किया। उनके समकालीन सुधारकों से अलग, स्वामीजी का मत शिक्षित वर्ग तक ही सीमित नहीं था अपितु आर्य समाज ने आर्यावर्त (भारत) के साधारण जन मानस को भी अपनी ओर आकर्षित किया।

स्वामी दयानन्द के प्रमुख अनुयायियों में लाला हंसराज ने 1886 में लाहौर में दयानन्द एंग्लो वैदिक कॉलेज की स्थापना की तथा स्वामी श्रद्धानन्द ने 1901 में हरिद्वार के निकट कांगड़ी में गुरुकुल की स्थापना की।

1863 से 1875 ई. तक स्वामी जी देश का भ्रमण करके अपने विचारों का प्रचार करते रहें। उन्होंने वेदों के प्रचार का बीड़ा उठाया और इस काम को पूरा करने के लिए संभवतः 7 या 10 अप्रैल 1875 ई. को 'आर्य समाज' नामक संस्था की

स्थापना की। शीघ्र ही इसकी शाखाएं देश-भर में फैल गई। देश के सांस्कृतिक और राष्ट्रीय नवजागरण में आर्य समाज की बहुत बड़ी देन रही है। हिन्दू समाज को इससे नई चेतना मिली और अनेक संस्कारगत कुरीतियों से छुटकारा मिला। स्वामी जी एकेश्वरवाद में विश्वास करते थे। उन्होंने जातिवाद और बाल-विवाह का विरोध किया और नारी शिक्षा तथा विधवा विवाह को प्रोत्साहित किया। उनका कहना था कि किसी भी अहिन्दू को हिन्दू धर्म में लिया जा सकता है। इससे हिंदुओं का धर्म परिवर्तन रूक गया।

स्वामी दयानंद सरस्वती ने अपने विचारों के प्रचार के लिए हिन्दी भाषा को अपनाया। उनकी सभी रचनाएं और सर्वाधिक महत्त्वपूर्ण ग्रंथ 'सत्यार्थ प्रकाश' मूल रूप में हिन्दी भाषा में लिखा गया। उनका कहना था। "मेरी आंख तो उस दिन को देखने के लिए तरस रही है। जब कश्मीर से कन्याकुमारी तक सब भारतीय एक भाषा बोलने और समझने लग जाएंगे।" स्वामी जी धार्मिक संकीर्णता और पाखंड के विरोधी थे। अतः कुछ लोग उनसे शत्रुता भी करने लगे। इन्हीं में से किसी ने 1883 ई. में दूध में कांच पीसकर पिला दिया जिससे आपका देहांत हो गया। आज भी उनके अनुयायी देश में शिक्षा आदि का महत्त्वपूर्ण कार्य कर रहे हैं।

''वे आलोक के सैनिक हैं; ईश्वरीय जगत के योद्धा हैं, मनुष्यों व संस्थाओं के मूर्तिकार हैं, भौतिक तथा आध्यात्मिक तत्वों के बीच छिड़ने वाले संघर्ष के दुर्द्धर्ष विजेता है...''

यह पंक्तियां कही गई थीं स्वामी दयानन्द सरस्वती जी के लिए, जिनके जीवन का एक-एक क्षण, वैदिक धर्म के पुर्नजागरण के लिए कटिबद्ध था।

स्वामी दयानन्द का नाम सुनते ही मानस में एक ऐसे कर्तव्यनिष्ठ, ब्रह्मचारी का चित्र उभरता है, जो सामाजिक क्रांति के अग्रदूत माने जाते थे। उन्होंने सदियों से चली आ रही गली-सड़ी परंपराओं पर कुठाराघात किया, ताकि हिन्दू समाज में नवचेतना जागृत की जा सके। स्वामी जी, वैदिक संस्कृति के महान रक्षक थे। स्वामी दयानन्द जी के प्रारंभिंक जीवन के विषय में कुछ अधिक जानकारी नहीं मिलती। वह स्वयं भी अपने जीवनकाल में इस विषय में मौन ही रहे। कांलातर में, सुधी विद्वानों के प्रयासों के फलस्वरूप, जो जानकारी मिलती है,

असाधरण मनुष्यों के लिए, साधारण घटनाएँ भी कम प्रभावी नहीं होती। उनकी तीक्ष्ण दृष्टि, भाव प्रवणता, वैचारिक क्षमता, प्रत्येक घटना की मीमांसा

करने को विवश कर देती है। यूँ तो भीतर ही भीतर उनकी बुद्धि किसी नए मार्ग के अन्वेषण में व्यस्त थी, किंतु एक घटना ने तो आस्था व अनास्था के प्रश्नों का ही समूल नाश कर दिया। सच्चे शिव की तलाश, उसी दिन से प्रारंभ हुई।

परंपरागत उपासना पद्धति से उनके मोहभंग का आरंभ भी, यहीं से हुआ। शिवरात्रि का पर्व था। परिवारजन के साथ मूलशंकर ने भी व्रत रखा था। मंदिर में, सर्वशक्तिमान शिव की प्रतिमा पर, भोग का प्रसाद चढ़ा था। चारों ओर अगः व धूप की धूम व्याप्त थी। ऐसे श्रद्धासिक्त पावन वातावरण में मूलशंकर ने मंदिर में प्रवेश किया। तभी उनकी दृष्टि एक चूहे पर पड़ी, जो महादेव पर चढ़ाए भोग का आस्वादन कर रहा था।

साधारण भक्तजन के लिए यह दृश्य कुछ नया नहीं था।

प्रायः भगवान पर चढ़ाए भोग की व्यवस्था नहीं होती। मूलशंकर के मस्तिष्क में एक विचार कौंधा-

''भगवान शिव तो सर्वशक्तिमान हैं। वे तो समस्त जगत के रक्षक हैं। क्या वे चूहे से अपने भोग की रक्षा भी नहीं कर सकते? चूहे ने उनके भोग को अपवित्र क्यों कर दिया?''

मूलशंकर को लगा कि प्रतिमा में, सच्चे शिव का निवास नहीं हो सकता। उन्हें तो सच्चे शिव की तलाश में जाना होगा। वे घर लौटे और व्रत भंग कर सो गए। मूर्तिपूजा में उनकी आस्था मिट चुकी थी।

मूलशंकर की जीवन दिशा बदल चुकी थी। ज्ञान-पिपासा बढ़ती जा रही थी जिसें शाँत करने के लिए, वे स्वयँ ही ग्रंथों का अध्ययन-मनन करने की चेष्टा करने लगे। चित्त में विरक्ति का भाव बढ़ रहा था। छोटी बहन की असमय मृत्यु ने घाव को और भी गहरा दिया। उस मृत्यु को साक्षात सामने पाकर मूलशंकर के आँसू तक सूख गए। वह मौन साधे, अपनी बहन के शव का अंतिम-संस्कार देखते रह गए। जीवन व मृत्यु के इस क्रूर सत्य से, यह उनका प्रथम साक्षात्कार था।

वे दिन-ब-दिन अन्तर्मुखी होते चले गए। स्नेही चाचा की असमय मृत्यु भी उन पर किसी बज्राघात से कम न थी। चाचा की मृत्यु से मूलशंकर फूट-फूट कर रोए। वर्षों का जमा रूदन, धारा बन कर बह निकला।

परिवार के अन्य सदस्य मूलशंकर की मानसिक पीड़ा से अनजान थे। वे तो अपने युवा पुत्र के लिए, चिर-संगिनी की तलाश में जुटे थे।

मूलशंकर के लिए विवाह किसी बंधन से कम न था। उन्होंने जोरदार शब्दों में असहमति व्यक्त की, किंतु माता-पिता ने एक न मानी। वे अपने पुत्र का विवाह कर, अपने कर्तव्य से मुक्त होना चाहते थे। कर्तव्यपूर्ति की इच्छा में, पुत्र की इच्छा-अनिच्छा का प्रश्न ही कहाँ उठता था?

युवा मूलशंकर, अभी मानस में चल रहे अंतर्द्वन्द से ही नहीं उबर पाए थे, अतः हड़बड़ाहट में उन्होंने घर त्यागने का विचार बना लिया। आजीवन ब्रह्मचारी बनने का निश्चय, तो वे पहले ही ले चुके थे। एक रात वे घर से चुपचाप निकल पड़े। मार्ग में भिक्षुको का एक दल मिला। उनके संपर्क में आ कर मूलशंकर ने अनुभव किया कि योग व साधना के मार्ग पर चलना है, तो सर्वत्यागी बनना होगा। संग्रह की कामना से मुक्ति पानी होगी। उन्होंने उसी क्षण अपने तन के बहुमूल्य आभूषण दान में दे दिए। सांसारिक लोभ, मोह व माया से वे उपर उठते जा रहे थे।

सायला के लाल भक्त से भेंट होने के पश्चात, वे वहीं रह कर योगाभ्यास करने लगे। यहाँ उन्होंने अपना नया नाम रखा 'शुद्ध चैतन्य'।

शुद्ध चैतन्य आध्यात्म व भक्ति के मार्ग पर चल रहे थे और पिता उनकी तलाश में दिन-रात एक कर रहे थे। संयोग ऐसा बना, कि पिता भी पुत्र की खोज में सिद्धपुर आ पहुँचे जहाँ मूलशंकर, साधू-संतो के साथ सत्य की खोज में भटकते-भटकते आ पहुँचे थे। मूलशंकर, किसी सच्चे गुरू की छत्रछाया में अपनी जिज्ञासाओं का समाधान करना चाहते थे, परंतु उन्हें एक भी ऐसा व्यक्ति नहीं मिला था, जो उन्हें मानसिक संतुष्टि दे सके।

मूलशंकर के पिता ने पुत्र को गेरुए वस्त्रों में देखा, तो उनके क्रोध की सीमा न रही। उन्होंने पुत्र को अपमानित किया व सिपाहियों के कठोर पहरे में रख छोड़ा। मूलशंकर तो उस समय शांत रहे, परंतु उस कैद से निकलने की योजना बनाते रहे।

उसी रात जब सिपाही गहरी नींद में थे, तब मूलशंकर उठे व एक वटवृक्ष पर जा छिपे। वृक्ष के साथ ही, मंदिर का गुंबद था। वे सारी रात वहीं छिपे रहे। सिपाहियों ने काफी खोज-बीन की, पर वे नहीं मिले। संध्या समय पेड़ से उतरकर अनदेखी, अनजानी डगर पर चल दिए। बड़ौदा पहुँच कर उन्होंने अनेक साधुओं की संगति का लाभ उठाया, ततपश्चात वे घाणोद गए।

वहाँ उन्होंने सन्यास की दीक्षा लेने के, कई प्रयास किए, परंतु कोई सन्यास की दीक्षा देने को तैयार न था। साधु समाज का विचार था कि एक युवा का सन्यास

की दीक्षा लेने का विचार, कोरा अविवेकी है। वह चाहने पर भी सन्यास की मर्यादा को अक्षुष्ण नहीं रख पाएगा।

अंततः, स्वामी पूर्णानन्द सरस्वती ने उनकी प्रार्थना स्वीकार की और शुद्ध चैतन्य का एक नया नाम मिला, स्वामी दयानंद सरस्वती। अब उन्हें अपने भोजन की चिंता भी नहीं रही। पहले भोजन पकाने के चक्कर में, अध्ययन का बहुत सा समय, यूँ ही व्यर्थ चला जाता था। सन्यासी होने के पश्चात, यह चिंता भी समाप्त हुई। वे संपूर्ण मनोयोग से वेदों व शास्त्रों के अध्ययन मे जुट गए। साथ ही योग का अभ्यास भी चलता रहा।

स्वामीं दयानंद को, साधुओं के साथ विचार-विमर्श पश्चात पता चला, कि हिमालय की गहन गुफा-कंदराओं में अनेक सिद्ध व योगियों का वास है, जो अनेक अलौकिक शक्तियों के स्वामी हैं। स्वामी जी उनसे भेंट करने का व्याकुल हो उठे । उस समय, न तो यातायात के साधन थे और नहीं उनके पास पर्याप्त वस्त्रादि थे परंतु ज्ञानार्जन की अगम्य लालसा ने उन्हें सदैव प्रोत्साहित किया।

उन्होंने हिमालय के सभी धार्मिक स्थलों की यात्रा की, उनकी एकाकी पदयात्रा में कठिनाइयों व असुविधाओं का भी अभाव न था। एक स्थान पर अपनी जोखिम भरी यात्राओं के विषय में, वे स्वयं लिखते हैं–

''भूख व प्यास से मेरा शरीर क्लांत हो रहा था। भूख मिटाने के लिए मैने बर्फ का टुकड़ा गले के नीचे उतारा, परंतु उससे कुछ न हुआ। इसके कुछ क्षण पश्चात ही, अलकनंदा को पार करने के लिए, मैं जल में उतरा। उसका जल किसी स्थान में बहुत गहरा था, तो कहीं बहुत थोड़ा था। परंतु जहाँ थोड़ा था वहाँ भी एक हाथ से कम न था। अलकनंदा का पाट, आठ-दस हाथ होगा। उसकी तली, छोटे-छोटे बर्फ के टुकड़ो से भरी थी। उन तीक्ष्ण धार वाले बर्फ के टुकड़ों के संघषर्ण से मेरे नंगे तलवे क्षत-विक्षत हो गए थे। क्षत-विक्षत स्थानों से लहू बहना आरंभ हो गया था। इधर मैं उस लहू के बहने से कातर हो रहा था, उधर मैं निदारुण शीत से हत्यतन हो रहा था मेरे पैर डगमगाने लगे। कई बार उस बर्फमाला के ऊपर जा पड़ने का उपक्रम हुआ। उस समय मेरे मन में यह विचार उठने लगा कि संभवतः अलकनंदा के इस असहनीय शीतल गर्भ में गिर कर, बर्फ में जम कर, मेरा जीवन जाएगा। वास्तव में मेरा शरीर इतना शक्तिहीन और अवसन्न हो गया था कि यदि मैं अलकनंदा की उस सुदूर बर्फमाला के ऊपर एक बार भी गिर जाता, तो फिर मुझे, उस पर से शरीर को उठाना, अत्यंत कठिन हो जाता।

अस्तु, अतीव कष्ट और उत्कट परिश्रम से, मैं नदी के दूसरी ओर पहुँचा। उस समय की मेरी अवस्था, मृतवत थी। मैनें जल्दी-जल्दी अपने शरीर से कपड़े उतारे और उनकी पट्टी बना कर, तलवों से ले कर घुटनों तक बाँधी। मैं उस समय तक बहुत ही थका हुआ था और भूख से विह्वल था, और मुझ में चलने की शक्ति न थी। दूसरे की सहायता की आशा से मैं, ललचाती हुई दृष्टि से चारो तरफ देखने लगा, परंतु उस मनुष्य शून्य स्थान में कौन सहायता करेगा और सहायता कहाँ से आएगी? इस विषय में मैं कुछ नहीं जानता था। जब मैंने अंतिम बार देखा, तो कुछ दूरी पर मुझे दो मनुष्य आते दिखाई दिए। थोड़ी देर बाद उन दो पहाड़ी मनुष्यों ने, मुझे आकर नमस्कार किया। उन्होंने कहा कि हमारे घर चलने से भोज्य सामग्री मिल सकेगी। यह कह कर उन्होंने मुझे अपने साथ घर चलने को कहा।

उन्होंने मेरे क्लेश और विपत्ति की कहानी सुन कर मुझे सत्-पत् नामक स्थान तक पहुँचा देने का वचन दिया परंतु मुझमें चलने का सामर्थ्य न था। इसलिए मैनें उनका प्रस्ताव, अस्वीकृत कर दिया। उनके बारम्बार अनुरोध पर भी, मैं अपने निश्चय पर दृढ़ रहा।

उनके अधिक आग्रह पर मैंने कहा कि मैं मर भले ही जाऊं, परंतु उनके अनुरोध को स्वीकार नहीं कर सकता। मरने की बात सोच कर, मैं मन में कुछ घबराया, परंतु फिर तुरंत ही मैने सोचा, कि मैं मरने की इच्छा क्यों करता हूँ? क्या ज्ञानानुशीलन में रत रहकर ही जीवन का अन्त करना मेरे लिए श्रेष्ठ कर्तव्य हैं। देखते ही देखते वह दोंनो पहाड़ी मनुष्य पर्वतमाला में कहीं अदृश्य हो गए। कुछ देर विश्राम के पश्चात मैने वापिस जाने का उद्योग किया और वसुन्धरा नामक स्नान-तीर्थ में कुछ दिन ठहर कर और माना ग्राम को एक पार्श्व में छोड़ कर, मैं चलने लगा और रात्रि के आठ बजे, मैं बद्रीनाथ के मन्दिर में पहुँच गया।"

हिमालय की ऊंची पर्वतमालाओं में सत्य व ज्ञान की खोज सरल न थीं। परंतु स्वामी दयानंद का जीवन भी कुछ कम न था। इसी यात्रा-क्रम में उन्हें दो-दो दिन तक निराहार भी रहना पड़ा, क्योंकि वे भिक्षा नहीं मांगते थे। किसी का प्रेम व भक्तिपूर्वक दिया गया सामिष भोजन ही ग्रहण करते थे।

स्वामी दयानन्द जी, विरजानन्द जी से ज्ञान-प्राप्ति के प्रति, उत्सुक व आग्रही थे। अतः मथुरा पहुंचते ही वे उनके पास जा पहुँचे व विद्याध्ययन की इच्छा प्रकट की। स्वामी विरजानन्द जी प्रकाण्ड पंडित थे। वैदिक ज्ञान के प्रति उनकी लगन सराहनीय थी। स्वामी दयानन्द को उनका शिष्य बनने का सौभाग्य प्राप्त हुआ। परंतु इसके बदले में उन्हें पिछले ज्ञान की पूर्णाहुती देनी पड़ी।

अब स्वामी दयानन्द जी वैदिक साहित्य के असीम सागर में गोते लगाने लगे। कहते हैं, कि गहरे पानी पैठने वाले को मोती अवयश्य मिलते हैं। स्वामी दयानन्द भी मोती एकत्र कर रहे थे। उन्होंने लगभग तीन वर्षों तक गुरू की छत्रछाया में ज्ञान पाया। स्वामी विरजानन्द स्वभाव से ही अनुशासन प्रिय थे। अतः स्वामी दयानन्द ने एक क्षण भी प्रमाद में नहीं गवाँया और अपने कठिन परिश्रम, सच्चरित्रता व मेघा बुद्धि के बल पर अपने गुरू के प्रिय शिष्य कहलाए।

स्वामी विरजानन्द की हार्दिक अभिलाषा थी कि वैदिक धर्म की स्थापना संपूर्ण जगत में हो। उन्होंने दयानन्द को इस महती कार्य के लिए उपयुक्त पात्र माना और गुरूदक्षिणा के रूप में मांग की, कि स्वामी दयानन्द आर्य धर्म के लिए अपने प्राण तक अर्पण कर देगें।

स्वामी दयानन्द ने गुरू को सहर्ष अनुमति दे दी और अपने अभियान पर चल निकले। स्वामी दयानन्द ने गायत्री मंत्र के जाप पर विशेष बल दिया तथा जनसमुदाय में 'संध्या' के प्रचार हेतु संध्योपासना नामक पुस्तिका वितरित करवाई।

तत्कालीन समाज में मूर्तिपूजा का प्रचलन ज़ोरों पर था। शैवों व वैष्णवों के खेमे मे बँटे हिन्दू अपने-अपने धर्म का गुणगान करत थे। स्वामी जी अपने प्रवचनों में मूर्ति पूजा की कड़ी आलोचना करते थे। वे समाज में व्याप्त अंधविश्वासों व कुरीतियों के भी विरूद्ध थे।

बहुतेरे लोगो ने उनकी दलीलों से प्रभावित हो कर मूर्तिपूजा त्याग दी। साथ ही शत्रुओं की संख्या भी बढ़ने लगी। विशेषतः वे पंडे-पुजारी जिनकी आजीविका ही आडंबरो पर टिकी थी, वे स्वामी जी के विरूद्ध निःसंकोच विष-वमन करते, परंतु स्वामी जी ने कभी उनकी परवाह नहीं की। यहाँ तक कि उनकी हत्या के भी प्रयास किए गए, परंतु स्वामी जी अपने पथ से विचलित नहीं हुए।

स्वामी जी जिस स्थान पर अपना डेरा डालते, वहाँ श्रद्धालु स्वयं जा पहुँचते। यहाँ अनूपशहर की एक घटना का विवरण देना प्रासंगिक होगा।

जब स्वामी जी अनूप शहर नामक स्थान पर पहुँचे, वहाँ रामलीला मनाई जा रही थी। स्वामी जी इस अभिनय-लीला के विरूद्ध थे। उन्होंने अपने उपदेशों में कहा कि मनुष्य तो साधारण जीव है, वह भला राम जैसे महामानव का अभिनय कैसे कर सकता है। बेहतर होगा कि राम आदि महापुरूषों के गुणों को अपने जीवन में उतारा जाए।

उनके उपदेश से, दुष्टों की बन आई। अपने अच्छे खासे व्यवसाय को चौपट होता देख वे क्रुद्ध हो उठे। एक ब्राह्मण ने स्वामी जी को पान बीड़े में विष देकर मारना चाहा, परंतु स्वामी जी ने योग क्रिया द्वारा, सारा विष अपने शरीर से निकाल लिया। भक्तजन ने ब्राह्मण को उनके सम्मुख प्रस्तुत किया, तो उन्होंने उसे क्षमादान दे दिया। उन्होंने उपस्थित सज्जनों से कहा–

''यदि बुरा व्यक्ति अपनी बुराई नहीं त्याग सकता तो मैं अपनी अच्छाई कैसे त्याग सकता हूँ?''

स्वामी जी ने कलकत्ता के संस्कृत कॉलेज की बहुत ख्याति सुन रखी थी, परंतु उन्हे यह जान कर बहुत निराशा हुई, कि वहां वेदों की शिक्षा नहीं दी जाती। केवल मध्यम वर्गीय छात्र ही संस्कृत पढ़ते थे। अमीर वर्ग में अंग्रेजी व फारसी का ही अधिक प्रचलन था। स्वामी जी ने निश्चय किया कि वह वेदो पर अपने भाष्य लिखेंगे, ताकि उनकी शिक्षा सरल व सुगम हो सके।

धीरे-धीरे स्वामी जी ने अनेक पुस्तकें लिखीं व प्रकाशित करवाईं, जिससे समाज के पोंगा पन्थियों की पोल खुलते देर न लगी। अब तक भारत के विभिन्न राज्यों में, उनके शिष्यों की संख्या भी बढ़ गई थी। बम्बई में ही शिष्यों ने उनसे अनुरोध किया–

''स्वामी जी! क्यों न वैदिक प्रचार हेतु एक समाज की स्थापना की जाए?''

स्वामी दयानन्द तो स्वयं यही चाहते थे कि अखण्ड भारत में आर्य धर्म का प्रभाव हो। उन्होंने सहर्ष अपनी स्वीकृति दे दी तथा अपने संगठन को नाम दिया ''आर्य समाज''।

आर्य समाज का अध्यक्ष पद स्वामी दयानन्द को ही दिया गया, किंतु उन्होंने इंकार कर दिया। उनका मानना था, कि वे एक सदस्य के रूप में, समाज की भली-भांति सेवा कर पाएगें। शीघ्र ही आर्य समाज ने भारत के सामाजिक व सांस्कृतिक जीवन में गहरी पैठ बना ली। उत्तर भारत के समस्त राज्यों में, आर्यसमाज की स्थापना होने लगी। सन् 1875 में इस संगठन को अंतिम रूप दिया गया। उसी वर्ष अप्रैल माह की दस तारीख को स्थापना हुई।

पहले-पहल अनुयायियों द्वारा आर्यसमाज के सिद्धान्तों व लक्ष्यों को स्पष्ट करने के लिए 28 नियमों का प्रतिपादन किया गया। परंतु बाद में इन्हें दस नियमों में समाहित कर दिया गया। उन 28 सिद्धान्तों में कुछेक का उदाहरण पाठकों के लिए प्रस्तुत है।

"इस समाज में सत्पुरूष, सत्यनीति, सत्याचरणी, मनुष्यों के हितकारक समाजस्थ किए जाएगें"

"इस समाज में, वेदोक्त प्रचार से, हर एक स्तुति, प्रार्थना और उपासना अद्वितीय परमेश्वर की ही करने में आएगी अर्थात निराकार, सर्वशक्तिमान, न्यायकारी, अजन्मा, अनन्त, निर्विकार, अनादि, अनुपम, दयालु, सर्वजगतपिता सर्वाधार, सर्वेश्वर ,सच्चिदानन्द आदि लक्षणयुक्त सर्वव्यापक, सर्वान्तर्यामी, अजर अमर, अभय, नित्य, शुद्ध, बुद्ध, मुक्त स्वभाव, अनन्त सुखप्रद धमार्थ-काममोक्षप्रद इत्यादि विशेषज्ञों से परमात्मा ही की स्तुति, उसका कीर्तन, प्रार्थना, सर्वश्रेष्ठ कार्यों में सहायता चाहना, उपासना उसके आनन्द-स्वरूप में मग्न हो जाना। सो पूर्वोक्त निराकारादि लक्षण वाले ही की भक्ति करनी, उसके सिवाय किसी और की कभी नहीं करनी।"

"इस समाज मे न्याय वही माना जाएगा, जो पक्षपात रहित अर्थात प्रत्यक्ष आदि प्रमाणों से परीक्षित, सत्य धर्म, वेदोक्त होगा। इससे विपरीत को यथाशक्ति न माना जाएगा।"

जो पुरुष इन नियमों के अनुकूल आचरण करने वाला धर्मात्मा, सदगुणी हो उसको उत्तम समाज में प्रविष्ट करना, उसके विपरीत को साधारण समाज में रखना, और अत्यन्त प्रत्यक्ष दुष्ट को समाज से निकाल ही देना। परन्तु यह काम पक्षपात से नहीं करना, बल्कि ये दोनों बातें, श्रेष्ठ सभासदों के विचार से ही की जाएँ अन्य प्रकार से नहीं"

लाहौर में आर्यसमाज के 28 नियमों को, दस नियमों में बदल दिया गया। ईसाई धर्म के दस ईश्वरीय आदेशों की भांति, आर्य समाज के दस नियम भी संगठन की प्रेरणा का स्रोत बने। अनुयायियों ने इन नियमों को अपने जीवन में उतारने का संकल्प लिया। वे नियम थे–

1. सब सत्य, विद्या और जो पदार्थ विद्या से जाने जाते हैं, उन सबका आदि मूल परमेश्वर है।
2. ईश्वर, सच्चिदानन्द स्वरूप, निराकार, सर्वशक्तिमान, न्यायकारी, दयालु, अजन्मा अनन्त, निर्विकार अनादि, अनुपम सर्वाधार, सर्वेश्वर, सर्वव्यापक, अजर, अमर, नित्य, पवित्र व सृष्टिकर्ता है। उसी की उपासना, करने योग्य है।
3. वेदों का पठन-पाठन अध्ययन, श्रवण व चिंतन आर्यों का पुनीत व परम कर्तव्य है।

4. मनुष्य को सत्य ग्रहण करने व असत्य को त्यागने में, सर्वदा उद्यत रहना चाहिए।
5. सब कार्य धर्मानुसार अर्थात, सत्य-असत्य को विचार करके करने चाहिए।
6. समाज का मुख्य उपदेश, संसार का उपकार करना है।

7. सबसे प्रीतिपूर्वक, धर्मानुसार यथायोग्य व्यवहार करना चाहिए।
8. अविद्या का नाश व विद्या की वृद्धि हो।
9. प्रत्येक को अपनी उन्नति में संतुष्ट न रह कर, सबकी उन्नति में अपनी उन्नति समझनी चाहिए।
10. सब मनुष्यों को स्वार्थ का परित्याग कर सर्वहितकारी नियमों का पालन करना चाहिए।

आर्य समाज ने स्वामी जी के विचारों को लोक भाषा में प्रस्तुत किया। स्थान-स्थान पर अनाथाश्रम व गुरुकुल खोले, जहाँ छात्रों को पारंपरिक रूप से वैदिक सभ्यता के ज्ञान का अधिकारी बनाया जाता। स्वामी जी ने हिन्दू समाज के निरर्थक कर्मकाण्डों का विरोध करते हुए कहा-

"यदि गंगा स्नान व सिर के मुंडन से स्वर्ग प्राप्त होता है तो मछली व भेड़ तो सर्वप्रथम स्वर्ग के अधिकारी हैं।"

स्वामी दयानन्द सरस्वती का कहना था-

"धर्माचार्यों व नेताओं की असावधानी व प्रमाद से, जाति के आचार-विचार, रहन-सहन दूषित हो जाते हैं व भाव एक नहीं रहते। आर्य जाति की यही दशा हुई और यदि इसे संभाला न गया तो यह नष्ट हो जाएगी। धर्माचार्यो के प्रमाद के कारण करोड़ो मुसलमान हो गए और अब ईसाई हो रहे हैं। यदि जाति को कड़वे उपदेशों से न जगाया गया और कुरीतियों व कुनीतियों को नष्ट न किया गया तो इसकी मृत्यु में संदेह ही क्या है। मैं यह कार्य किसी स्वार्थ से तो कर नहीं रहा हूँ। इसके कारण मैं अनेकों कष्ट सहता हूँ, गालियाँ और इँट पत्थर खाता हूँ, विष तक भी मुझे दिया जा चुका है, परन्तु जाति व धर्म के लिए मैं सब कुछ सहन करता हूँ।

स्वामी जी ने वैदिक साहित्य के प्रचार के लिए, सत्यार्थ प्रकाश की रचना की। हिंदी में रचित इस ग्रँथ की चहुँ ओर प्रशँसा हुई। इस ग्रँथ की भूमिका में उन्होंने लिखाँ–

"मेरा इस ग्रँथ के बनाने का मुख्य प्रयोजन सत्य-सत्य अर्थ का प्रकाश करना है, अर्थात जो सत्य है उसको सत्य और जो मिथ्या है उसको मिथ्या ही प्रतिपादन करना, सत्य अर्थ का प्रकाश समझा है। वह सत्य नहीं कहता जो सत्य के स्थान में असत्य और असत्य के स्थान में, सत्य का प्रकाश किया जाए। किन्तु जो पदार्थ जैसा है, उसको वैसा ही कहना, लिखना और मानना सत्य कहाता है। जो मनुष्य पक्षपाती होता है, वह अपने असत्य को भी सत्य तथा विरोधी मत वाले के सत्य को भी असत्य सिद्ध करने में प्रवृत्त होता है, अतः वह सत्य मत को प्राप्त नहीं हो सकता

है। अतः विद्वान आप्तों का यही मुख्य कारण है, कि उपदेश व लेख द्वारा सब मनुष्यों के सामने सत्यासत्य का स्वरूप समर्पित कर दें; पश्चात वे स्वयं अपना हिताहित समझ कर सत्यार्थ का ग्रहण व मिथ्यार्थ का परित्याग करके, सदा आनंद मे रहें...''

''सत्यमेव जयति, नानृतं सत्येन पन्था विततो देवयानः''

अर्थात सर्वदा सत्य का विजय और असत्य का पराजय व सत्य से विद्वान का मार्ग विस्तृत होता है।

बहुत से हठी दुराग्रही मनुष्य होते हैं, जो कि वक्ता के अभिप्राय से विरूद्ध, कल्पना किया करते हैं विशेषकर मत वाले लोग, क्योंकि मत के आग्रह से उनकी बुद्धि अंधकार में फँस कर नष्ट हो जाती है, इसलिए जैसा मैं पुराण, जैनियों के ग्रंथ, बाइबिल और कुरान को प्रथम ही बुरी दृष्टि से न देखकर, उनमें से गुणों का ग्रहण तथा दोषों का त्याग तथा अन्य मनुष्य जाति की उन्नति के लिए प्रयत्न करता हूँ, वैसा सब को करने योग्य है।''

ग्रँथ के प्रथम दस अध्यायों में परमेश्वर के नाम, गुण, माता-पिता व संतान के कर्तव्य, ब्रह्मचर्य, गृहस्थ, वानप्रस्थ आदि का उल्लेख हैं। अंतिम चार अध्यायों में विभिन्न मतो की आलोचनात्मक व्याख्या की गई है।

घोर आडंबर भरे उस युग में, सत्यार्थप्रकाश ने हलचल उत्पन्न कर दी। इसमें सभी धर्मों के छिछले व बनावटी रूपों पर टिप्पणी की गई थी। अनेक व्यक्ति ऐसे भी है जिन्होंने इसे पढ़ा व इसके वास्तविक अर्थ को समझा व जाना, इसके विपरीत विद्रोहियों की संख्या भी कुछ कम न थी।

स्वामी दयानन्द एक परिव्राजक की भांति भारत के विभिन्न भागों का भ्रमण करते-करते उदयपुर जा पहुँचे। वहाँ के महाराणा ने स्वामी जी को अपना गुरू माना व उनसे संस्कृत सीखी। वे स्वामी जी के वचनों पर पूर्ण श्रद्धा रखते थे, परंतु मूर्तिपूजा के विरोध वाली बात उन्हें खटकती थी। उनका मानना था कि हिंदू समाज के सुधार हेतु, हिंदुओं का सहयोग आवश्यक है और मूर्तिपूजा का खण्डन किया गया तो हिंदू कदापि उनका साथ नहीं देंगे, परंतु स्वामी दयानन्द ने उनके विचार को प्रश्रय नहीं दिया।

महाराणा ने प्रलोभन द्वारा भी, स्वामी दयानंन्द को अपने पक्ष में करने की चेष्टा की। उन्होंने, उन्हें एकलिंग मंदिर का महंत बनाने का प्रस्ताव रखा। महंत पद पाने का अर्थ था 'लाखों की संपत्ति' परंतु स्वामी दयानंद ने दो टूक शब्दों में वह पद अस्वीकृत कर दिया।

इन सब कार्यों के साथ-साथ, स्वामी जी समाज सेवा पर भी जोर दे रहे थे। उन्होंने अनेक ऐसे संगठनों को भी प्रोत्साहन दिया, जो उनके अधूरे काम को आगे बढ़ा सकते थे। जिन दिनों स्वामी जी शाहपुरा में थे, तब उन्हें जोधपुर आने का निमंत्रण मिला। शाहपुरा के शासक, महाराजा नाहरसिंह, भली-भाँति जानते थे, कि जोधपुर का वातावरण स्वामी जी के अनुकूल न था। उन दिनों वहाँ के महाराज मदिरा व नारी संग में बेसुध थे। रियासत में, धर्म की स्थिति, दीन-हीन हो चली थी। उन्होंने स्वामी जी को सावधान किया, कि वे जोधपुर में प्रवचन देते समय विशेष ध्यान रखें। परंतु स्वामी दयानंद तो एक धर्मयोद्धा ही थे। जिनका संपूर्ण जीवन वैदिक धर्म की उन्नति के लिए ही बना था।

स्वामी दयानंद जी जोधपुर पहुँचे तो अनेक संप्रदायों के व्यक्ति उनका भजन, प्रवचन सुनने आए। कुछ दिन पश्चात महाराणा भी पधारे। उन्होंने विनम्रतापूर्वक स्वामी जी का सत्कार किया। स्वामी जी महाराणा के विषय में सब कुछ जानते थे, परंतु दुष्ट से दुष्ट व्यक्ति में से भी अच्छाई खोज निकालना तो मानों उनका स्वभाव ही था। उनके प्रवचनों में चरित्र-निमार्ण पर विशेष बल दिया जाता था, जबकि महाराणा एक वेश्या के प्रेम में अनुरक्त थे तथा उनकी सभी शामें मदिरा में डूब जाती थीं।

स्वामी जी की आयु उस समय लगभग उनसठ वर्ष की थी। परंतु शारीरिक बल में, तब भी उनका कोई सानी न था। यहाँ एक रोचक हुई। जोधपुर में एक ऐसा पहलवान था, जो स्वयं ही रहट चला कर, कुण्ड को पानी से लबालब भर देता था। उसका मानना था कि ऐसा कौशल किसी दूसरे के वश में न था। एक दिन स्वामी जी ने उसे ऐसा करते भी देख लिया। वह उसके मुख पर छाए घमंड को भी पढ़ चुके थे।

अगले दिन प्रातःकाल वह वहाँ पहुँचे और रहट चला कर कुण्ड को भर दिया। तत्पश्चात वे आगे बढ़ गये। पहलवान पहुँचा, तो कुण्ड को भरा देख हतप्रभ हो उठा। उसे लोंगो से पूछने पर पता चला कि एक स्वामी जी रहट चलाकर कुण्ड को भर गएँ हैं। वापसी में स्वामी जी, उसी मार्ग से लौटे, तो पहलवान उनकी प्रतिक्षा कर रहा था। उसने पूछा–

"स्वामी जी! क्या आपने ही इस कुण्ड को भरा है?"

"हाँ मैंने ही भरा है"

"तब तो आप बहुत थक गए होंगे"?

स्वामी जी ने सहज भाव से उत्तर दिया-

'नहीं, ऐसा तो कुछ नहीं हुआ। मैं तो रहट चला के, जरा कसरत करने चला गया था।''

उनका उत्तर सुन कर पहलवान पर मानों घड़ों पानी पड़ गया। उसका घमण्ड चला गया था।'

जोधपुर में, स्वामी जी ने अन्य धर्मावलंबियों की परवाह न करते हुए सच्ची बात कहने का साहस किया और इस प्रकार बहुत से विद्रोही उठ खड़े हुए। वे चाटूकारों की श्रेणी में नहीं थे, अतः कड़े शब्दों में महाराणा जोधपुर को फटकार बताते हुए, पत्र में लिखा–

"एक वेश्या से, जो कि नन्नी कहाती है, उससे प्रेम। उसका अधिक संग और पत्नियों से न्यून प्रेम रखना। आप सरीखे महाराजाओं के सर्वथा अयोग्य है।

...वेश्या, मद्यपान, चौपड़ कनकौवे आदि में व्यर्थ काल खोना व खुशामदी लोगों का संग, राजाओं के लिए महाविघ्नकारक, धन, आयु, कीर्ति व राज्य का नाश करने वाले होते है....

(ऋषि दयानन्द सरस्वती के पत्र व विज्ञापन से साभार)

स्वामी दयानन्द इन राजाओं के नैतिक उत्थान के प्रति बहुत आग्रही थे। उन्हें कभी भी यह कहने में संकोच नहीं हुआ कि राजपूत तो सिंहों के समान हैं तथा शरीर का व्यापार करने वाली वेश्याएँ कुत्तियों से कम नहीं है।

जब यह शब्द महाराणा के कानों में पड़े, तो वे कमोबेश चेत गए, परंतु वेश्या स्वामी जी के प्राणो की प्यासी हो गई। उसने स्वामी जी के रसोइए को अपनी ओर मिला लिया। जिसने स्वामी जी को दूध में काँच पीस कर पिला दिया। जब स्वामी जी को इस विषय में पता चला तो उन्होंने रसोइए से कहा-

"तुम तुरंत यहाँ से चले जाओ, वरना भक्तों का रोष, तुम्हारे लिए काल हो जाएगा।"

ऐसी थी स्वामी जी की महानता! रसोइए को भेजने के पश्चात उन्होंने योग क्रियाओं द्वारा वमन भी किया परंतु काँच का विष अपना प्रभाव दिखा चुका था। वे तीव्र उदरशूल से पीड़ित थे। दो या तीन चिकित्सकों का इलाज भी अप्रभावी रहा, तो उन्हें आबू पर्वत ले जाया गया।

कुछ दिन पश्चात उन्हें अजमेर ले जाया गया। हालत और भी बिगड़ गई थी। सारे बदन पर दाने निकल आए थे। स्वामी जी जान गए कि उनका अंतकाल निकट है।

उस दिन दीपावली थी। पूरा शहर, त्यौहार मनाने की तैयारियों में जुटा था और स्वामी जी का जीवन प्रदीप अंतिम बार, अपनी ज्योति दिखा कर सदा के लिए बुझ गया। उन्होंने वेदमंत्रों व गायत्री पाठ के पश्चात कहा-

-हे दयामय, हे सर्वशक्तिमान् ईश्वर! तेरी यही इच्छा है, तेरी यही इच्छा है, तेरी यही इच्छा पूर्ण हो। मैंने अच्छी लीला की"!

...और उनका पार्थिव शरीर महानिद्रा में लीन हो गया। आज इतने वर्षों पश्चात भी, उनके अनुयायियों ने अपने आदर्शों के माध्यम से, उनकी स्मृति को चिर जीवंत बनाए रखा है। मृत्यु से कुछ समय पहले किसी भक्त ने एक बार पूछा था-

''यदि आप अपना स्मारक बनाने की अनुमति दें, तो भक्त, दर्शन कर कृतार्थ होंगे''

तब स्वामी जी ने उत्तर दिया था–

''स्मारक बनाना मेरे विचारों के प्रतिकूल है। मेरे मरने के पश्चात मेरी राख खेतों में बिखेर देना, स्मारक बनाने से मूर्ति-पूजा को प्रश्रय मिलता है।''

उन्होंने सत्य ही तो कहा था। उन्हें किसी स्मारक की आवश्यकता नहीं थी। वे तो आज भी अपने भक्तों के हृदय में जीवित हैं।